去美国读研究生

刘新娟　刘　翟　刘文勇　编著

中国人民大学出版社
·北京·

序 一

《去美国读研究生》这本书提上日程时，正是乐闻携尔刚迈开步子准备大干一场的时候，那时我刚接手乐闻携尔留学部，也就是现在许多人所熟知的"携尔留学"，一切都需从零开始，自忖我一介女流之辈，何来如此大的能耐能同时做好两件任重而道远的事情？

第一件事情是我心心念念要做不一样的"携尔留学"。我希望在中国这个浮躁的大环境中，能摆脱"公司应该最重销售"的理念，我希望我们是"最重服务"和"最重产品"的公司。我的内心如此迫切，恰如《我们的法兰西岁月》中那些热血澎湃的青年，他们随时准备着为自己的国家献上自己的生命，而我的迫切心情是倾我所能，改变一点如今非常态的留学中介市场的现状。我很明白我无力力挽狂澜，但是至少，我想尽力而为，想让从我们这里走出去的孩子能改变一点对留学市场的成见。

第二件事情是我无比希望《去美国读研究生》这本书对广大的留学者有实用参考价值。如若不能，那么干脆不写。这个任务压在心底，很沉重，很怕有负众望。

负面情绪的堆积让我一度有了与出版社毁约的冲动，幸好此时刘翟仗义伸手。

已经记不清与刘翟是多少年的朋友了，他是那种值得托付的朋友。我与他聊天，半开玩笑半认真地说："那本书，你帮我写点东西吧。"然后心里做好了被拒绝的准备，我知道他的忙碌甚于我，所以脸上的笑容恰到好处，得体到即使被拒绝，也不会露出难堪。

一个人，混迹江湖太久，就容易被不同的人拒绝。

可是，刘翟说："好！"

刘翟，早我一年进入出国留学圈，一直专注于做美国研究生留学申请，所以有了他，我彻底放心。

接下来就是不停地写、改、再写……为了赶稿，白天处理公司的事情；晚上熬夜上网去看无数学校的申请要求，做无数的调研，然后奋笔疾书，还有跟刘翟催稿。我想我要是他，那么我会被一个叫刘新娟的女人逼疯的。因为我几乎每天一个电话催稿，以至于到了后来，他说："你真是每天催魂夺命无数次啊。"

…………

然而无论如何，在我写这篇序的时候，这本书终于该收尾了，到此刻为止，我终于可以借着这篇序，表达我对这个标准理工男的感激之情。没有他，这本书就不会这么快面世。甚至，没有他，"携尔留学"的发展会经历更多的坎坷。每当问题出现，他总在我身边，出谋划策，安慰鼓励。他一直对我充满信心，也因此让我对自己多了许多自信。这份自信加上"携尔留学"成立初期与文勇的约定也帮助"携尔留学"快速发展至今。公司成立伊始，文勇曾经发出豪言壮语，他说：我们不一定要做一个"大"公司，但是我们要做一个"伟大"的公司。我们对伟大的要求有二：第一，要做一个像家一样的公司，保证每个同事有归属感；第二，要做一个认真的公司，保证每个客户有归属感。

我们一直是这样做的，也会一直这样做下去。如今，"携尔留学"已经步入正轨，这本书的写作也落下了帷幕。在这本书中，通过如下这些方面，我们尝试让读者看到我们的用心：

【文书章节】全面细致，相信每一个看过内容的人都知道了文书该如何写、不该如何写、该如何写得更出色。尤其是执笔了 PS（个人陈述）部分内容的文勇，他跳出了"PS 不该写什么"的思路，为广大申请者总结出了大量的"PS 该写什么，该如何写"的技巧。众人皆在讨论文书不能写什么，希望通过该部分内容，更多的人可以了解文书可以写什么，以及其他你想到的和想不到的注意事项。

【申请章节】希望读者了解美国研究生的申请流程及注意事项。

【专业章节】这是我们耗时最久的部分，我们选取了具有代表性的 15 个专业，分为理工科、商科、文科三个大部分，掰开了，揉碎了，倾我们所有，来分享给每一位读者。我们希望，看完这些专业介绍，通过书中所述的方法，每个人都了解了自己要申请的专业。去美国读书，要做好的最基本的心理准备就是，他们不灌输给我们"是"，他们教我们"为什么是"。同样，在本书中我们也尝试着将方式、方法分享给每一位读者，而不是直接给出索然无味的答案。但愿读者能感受到我们的良苦用心，能掌握我们反复强调的方式、方法。

【签证章节】除了说明基本的流程，还介绍了一些签证通关技巧以及多年的签证辅导心得体会。

…………

此外，还有很多想要感谢的人，要感谢"携尔留学"的同事们，他们是我强大的后盾，是他们带着"携尔留学"一路奔跑着前进。他们所做的诸多工作，如调研、文稿的整理以及最终的校订，让我可以晚上多睡几个小时，是他们让我能够更快更踏实地成稿。他们是一群锱铢必较、咬文嚼字的人，这也使得我们最初的理念得以践行。

要感谢我的一些老朋友们，他们帮我写了大量的英文文书，他们在幕后帮助我们的学生被更好的学校录取。他们是：认识有六七年之久的邓乔楠老师，不时地抛弃我带着儿子去美国的赵星老师，去德国时还记得给我带礼物的刑青青老师，美国海归陈曦老师，正在美国苦读修辞学的博士高材生杨玲老师，还有我们的 ABC 谭今和 Henry，以及无法一一列出的诸多英文写作高手。

要感谢信任我、欣赏我、一直和我们合作的那些外教们（虽然他们看不到也看不懂我的感谢）……

最后，老公说："你谢来谢去怎么都没提我。"是的，老公是我最感激的人（之一），谢谢你包容我，理解我，容忍我的坏脾气，以后要继续"发扬光大"。

如今我终于如释重负，我所期待的是，在我的有生之年，能做好我的这两件任重而道远的大事。检验的权利在大家手中，有任何意见、建议都请不吝赐教。

刘新娟

2012 年 8 月 1 日写于公司

那是 2008 年年底的某一天，在新东方大厦八层邂逅了新娟。在以后的接触中，我们不得不承认，我们都是这个行业里的边缘人，浮于"主流"之外。我们不懂得什么是项目，我们不想要"commission"，我们不懂得美国留学怎么能做得与澳大利亚和英国留学一样，我们也不懂得如何给学生套一个模板就结束他们的申请。我们总觉得，我们自己是做教育的。虽然在做留学的开始那几年里，每逢被问及工作，我们只能羞答答地说："教育。"人家追问："什么教育啊？"又答："咨询。"这可以很形象地表述自己对这个行业的矛盾心情。做教育，就要对别人的未来负责。一个人、一个国家或者民族，如果连教育都可以拿来做手脚，那就没有什么不可以做手脚的了。在这个浮躁的行业里，每个公司、每个人都在抽象的数字压力之下，渐渐地融入了"主流"中。公司从上到下，都为了抽象的业绩而疯狂地向前奔跑。

在这个浮躁的行业中，我很幸运、却又很不幸地认识了很多留学行业里的边缘人。如，亲爱的新娟、文勇、老董……他们与很多人，很多在我职业生涯中遇到的人不一样。他们坚持理想，坚持原则。其实很多情况下，人与人之间最不一样的就是这些地方吧。这么多年的朋友，我看到了文勇和新娟的成长，也看到了他们公司的成长。他们的公司，他们的团队，简单而富有朝气，让我很羡慕。在我离开前老大后，新娟多次邀我加入，出于个人的原因，我谢绝了。原因有二：一是出于对前老板的尊重；二是自己在北京身心疲惫，最终决定撤离并暂居济南。无论怎样，希望将来有一天，有机会可以续前缘吧。

接下来说说这本书的写作过程。当看完新娟写的《去美国读本科》之后，我很震惊，惊叹于她的高效。我和老董当时捶胸顿足，感慨虚度光阴，我们的时间都被前老板消磨在各种琐碎、无用、反复的工作、应酬和人际关系的处理上了。用我和老董说的话来形容新娟：她是个干事的人。所以，当这个干事的人愁云满面地对我感慨不知如何完成研究生那本书的时候，我不知深浅地答复：哥帮你！从此就开始了被催稿的生涯。说实话，那时我正处于心理和生理的低谷，很感谢新娟给予了我很多帮助。今天依然记得她拉着我跑到中医理疗的地方……当我微博上发布一条状态"哥又病了"，或者贴出一张打针的照片时，新娟总会在第一时间打来电话，即使我人已经到了济南。

写作中，在面对 CSEE 以及 ME 这种各种内部交叉、外部交叉的学科时，绝望感开始弥漫。因为这种学科，如果你把它里面的一部分拿出来，都好说，都好讲，但是如果想要总体地给它们做一个概述，这就太难了。比如说，EE 和 CS 是"你中有我，我中有你"的关系，且自古 EE 与 CS 不分家。比如说 CS 里 AI 用到 Data Mining，Graphics 用到 Data Mining，其他方面也会用到 Data Mining 的技术，两者从微观到宏观都有很多交叉。本人（CS 专业）在爬过这座大山之后（专业的大山，工作的大山），才有时间去想一下，去写这个序。

但是在写这个序的时候依然很乱，很乱。因为想写的太多，又不知道写什么。感谢远方的新娟，感谢文勇，感谢老董，感谢……

在这个行业久了，会习惯性地在冬季产生负面情绪，因为冬季是备受折磨的季节。在这个季节，无论是客户还是老板，常常让你疲于奔命，于是渐渐地产生了冬季习惯性悲观，哪怕现在仅仅是做技术支持，基本上没有了客户压力，也还是如此。这个行业，到了一个需要改变的时候了。就好像家电行业当初的样子：从规模上（在留学行业里就是疯狂地开分公司）、价格上（留学行业也在打价格战）、遍地开花的热闹景象上（看看北京有多少留学机构吧）、曝光率上（去过中关村的都知道，到处都是留学公司的广告，去考过 TOEFL 的也都知道，一出门，全是留学公司发宣传单的）……最终会变成产品质量的直接竞争。而留学行业的产品质量，直接由从业人员的素质决定。服务质量的竞争，不仅仅是服务产品和服务流程的竞争，更是人的竞争，"黎叔"说得好：21 世纪什么最贵？人才！很欣喜地看到，有部分公司已经意识到这一点。但是大部分公司，还处于不尊重人的阶段。试问：如果不尊重人，又怎能尊重人才呢？不知道我能不能等到改变的那一天，可能在那之前，我早就与这个行业彻底分手了。不止一次，做过离开的尝试，可能我才疏学浅，想跨越这个行业很难，最终均以失败告终。但是说到底，还是自己不够心狠，没有与这个行业决裂的决绝之心。因为这里有我的奋斗，有我的青春，有回忆，有朋友。没准哪一天，也许就是明天，我会离开这个让人又爱又恨的行业。虽然我在这个行业中交到的朋友并不多，但只要可以称之为朋友的就一定是我的好朋友，因为我们有共同的价值观和道德观。

谨以我刚刚在微博上发的一句话来结束此文：总有一些远方的朋友，会带给你或喜或忧，关于他们自己的故事。有的人，是一辈子的朋友（以前听前老板说这句话时，没有什么感觉，但是渐渐地我越来越能体会到这句话的韵味），哪怕此生再不相见。Take care, all my friends!

刘翟

引　言

在进入正文之前，让我们先来了解一下去美国读研究生需要做的一些准备工作：

1. 标准化考试

第一个要提及的便是标准化考试，通常包括 TOEFL、IELTS、GRE、GMAT、LSAT。具体每个专业需要考什么，我们会在后面的专业篇部分一一说明。对每一个考试的介绍不在本书讨论的范围之列。读者想要了解每一项考试，首先要去看每项考试相应的官方指南。标准化考试是学校为大家设的一个门槛，只有跨过了这个门槛，我们才有机会进入门里面体验那绚烂多姿的生活。

2. 平时在校成绩

它就是人人都在讨论的 GPA（Grade Point Average），很多学生问：GPA 怎么计算，GPA 在申请中到底起到多大的作用？回答起来很简单：它怎么计算不重要，但它起到的作用怎么形容都不过分。我们的大学成绩单提交到学校后，通常学校会根据自己的方法重新计算 GPA。少数几所学校会把计算 GPA 的方法告诉学生，让申请者按照学校给的方法来计算，该种情形同第一种，都属于学校自己确定计算方法。我们在衡量自己的 GPA 时首先运用的是自己就读学校的计算方法，尤其是当它已经出现在成绩单上的时候。如果我们自己就读的学校没有 GPA 的计算方法，那么参考自己的百分制内的平均分即可。如果一定要知道满分 4.0 的 GPA 是多少，不妨参考一下北京大学的算法（在网上可以搜索到）。但是无论如何，该种方式计算出来的 GPA 仅供自己参考，自然在多数情况下，也仅供美国的学校参考。以上文字回答了 GPA 怎么计算的问题。现在看第二个问题：GPA 在申请中起到了什么作用？我常用一个简单易懂的比喻来说明其重要性："它是整个申请大厦的基石。"一座大厦，就算我们前期有了无比美好的规划，只要缺少了基石，那么我们要么压根就盖不起来，要么盖起来后也会瞬间倒塌。所以你们说它有多重要呢？再也没有必要去问 GPA 要考到多少分合适，请尽力考到能力范围之内最高的分数！

审核流程 1：讲到这里，我觉得有必要从另外一个方面再来说明一下标准化考试成绩和 GPA 在申请中所起到的作用（即从学校审核申请的流程方面）。首先我们要清楚一点，美国没有一个部门可以强制要求学校按照某一个统一的标准去做招生工作，所以在美国学校整体的申请中，存在很多种情况。比如，有的学校要求申请者将材料提交到研究生院，有的学校要求申请者提交到申请的院系，有的学校研究生院要一份，院系要一份。当然，像商科、法学等职业学院，很多并不通过研究生院招生，而是在自己学院中有一个独立的招生部门，职能类似于研究生院。总之，在美国的学校中，存在着各种各样的情况。虽然有这么多种情况，但招生的流程大同小异。所以我们仅以一种相对常见的情况来说明：一般来说，学生的材料先提交到研究生院，这个时候会通过研究生院进行第一轮筛选，即初步筛选申请者的硬性条件，比如：GPA，TOEFL，GRE 等考试成绩。这个筛选是为了去除那些"捣乱"的人（比如，一个学生 TOEFL 80，GPA 2.5，哭着喊着

要申请 Harvard。显然，这个学生是不符合 Harvard 的要求的）。在这个时候，这些人就会收到这个专业或学院里最早的录取结果，就是拒信。当然，在这个阶段，仅仅是做了一些初步的硬件筛选，通常卡人的标准并不是特别高，而且这个标准一般我们在研究生院的网页上可以看到，比如：TOEFL100 分或者 80 分等等。第一轮的筛选过后，研究生院会将一个通过筛选的人的名单发到相应的系里。而在系里，会有一个专门审理材料的委员会。这些委员会的成员，一般为一个或几个教授以及他们手下的 PhD 学生或 PostDoc 学生。为什么我会介绍人员组成呢？因为从他们的身份上我们能看到，在审理材料时，他们的时间是有限的。因为平时他们还要做研究，还要学习，他们仅仅是兼职做这个工作。换句话说，他们审理材料的时间是有限的。那么此时怎么办？这个时候分数又发挥作用了。当然不同的学校、不同的专业，甚至于不同的人组成的委员会，对于分数的权衡是有不同的标准的。但是无论是何种标准，都是由 GPA 和标准化考试成绩（例如 GRE 和 TOEFL）这两项组成的，只是各项所占比重不一样而已。而这个分数，就是委员会减轻工作量的最有效手段。比如：某个学校的委员会，审理材料的最大量是 100 份，而他们却收到了 200 份。这个时候就用刚刚说的标准做一个分数的排名，直接卡掉 50%。如果你有幸通过了第一轮的筛选，那么除了极个别情况，分数起到的作用就很小了。而这些极个别的情况可能是：当学校遇到两名都很优秀的学生，但是真不知道选择哪个学生更好时，可能分数高的就会被录取了。当然以上说的是一个研究生录取的正常流程的例子，而套磁就是"非正常"的了。套磁的目的就是，绕过录取委员会与教授的直接交流及沟通，以达到影响最终录取结果的目的。关于套磁我们后面会单独讲述，这里就不再多说了。从整个录取流程上我们可以知道分数到底起到一个什么样的作用——仅仅就是一个门槛。你说分数重要吗？重要,但也不重要。重要之处在于,没有这个东西,你压根就不具备与他人竞争的可能。不重要之处在于,分数没有办法决定你的录取结果。分数就是一个最前端的敲门砖,入门的门票。简单点说,在申请过程中,分数不是万能的,但是没有分数是万万不能的。

3. 专业背景

标准化考试成绩和 GPA 是整个申请中的硬性条件，是可以用数据来衡量的标准。这种标准是最简单的，我们只需要尽我们的努力考到相应的分数即可。除了这两项硬性条件，可以帮助我们收获录取信的还有一个非常重要的因素，那就是专业背景，我们不妨称之为"软实力"。"软实力"是实实在在的专属于自己的能力、潜力或素质。我们是不是具备了将要学习的这个专业所需要的"软实力"，或者至少有这个潜力，这是目标学校想知道的。怎样去说服学校我们已经拥有他们想要的能力？就是要告诉他们我们做了什么，收获了什么，中间遇到了什么问题，又是如何克服这些问题的。举例来说，一位理工科背景的学生，如果明明知道需要有非常强的研究背景，那么需要相应地去做一些能提升自己这方面能力的研究；对于商科的学生，我们都知道工作经验的重要性、实习的重要性，那么就抓紧利用寒暑假的时间去充实自己。依此类推，你要申请的那个专业需要的是一个什么样的自己，那就去把自己塑造成一个那样的人。在正文部分的专业篇章我们会分专业说明每个专业所需要的或者所侧重的一些"软实力"。

在我们拥有了这么丰富的经历后，要如何把自己呈现给学校呢？这里所凭借的就是文书！也是我们的第一篇章中会着重说明的内容。

> 审核流程2：要说明文书在申请中所起到的作用，我们要再次回归到审核流程。审核流程1说到了第一步硬件审核结束后我们的材料会被进入下一轮审核。在这轮的审核过程中，隆重登场的就是我们的文书了。这个时候，严格来说，TOEFL，GRE和GPA就都不是主要审核标准了，教授开始看你的研究经历、实习经历、工作经历等"软实力"，而这些通常都是通过文书体现出来的。所以你说文书有多重要呢？它不仅决定着你是否能申请到更理想的学校，还直接决定着你是否能被录取。

以上三点就构成了我们的申请核心三要素，要取得成功，缺一不可。在实际的申请过程中，阻碍我们成功的因素还有很多，甚至有些是我们始料未及的，比如选校出现意外、文书写作出现偏差、套磁套得适得其反等都可能会成为"拦路虎"。整个申请过程是一次长征，中间的任何不慎都可能让我们止步。如果这本书能让每个正在申请路上的人意识到一些细细碎碎的隐患，从而懂得在不同的阶段防患于未然，那么它的使命也就完成了。我们多么希望，每位申请者都能顺利走过这条长征路，在阳光下，带着灿烂的笑容触摸属于你们的光明前程。

说明：

我们所说的去美国读研究生在很多方面针对的是硕士，尤其是专业篇章部分，但是不少内容同样适用于博士。

去美国留学，整个流程纷繁复杂，每一步都有很多的不确定性，而且目标学校可能会不定时地调整政策（比如 Johns Hopkins University 2013 年新开设了 full time 的 MS in Finance 项目），签证方面也总是出其不意地出台新政策（比如 2013 年 3 月 16 日出台的新政策），就在我们几次三番校稿的过程中就有好多变动。在这种情况下，我们尽力使整本书囊括更多更精确的信息，但是由于内容太多，变化太频繁，中间难免会有不当之处，在此我们也恳请每位读者海涵，不吝指正以使我们的书更完善、更实用、更能解决大家的实际问题。Let's learn and share together. 如有问题可直接发送至邮箱 liuxinjuan@lasedu.com。

目 录

四、就业篇

五、签证篇

六、常见问题精选

附　录

一、文书篇

（一）文书写作前的准备工作

1. 什么是文书？

在理解这个问题时，我们可以暂时抛开文书的具体定义，先从文书的分类上进行一番了解。文书通常可进行如下分类：

> 一般要求：简历（Curriculum Vitae/ Resume）、个人陈述（Personal Statement/ Statement of Intent/ Statement of Purpose）、推荐信（Recommendation Letter）
>
> 特殊要求：短文（Essays）、论文样文（Writing Sample）、研究计划（Research Plan/ Research Proposal）、学习计划（Study Plan）

2. "文书"与"考试"各司其职

文书的职责是什么？要说明文书的职责是什么，就必然要提及我们平时所说的"考试成绩"，一方面因为只有考试成绩与文书的通力合作，才能将申请者成功地推向理想的学校；另一方面因为这些常见考试的考试成绩已经体现出我们的某些特质。这就意味着我们在文书写作时要尽可能不再重复考试成绩中已有所体现的特质了（即使要体现，它也只能起印证作用）。

考试成绩通常包括以下三类：

> 标准化考试成绩：语言能力测试，例如 TOEFL，IELTS
>
> 研究生入学考试成绩：例如 GRE，GMAT，LSAT
>
> 在校成绩：GPA 成绩

针对去美国读研究生的学生，我们这里重点讲一下 TOEFL（语言能力测试）和 GRE（研究生入学考试）考试成绩已经担负起来的职责（即文书不该【着重】承担的责任），通过以下的举例，希望为大家说明如何使文书与考试成绩各司其职。

（1）语言能力测试举例

【TOEFL】考查能力介绍

Evaluate the ability of an individual to use and understand English in an academic setting.（托福考试主要测试个体在学术环境下能否正确理解并且使用英语的能力。）

根据 TOEFL 考试所考查的能力要求，我们来看看以下在文书写作中常见案例的问题出在哪里：

案例探讨：

......

I am able to read important foreign works on the social sciences without difficulty. (我阅读国外的社会科学类重要文献毫无困难。)

......

I can obtain first-hand foreign scientific and technological material. (我能够获取第一手的国外科技材料。)

......

I am able to communicate with foreigners in English, fluently. (我能够用英语流利地和外国人交流。)

这些句子看上去很平常，可是，如果了解了 TOEFL 着重考查什么之后，我们就该清楚这些恰恰是我们不该【着重】写的。不要想着在文书里面，特别是在 PS 里面去强调自己有能力阅读英语文献或者可以与外国人流利地交流之类的内容（尤其是托福只考了 80 分，而其中口语只考了十几分的同学）。事实上这些内容并没有我们所想象的那么重要，即使我们姑且认为它很重要，但它也已经在我们的托福成绩里面有所体现了，因此大可不必再赘述了。

（2）入学能力测试举例

【GRE】考查能力介绍

The GRE revised General Test measures your verbal reasoning, quantitative reasoning, critical thinking and analytical writing skills — skills that have been developed over a long period of time and are not related to a specific field of study but are important for all. (新 GRE 测试的是语言推理能力、定量推理能力、全面思考能力和分析性写作能力——这些能力都是通过长期培养得来的，并不与某一个特定的学习领域相关，但是却对所有领域都至关重要。) 这是 ETS 官网上对 GRE 考试的介绍，上面说到 GRE 考查 verbal reasoning, quantitative reasoning, critical thinking and analytical writing，这也就意味着，以上三点内容在我们写文书的时候，不应该当成段落大意来写，最多只能作为辅助印证的内容。这样讲，大家可能觉得内容太空，那么下面我们对 GRE 所考的部分内容进行阐述。

① Verbal reasoning measures your ability to analyze and evaluate written material and synthesize information obtained from it, analyze relationships among component parts of sentences and recognize relationships among words and concepts. 大意是说：语言推理所考查的能力就是我们能否从文章的背景去理解字词、理解句意，即理解整篇文章的能力。换句话说，就是要求我们不仅仅要能够认识单词，还需要在文章的背景中去了解单词的含义，去判断单词所应取的含义。这也就意味着以下这样的内容恐怕是不必写的："你知道吗？那些科学文献，一般人都读不懂，只有我可以读懂，甚至是很高深的、逻辑很复杂的科研文献，我都可以读懂。"这是因为我们想要强调的科研阅读能力，其实已经在我们的 GRE 考试成绩中有所体现。所以我们不要再去尝试在文书中强调这种能力，如果真的具有特别强的阅读科研文献的能力，那么 GRE 考试成绩就不可能是 400 多分或者 500 多分了。

② Quantitative reasoning measures problem-solving ability, focusing on basic concepts of arithmetic, algebra, geometry and data analysis. 其实是说定量推理就是考查我们非常基本的

数学能力，也就是看我们是否有能力计算出一些东西。这个是比较简单的，不多做解释。

　　③ Critical thinking, in general, refers to higher-order thinking that questions assumptions. It is a way of deciding whether a claim is true, false, or sometimes true and sometimes false, or partly true and partly false. 这是网络上对于 critical thinking 的解释，未必权威，但大家亦可管中窥豹。对于 critical thinking，需要在这里着重强调一下。因为在所有考试里面（语言类考试除外），critical thinking 都会被反复强调，比如 GRE, GMAT，甚至包括 SAT 等在内。到底什么叫做 critical thinking？我们给出"全面思考"这样一个定义。但是如果根据上面两句话来分别定义的话，那么前一句（即 Critical thinking, in general, refers to higher-order thinking that questions assumptions.）指提出问题与质疑。我觉得后一句（It is a way of deciding whether a claim is true, false, or sometimes true and sometimes false, or partly true and partly false.）特别重要，它告诉我们 critical thinking 是用来确定到底是对还是错，或者是时对时错，或者是一部分对、一部分错的这样一个论断。很多同学喜欢在自己的文书里面这样写：自己的想法非常独到，对一个问题的看法特别好，在看待一个问题的时候，可以看到它的两面性。而这一点其实就是 critical thinking 的内容，在 GRE 考试中已经涉及了，因此在文书中进行特别说明就显得没必要了。

　　有同学问："老师，按你这样说，我不能在文书中强调 critical thinking 的特质，但是我觉得这种特质正是我科研能力的体现。"在这里，需要说明的是，我所说的是我们尽量不要在文书里面强调 critical thinking 的"通用能力"，但是可以在文书里面强调我们所具有的 critical thinking 的"专业能力"。这是什么意思呢？我们只要仔细想一下就会发现，像 GRE、GMAT 这些考试，其实它们一直强调不要求考生有任何背景知识，这就意味着它们考查的是我们的通用能力。所以我们可以在文书里面强调这些通用能力在学科领域的体现，即把这些通用能力转化为专业能力。这就是我们要额外强调的 Tips：如果我们真想要在文书中凸显自己对某个问题的看法和别人不一样，那么这个问题只能是我们所在专业中特别专业的问题，不能是对日常现象的看法。

　　这就意味着，如果我们对某个问题的看法和他人不一样，那么对这个问题的看法也一定是在特定背景下的。我们的看法之所以特别，是因为我们和他人看待问题所依据的背景不同。

　　此外，要强调的是，可能有很多同学受到 GRE、TOEFL 这类考试的影响，就一直觉得背景知识不重要，导致在写 PS 的时候认为背景知识也不重要。那么到底写 PS 的时候要不要涉及背景知识呢？我们不但要在文书里面涉及专业背景知识，而且要告诉别人我们和他是一个行业里的人。因此在文书里面一定不要担心专有名词的出现，这正是展现我们在这个专业和别人不同的时候。

　　以上即为考试成绩所承担的责任（同时也是文书不应着重承担的责任）。简言之，"通用能力"下的英语能力、数学能力、全面思考问题的能力是考试成绩应当承担的，也是文书该节省篇幅之处，所以文书需要做的是：展现考试成绩之外的你。

　　展现考试成绩之外的你，主要体现在四个方面：

第一，通过文书展现你的"性格特质"；

第二，通过文书展现你的"人生阅历"；

第三，通过文书展现你的"目标理想"；

第四，通过文书来印证其他的内容。

对于以上四点，换句话说，就是在组织文书的时候，要不停地问自己：我的性格特质是怎样的？我经历过哪些事情？我将来想做什么事情？我想着重印证我的哪些方面？而不是一味地无病呻吟，也不是尽情地发表感慨。写到这里，很多学生会问："哪些性格特质是学校喜欢的？我该写我的哪些性格特质呢？"这个问题没有固定的答案和统一的标准，但是有十个特质可以作为参考：

- 梦想（Dream）
- 勤勉（Diligence）
- 团队（Team）
- 忠诚（Faith）
- 希望（Hope）
- 仁爱（Charity）
- 正直（Justice）
- 坚强（Fortitude）
- 节制（Temperance）
- 谨慎（Prudence）

如上即是从标准化考试成绩的角度来说明文书写作的建议写作之处，接下来在进入单独的篇章之前，需要广大的准备动笔写文书的读者朋友们先来理清自己的思路，勇于做"剪刀手"。

3. 勇于做"剪刀手"

细想从出生到现在的这些年月，我们一直在过着烦乱、简单不停循环的日子，在这些日子里，毋庸置疑，做好一个"剪刀手"可以使我们走得更坚定。

生命伊始的呱呱坠地对我们来说恐怕是人生中最简单的决定，因为那根本不需要我们做决定，那是父母的决定；在天真烂漫、无忧无虑的童年，我们所度过的是单纯而明媚的日子；可是到了初高中时代，我们情窦初开，开始为自己的思绪纷飞而烦恼，我们终于进入了第一个可以称之为烦扰的阶段；然而眼看着高考在不久的将来向我们招手，我们必须勇于做一个剪刀手，把纷乱的思绪剪掉，全力以赴，心中只剩下一个简单到单调的目标：高考。一路剪来剪去，我们跌跌撞撞地进入了大学时光。现在，想必是进入了再烦扰的阶段：可能你在犹豫是否要出国，可能你在犹豫要去哪个国家，可能你在犹豫是考 TOEFL还是 IELTS，可能你在犹豫是否要再考一次 TOEFL 或 GRE 或 GMAT，可能你在犹豫是否要找中介，可能你在犹豫要找哪家中介……

当你被这些烦恼困扰时，你便进入了我们本书中介绍的关于整个申请过程中可能经历的几个阶段。而在这几个阶段中，能不能做一个好的剪刀手，在某种程度上将直接影响着你为自己拍的这部电影是否精彩。

单说本篇的重点——文书写作。这一阶段需要你做的就是把所有过往发生的事情不惧烦琐地一件一件列出来、写出来，有多少写多少。我们不妨坐下来，给自己列一个 list：刚进大学时做了哪些事情？熟悉了大学生活后又做了哪些事情？从大二开始如何全方位地发展自己？进入大三，专业课终于进入正轨，自己的大学生活是否发展到了顶峰？大四时曾经有过什么设想？为之做了多少努力？这些都是"烦乱"阶段大家可以回忆并且可以记录下来的经历，哪怕花上一整天的时间将自己的故事理顺，这个过程是必不可少的。

当自己的人生历程理清后，就要进入文书的成形阶段。成形就意味着要痛下杀手，快刀斩乱麻地将有价值地拎出来单独放在一边。在这个过程中，你该如何筛选呢？思考一下你所申请的专业需要你具备什么样的能力或者潜力？你在你所要申请的领域里是否已经做好了思想准备？有哪些素材可以证明你已经具备了专业领域内所需的能力？有哪些素材可以证明你对于该领域的热情？这些都是要重点突出的亮点。而这些之外的部分，就是身为"剪刀手"的我们需要狠心剪掉的。

不论是谁，都喜欢呈现在自己面前的是简单明了的东西，而不是看了半天依然不知所云的材料，所以我们也要照顾到录取委员会成员的感受。让他们在最短的时间内发现你的亮点和与众不同之处是我们的终极目标。而唯有在素材上"简而不漏"才是王道。

为了出国，申请者已经牺牲掉了大把可以用来放松的时间来学习 TOEFL, IELTS, GRE 或者 GMAT，到了文书写作这个环节，说到底只剩下了两个步骤，即最烦琐地将素材铺陈开来；最简化地将素材整合到一起，仅此而已。然而这是个说起来容易做起来却相当难的过程。不仅仅是因为思维混乱、语言表达能力有限、内容不够出彩，更主要的是因为大多数人连如何组织文章的结构都没有考虑清楚就下笔了，但愿如下的文字可以帮你将结构整理清楚。

4. 学做头脑清晰的人

在经历了以上所述"烦乱"的阶段后，相信基本上所有的素材都已经被纳入到你的文件中了，那么如何来整合并分配这些素材呢？在做这一步之前，首先要求申请者做一个头脑清晰之人，专注于当下事，而不去想其他事，这个步骤即可以做得很好。如下图所示：

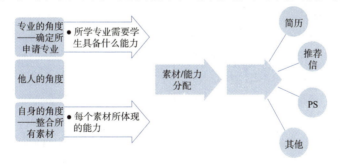

素材整合示意图

第一步：从专业的角度整合素材

确定自己所申请的专业之后，开始思考下面这个问题：你认为你所申请的专业需要具备什么能力或者需要拥有哪方面的潜力？将这些能力在自己的文件中一条一条地列出来（无论多少）。

第二步：从他人的角度整合素材

不妨给自己的朋友发一封邮件，请求他们对你做出评价，调查一下，在他们眼中，你具备哪些能力或潜力呢？当然，多问几个朋友会是不错的想法。将朋友们给你的反馈小心地整理出来，然后也一条一条地列在自己的文件中。

第三步：从自身的角度整合素材

在经过了"烦乱"阶段后，所有的素材都已经安静地躺在你的文件中等待审阅了，那么现在可以动手去对那些素材动一下手脚了。一条一条地看自己做过的事情，思考这些事情锻炼了自己哪些方面的能力，使自己在哪些方面得到了成长，明确后只需要在每件事情后面把这些能力或素质一一标注上即可。

好了，现在这三个步骤做完了，接下来看一下自己在这三个步骤中总结出来的能力有没有重合的。如果有重合的，重合部分必定就是接下来要大做文章的部分，非重合部分就是要分布到简历和推荐信中的部分。如果没有发现有重合点，就再回去重新做一遍、两遍，甚至三遍，直至找到重合点为止。因为从理论上来说，要满足"出色文书"的要求，至少需要第一步和第三步有所重合，即第一，你有申请该专业的能力；第二，你为申请该专业做好了准备（即你的素材——你做过的事情）。二者缺一不可。

我一直坚信，只有头脑清晰之人才能写出合格的文书，而如果做到了上面的三步，至少在理论上我们已经将自己的过往经历梳理一遍了。

5. 慎用"投其所好"

"我听说 Stanford University 喜欢有创新力的孩子。"

"哦不！我听说它喜欢的是有研发精神的学生！"

"扯淡！我今年就要去这里读书了，我没觉得我有什么特别的啊。"

"…………"

这种对话总是比比皆是，在出国一族的周围充斥着，也混淆着大家的视听和思维，那到底该不该信呢？

我们依然举例来说明吧。

首先来分析传播这种信息的源头有哪些：美国大学的校友？学校的官方网站？留学机构？身边的同学？网络上的各个论坛？

哪个是最值得信任的、不添加功利色彩的来源？美国大学的校友吗？我们是否去问过10个以上的校友，然后每个校友的回答都出奇的一致？如果仅问了两个人，显然不足以取证。学校的官方网站吗？没错，这应该是最官方的说法，可是它说的那些特点不是我们所擅长的怎么办？至于其他渠道，我想只要稍微动一下脑子，即可做出判断。

如此一来，在"投其所好"的时候，如果我们甚至都不确定自己投的那个"好"是不是真正的"好"，又怎么敢轻易地相信？所以请慎用"投其所好"。

（二）简历的写作

1. 简历在我们的申请中所承载的职责

未必每所学校都会在它的申请 checklist 中明确表明需要简历，然而对于申请研究生的学生来说，做到简历人手一份却是必要的。原因有二：其一这是最浅层次的需求。在我们填写学校的网申表格时，学校基本上都会要求我们填写参加过的活动、获奖情况、研究经历、实习经历、工作经历等，如若有一份完美的简历，我们需要做的不过就是复制粘贴而已，不必再绞尽脑汁、临阵磨枪地翻译我们的过往经历。此其一。

其二，最前端的敲门砖。在申请材料呈递给录取委员会或者院系之前，他们对于你这个人是完全没有概念的，对你的认知为零，在很多情况下，简历将是第一个呈现在他们眼前的材料。他们翻看简历的时间可能只有几秒钟。也就是说，对于审核你材料的人来说，你有几秒钟的时间，让他对你的认知从陌生人变为对你感兴趣的人，而唯有对你产生兴趣，你才有机会进而呈现你的全部。

那么如何在短短几秒钟内让对方对你产生兴趣呢？我们不妨举一个通俗易懂的例子：通常情况下，我们在去相亲之前会精心打扮自己，希望自己的外表可以给对方留下良好的第一印象。而现在，我们只不过是把相亲中的自己换成了一份简历，需要对方对这份简历产生兴趣。这很直白地告诉了我们，我们需要把简历打扮得漂漂亮亮、干干净净、清清爽爽。这意味着什么呢？首先是简历的外表要求看起来舒服，但是要做到这一点未必容易，不信者尽可以尝试，将尝试的结果拿给多人去看，结果即可一目了然。

然而，如若简历仅仅是徒有虚表，那么两秒钟后，它依然会被唾弃。就好像在相亲时，看了第一眼，舒服，可是一开口说话，庸俗不堪，毫无水准，如此没有内涵之人实在难入对方的法眼。这就对简历的内容提出了更加严格的要求——要有内涵，并且信息全面。唯有内涵才可捕获对方的芳心，也唯有信息全面才能抵挡住对方挑剔的眼神。当你有机会去审阅他人的简历时，当你有机会去决定一个人的去留时，你就会发现简历在其中起着多么大的作用。即使没有这样的机会，也不妨换位思考，如若你是那位决定申请者生死的人，你对于简历的要求是什么呢？做到了这两点是否可以顺利进入下一个环节呢？如若不能，还需要什么？

2. 几秒钟过后，如何在几分钟内展示成功？

通常来说，做到了上面所说的两点之后，你就有很大的机会使他人对你的简历产生兴趣，从而拥有了展示自己的机会。而在通常情况下，一个人的简历在审阅者的手中只会停留几分钟。于是这就对广大的申请者提出了一个严格的要求——在这几分钟内成功展示自己。然而要做到这一点，则可能需要在台下花费一百倍甚至更多的时间与精力。

（1）Part 1 Personal Information（个人基本信息）

我们在简历中第一个要呈现的是个人最基本的信息，包括：

① 姓名：在申请材料中，姓名的写法通常有两种：第一种是"名＋姓"，例如张三丰的写法即 Sanfeng Zhang；第二种是"姓＋逗号＋名"，即 Zhang, Sanfeng。这是在整个申请材料中相对正式的用法。

② 生日：建议在简历中有一个地方可以展现申请者的生日，这是因为在中国可能除

了大家所熟知的张三丰之外，还有其他人也碰巧叫张三丰，于是加上生日，以此来表明唯一性（毕竟同年同月同日生、同姓同名同性别、同是中国人的几率还是相当小的）。那么在何处体现自己的生日呢？页眉会是个不错的选择。

③ 地址：简历中地址的填写有两个选择，选择一是永久住址，选择二是邮寄地址，两者均可。我们通常建议在写地址时，如果没有固定的正式说法（比如大学的名字通常会有固定的说法），就用拼音来写即可。如此操作的原因是我们要清楚地址是写给邮递员看的，而我们不能期待邮递员可以看懂英文，然而看懂拼音一般是没有问题的，所以为了保证邮件顺利到达我们的手上，用拼音拼写地址是明智的选择。

④ 电话：申请中要求申请者留电话号码，用处有二：其一，方便邮递员派送快递时联系收件人。其二，学校可能会进行电话面试。尽管存在这样的可能性，还是极少有学校直接拨打申请材料中预留的电话号码。一般情况下，学校如果要对申请者进行电话面试，会事先给申请者发邮件确认，询问方便的时间以及可拨打的电话号码。如此说来，申请中所留的电话主要还是方便邮递员联系收件人的，因此留手机号码在很多情形下是可行的。

⑤ 邮箱：邮箱是整个申请中最重要的沟通工具（注意此处没有"之一"），因此拥有一个专门用于与学校沟通的好用的邮箱是必不可少的。我不便在此评价哪些邮箱好用，哪些会屏蔽邮件，但是大家可以先申请，试用满意就继续用，不满意就换别家的。

（2）Part 2 Objective（申请目标）

申请目标：在一份简历中，说明自己的目的，会让对方觉得被尊重。而通常来说，要说明申请目标，一句话足矣，即申请哪一年哪个季节什么学位的什么专业。

（3）Part 3 Education Background（教育背景）

1）教育经历

① 学校名称：有过筛选简历经历的职场人士很多时候会因为教育背景这一项刷掉一批人，比如说有些大型国企因为不愁招不到英才，所以在筛选简历时只选择北大、清华之类院校的学生，那么非此类院校的学生在应聘时首先就输在了莫名其妙的规则上。然而也有很多企业在筛选简历时会首先刷掉北大、清华之类院校的学生，原因不仅仅在于他们认为该类院校的毕业生要求的薪水与其能创造的价值不成正比，更在于他们有各种属于偏见的担心，最甚者即担心他们不会甘于一直在公司做下去，公司没有必要花大力气去培养一个终将不属于自己的人。简而言之，没有哪个公司愿意为他人作嫁衣裳。

那么这两种情况属于天灾，无法避免了吗？也不尽然，至少对于第一类情况，依然可以去做一下尝试。这是因为对于中国院校来说，有所谓的"211工程"，而对于中国人自己来说，甚至可能都不清楚哪些学校属于"211工程"，哪些不属于，更何况是对于美国大学呢？于是我们便可以在学校名称上做一下垂死挣扎。比如说列出学校名称之后，在学校名称后加一句对该学校的注解，比如北京理工大学的工科学生要申请美国的工科硕士，可以加上一句"该校理工科是全国大学中最好的专业之一"。如此一来，就拔高了自己学校的高度。

② 专业、学位：大学阶段所学专业和所修学位是在教育经历这一项中不可缺少的内容。

③ 排名：是否在简历中列出自己的排名取决于实际排名是否拿得出手，如果排名靠

前，是突出的优势，那么写出来；如果排名太低，可以选择回避不写。写排名有一个小的技巧，即将分母变大。设想一下，如果一个人在 20 个人中排名第一；而另外一个人在 2 000 人中排名第二，这两者哪一个更具震慑力呢？

2）培训经历

① Learn and Share Education Company：除了教育经历之外，如果申请者还有一些其他的培训经历，也请列举到简历中，这极有可能成为申请者的一个优势。比较显而易见的例子是，对于申请英语教育专业的学生来说，如果在 Learn and Share Education Company 参加过教师培训，为期一个月，那么显然这是亮点。

② Summer School：现在越来越多的学生选择去美国读一个 summer program，如果恰巧你参加了，那么这个就是你无可争议的优势，至少在近 3~4 年内，这个优势不会动摇，因为现在参加者还是少数。可是保不准几年后几乎人人都会去，那么彼时，这可能不再是优势了。

③ Learn and Share Education Company and Others：多数的中国学生都参加过教育机构的 TOEFL, IELTS, GRE 或者 GMAT 的培训，那么这种培训经历可以列举到简历中吗？申请者只要明白了两个问题，就有该问题的答案了。第一，如果你 TOEFL 考了 100 分以上，GRE 考了 1 300 分以上，那么如果列出了你在某教育机构参加过培训，审核者是否会想：原来这小子是参加过培训才考了不错的分数的啊？第二，如果 TOEFL 考了不到 80 分，GMAT 考了不到 500 分，你依然列出了你的培训经历，那么审核者是否会这样想：哎哟，你都参加过培训了，还考这么烂的分数，你的英语基础有多差呢？

（4）Part 4 相关论文

1）发表的论文（Papers）；

2）发表的文章（Articles）；

3）在写的论文（Thesis）。

该部分不仅包括已经发表在某些刊物上的论文，还包括发表的一些小文章和正在写或者即将写的论文。论文或者小文章在很大程度上不仅仅是专业性的体现，更是申请者创造力的体现。在此提醒申请者在写该部分的时候，不仅要写上论文题目或文章题目，更要加一个内容概括。内容的概括侧重两点：一是专业相关性；二是该论文的创新之处。如果用一到两句话将重中之重讲出，那么这就将有限的空间最大化利用了。

（5）Part 5 Extracurricular Activities（课外活动）

课外活动在简历中所起的作用可大可小，可有可无。用处小的例子如很多申请者如是写：Class Monitor, 09/2008—06/2012（译：班级班长，2008年9月至2012年6月）。我想，只需要问一个问题，该种写法的利弊就可以昭然若揭，即："你担任班长期间是不是在其位不谋其职？"如此一来，我可不可以说你是不作为的班长呢？当然，事实上，班长两字确实会给人视觉冲击，也会使人潜意识地下结论：能做班长的人必然是经过大家认可的，那么他要么人缘不错，要么威信很高，要么各项能力很强，要么是因其他的优势。如此一来，这是一种"公说公有理，婆说婆有理"的写法，但这么写并不被所有人接受。如何让所有人或者说是大部分人都接受呢？只需在所担任的角色下写出在位期间做过哪些事情即可，比如，在担任班长期间，组织过三次班级圣诞晚会；协助院系组织过两次迎新晚会。

此时，第二个问题又来了，你组织了这么多活动，是不是每一次组织得都很糟糕，引起了学生的公愤呢？更糟的是，你自己还毫无所获呢？是的，如果不写出来，他人不是你肚子里的蛔虫，没有人可以凭空判断。

怎么办呢？很简单，在上面的所作所为后面加上两个要点即可。要点之一：该事情对其他人产生的影响；要点之二：该事件对你自己的提升。所以针对上面的内容，就可以这样继续写下去：同学们在这些活动中得到了放松和互相交流的机会；我的组织能力和领导能力也得到了较大的提高。例如：

Class Monitor, 09/2008-06/2012

Organizing class Christmas Party three times

Assisting the department to organize the "Evening Party to Welcome New Students" twice

The students got a platform to relax and communicate with each other.

The organizational ability and leadership were greatly improved.

对于很多活动来说，可能很多人都参加了，可是为什么学校会在参加了同样的活动、有着同样的分数的人中选择了一部分，同时又拒绝了一部分呢？道理听起来很简单，学校就是通过每个人在活动中的不同表现来进行筛选的，所以在这个环节，如果仅仅是单纯罗列你是班级的班长，你可以想想，有多少人也是班级的班长呢？学校凭什么要你这个班长呢？所以，简历绝对不是单纯的罗列，它也需要提供一些细节，这些细节能折射出你自己的素质，比如专注、用心、灵活处理问题的能力，而学校也是从这些能力里面各取所需的。

所以，在简历中写课外活动这一项时，如下信息是要尽量包含在内的。

扮演的角色：在某项活动中所承担的角色是什么？是领导者还是参与者？如果是领导者，则尤其要说明清楚。

所作所为：在该项活动中参与了什么事情？在该项活动中组织了什么事情？如果在一项活动中所做的、所组织的事项太多，则有重点地选择其中的两至三项来写。

对别人产生的积极影响：我们所做的每一件事情，都是自己潜意识中期待能对他人产生积极的影响的。举一个很显而易见的例子，如果你去贫困山区做志愿者教师，那么活动结束后，你对学生产生的影响是积极的还是消极的？你离开之后，学生有没有骂你，还是说学生后来还给你寄信表示感谢，并希望将来成为和你一样的老师呢？如果一件事情对其他人没有产生任何影响，那么就有必要思考一下事情本身的意义了。

自己的收获：不管是谁，不管做了什么事情，都会有所收获，或者都是期待有所收获才去做的，即使去做志愿者和义工，也是因为它满足了自己去帮助别人的愿望。所以对于已经有思考能力的大学生来说，在简历中把自己的收获用一句话概括，是非常有必要的。

（6）Part 6 Internships（实习）

在申请研究生的过程中，实习经历有时候可以在文书中占到大约 1/5 的比重，其重要性由此可见一斑了。简历中，实习与课外活动所包括的项目一致，均包括：

- 扮演的角色
- 所作所为
- 对别人产生的积极的影响
- 自己的收获

有些人写的实习经历可以很巧妙地吸引到专业人士的眼球，因为申请者从中收获的能力正好是所申请专业所需要具备的能力。因此，在写实习经历的时候，建议申请者回头去想一下我们在"做个头脑清晰的人"部分所汇总的你所申请的专业要求具备的能力。比如要申请管理专业，领导潜力可能是申请人必须具备的，因此在写实习经历时，即可以写出申请人从中所体现或锻炼出来的领导潜力。只要能根据所申请专业所需能力有选择性地写自己的收获，你便为自己赢得了相对多一点的筹码。如下所示：

（7）Part 7 Research Experiences（研究经历）

研究经历、实习经历和论文是在申请研究生时目标学校录取委员会和院系审核者非常看重的三项内容，俗称铁三角。对于申请研究型学科的申请者来说，研究经历显而易见是尤其重要的。而所谓研究经历通常包括较大型的与专业相关的研究和非专业相关的研究，这两者均是简历中十分重要的内容。可是对于很多申请者来说，没有参与过任何较大型的研究，这个时候可以考虑一些其他的小型的所谓的研究。举个例子来说，有个申请者，在学校吃饭时，看到食堂里总是人满为患，有些人没有地方吃饭，可是有些位子还空着，对于这种习以为常的现象，多数人选择了视而不见，可是这个申请者就想能不能解决一下这个问题。于是他每天中午 12 点准时到食堂，不吃饭，只是观察，记录空着多少位子，询问站着的人不去坐空位子的原因，如此坚持了两个星期，然后做了一个统计和分析报告，给校长提了相关意见，最终学校按照他的方案执行改进了食堂用餐管理，皆大欢喜。这其中自然会涉及统计能力、分析能力以及研究精神，这也属于研究，因为研究精神在各个学科都是相通的，不会相互排斥。如果说你没有做过大型的正式研究，那么这种小型的自发的研究总会做过吧？总可以有吧？相信只要有心，就可以有。

而在列举研究经历时，如下图中所列的研究过程、研究内容、持续时间和研究结果则如前面所一再强调的，是尽量要写上的。

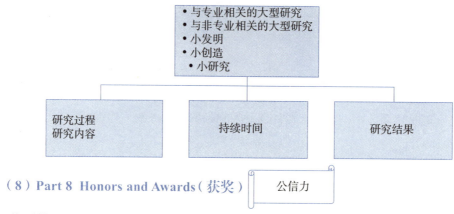

（8）Part 8 Honors and Awards（获奖）

公信力

奖项是公信力的体现，在写获奖的情况时，下面几项内容是需要注意的：

① 比率：如何让人对你的奖项产生敬畏之情？3 人参加比赛，你取得一等奖，那可能会被鄙视。然而如果是 10 000 人参加比赛，你获得一等奖，那么很多人会对你竖起大拇指。所以，如果你所参加的是活动校级的、区级的、市级的、国家级的，甚至是国际级的，想必参与者众多，这个时候如果能写上参与人数，也就是分母，奖项的重要程度自然会使人侧目。

② 等级：即该奖项是班级的、系级的、校级的、区级的、市级的、国家级的、国际级的，还是其他？越往后级别越高，越应该体现出来。

③ 选择性地筛选奖项：如果获得了若干数学竞赛一等奖，比如校级一等奖、区级一等奖、市级一等奖、国家级一等奖、国际级一等奖，可以有选择性地来写，而不必全部列出，可以只写国家级和国际级一等奖，以免让人误以为你除了数学外其他方面一无是处（除非是简历的内容有限，只能靠这些来充篇幅）。

④ 颁奖单位：同样地，颁奖单位如果很有震慑效果，则尽量写上吧。

（9）Part 9 Standardized Test Scores（标准化考试成绩）

硬件

① TOEFL & IETS：如果 TOEFL 分数高于 90 分，IELTS 分数高于 6.5 分，申请者可以有选择地将其列入简历中；如果 TOEFL 分数低于 80 分，IELTS 分数低于 6 分，可以考虑不在简历中列出。同样的道理也适用于 GRE、GMAT 及其他分数。但是这个分数仅供参考，具体要根据申请的专业的要求而定。

（10）Part 10 Interests and Hobbies（兴趣爱好）

全面发展

简历中是否需要列出兴趣爱好取决于下述几方面：

① 兴趣爱好之外的内容是否已经占了简历过多的篇幅？如果简历在呈现其他内容后已经容纳不下任何多余的信息，那么兴趣爱好可以略掉不写；而如果有一些空间，则可以用几行字列出兴趣爱好。

② 兴趣爱好是否与众不同、夺人眼球？兴趣爱好可以分为两类：与专业相关的兴趣爱好和专业之外的兴趣爱好。前者毋庸置疑可以为自己的专业性增加亮点；而后者则可以更多地体现自己的多样性和全面发展，尤其是当申请人的兴趣爱好与众不同

之时。

3. 简历写作的注意事项

（1）先总后分→简历的页数→先全再删/补

在写作简历伊始，先不着急为自己的各项信息分门别类地进行汇总，可以尽管放心地将自己的经历从头到尾开始罗列，等到罗列全部结束后再按照简历页数的原则思考如何归类。

通常，简历用一页纸来做是比较合适的，而如果信息较多，最多不要超过两页纸。如果在经过第一步之后，你的简历正好占满了两页，那么可以选择用两页；如果你的简历超过了两页，那么尽量缩减到两页；如果你的简历超过了一页半，可以选择扩充到两页；如果你的简历在一页半以内，请尽量缩减到一页。排版的总原则是让简历看起来比较饱满，但是不能太拥挤。这就涉及字号的问题，通常来说，正文建议用 11 号字，至于大的标题和开头，可以选择稍大一点的字号。遵循此原则，可以使读简历的人不会太辛苦。

上述步骤结束之后就可以进行局部细节的调整与完善的工作了。

（2）啰里啰唆之小处见真性情

① 标点符号：如 ",，.：;；.。" 等这些标点符号你能看出有什么区别吗？看你简历的人能看出来。没错，这是英文状态下的标点符号与中文状态下的标点符号的混乱组合。请广大的申请者务必注意：文书都是用英文书写的，所以其标点符号也相应都是英文的。在一堆英文文件中出现中文字显而易见，可是偶尔出现中文状态下的标点符号对于大大咧咧的申请者来说可能不会察觉，然而身经百战、阅读过无数申请材料的录取委员会成员可能就看得出来，并会因此觉得不舒服，这无疑好比是在一个漂亮姑娘脸上发现了一枚黑痣。

② 空格：大抵因为在汉语文章里面不需要空格的原因，很多申请者在自己的文书尤其是简历中也忘记或者忽略或者不知道或者意识不到使用空格。如果恰巧你属于其中一种，请谨记，空格也是字符，扔不得！

③ 信息全面有用：在分 10 个部分写作完简历需要涵盖的内容之后，基本可以满足信息全面这一点要求了。而信息有用指的是简历中尽量与废话废字 say no！文书之中，每个单词都该起到它应有的作用，所以对于起不到任何作用的单词，请删除。最常见的例子就是，很多申请者在选择简历模板的时候会这样说（依然以张三丰为例）：Sanfeng Zhang's Resume/Sanfeng Zhang's CV。对于美国人来说，自己的名字出现在了第一行，并且是大号字体的一篇东西，他们可以很清楚地判断是简历，而不需要额外说明 "'s Resume" 或者 "'s CV" 等内容，这种单词就是要删除的。

④ 语法绝对无误。

⑤ 句法：对所谓句法只强调一点，即简历中的句子通常都是没有主语 "I" 的，因此所有的句子都要保持高度一致，想办法去掉主语 "I"。

⑥ 外观干净明了：不妨多拿给几个人看一下，问问他们看过你的简历之后是什么感受，会对整体外观感觉舒服吗？即使不必取悦所有看到的人，至少也需要取悦 90% 的人才可以。

（3）为什么苦口婆心、不厌其烦地反复强调这些琐碎的事情

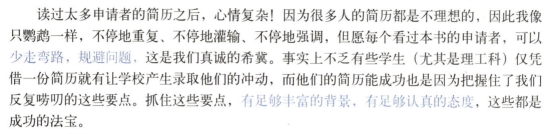

读过太多申请者的简历之后，心情复杂！因为很多人的简历都是不理想的，因此我像只鹦鹉一样，不停地重复、不停地灌输、不停地强调，但愿每个看过本书的申请者，可以少走弯路，规避问题，这是我们真诚的希冀。事实上不乏有些学生（尤其是理工科）仅凭借一份简历就有让学校产生录取他们的冲动，而他们的简历能成功也是因为把握住了我们反复唠叨的这些要点。抓住这些要点，有足够丰富的背景，有足够认真的态度，这些都是成功的法宝。

（4）选材

前面已经讲过，简历的篇幅最好限制在一页，不要超过两页。对很多学生来说可以在一两页内体现的内容是有限的。这时，我们就面临一个问题：到底要在简历里面写什么内容呢？这是因不同的学生、不同的专业而异的。我们要针对专业的需求和个人的优势去做材料的筛选工作。简历就像是一个人的照片，而你的形象好坏取决于有没有"well prepared in your chosen field"。如果我们把所有做过的事情事无巨细地都罗列进简历，就好像你的照片被打满了马赛克，别人根本就不知道你是谁，也不能让人产生读你简历的欲望。那么这个时候，你的申请就开始朝着失败迈进了。这是从申请的角度来说的。当然我们还要从自己的角度上来看，我们要清楚到底什么东西对于自己是真正重要的，什么是不重要的。有的同学可能会认为各种奖项就是重要的东西，忽略了实践能力的体现，而没意识到实践就是自己的强项，而且这一点可能正好是学校想要看到的。因此，简历的素材选择是一项大工程。我们在前面罗列了大量在简历中可以写的内容和方式，所有这些仅仅是我们挑选的素材库和可参考的写作方式。事实上一份简历的制作绝不仅仅是靠那些就可以表述完整的。我们首先要清楚自己的长处，而且要清楚所申请的专业更喜欢什么素材，例如理工科的学生，研究经历可能是最重要的素材，在校的课外活动可能就不是重要的素材；学商科的学生，可能在校的课外活动也丝毫不起作用，学校更想看到的是申请人的实习经历和工作经历……因此，申请人在选择素材时是非常个性化的，只能根据自己的具体情况选择相应的素材，切莫生搬硬套。

（5）顺序

在写作简历时，重要的信息要放在前面，放在第一页（如果最终是两页的简历），这是一个基本原则。比如申请传媒类的学生，你在电视台、报社等的实习经历可能就是最重要的素材，这些信息就该放在前面，那些相对不是很重要的则往后放。

（6）灵活取舍

并非每一个项目都必须包含所有上述要罗列的内容，比如前面提到，写课外活动和实习经历的时候可以加入"对别人的积极影响和自己的收获"，这也是因人而异的。事实上，我们在实际操作中需要列出该两项的机会可能很少，因为我们有更有价值的素材可供选择。所以万不能把文书指导的经验当成定理，所有的文书指导类经验只是一个参考，重要的是我们吸取其中的精髓，然后和自己的想法做到最完美的匹配。

（三）推荐信的写作

推荐信章节，我们会从四个方面来讲，分别为：why, who, how 和举例。

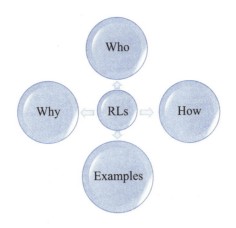

1. Why？（为什么要写推荐信？）

在整个申请中，推荐信之外的所有部分都是通过自身的角度来评价自己，就是说我们尽可以劲儿地自说自话、自我夸奖、自我吹嘘、自我炫耀，反正证明人只有自己。学校总不能只听信我们的一面之词吧，因此学校要求申请者之外的其他人来评价申请者，也就是推荐信。因为自己评价自己时有太多的主观情感在里面，也就要求他人在推荐申请者时要做到两点：客观、公正。这两点是推荐信在感情色彩方面的中心要求。

2. Who？（谁来写推荐信？）

去美国读研究生通常需要三封推荐信。在推荐人的选择上，首要的标准是了解自己的人、熟悉自己的人（当然亲属和朋友基本除外）。推荐信是学校从第三方了解你的一种途径，首要的要求是真实。要让学校觉得真实，最重要的是什么呢？举个例子，如果想了解一个人（假定叫张三），你去跟其他人打听，这个时候别人的回答就是"推荐信"。我们来看看两种不同的回答：第一种，我认识张三三个月了，上个月我们一起去了BBQ，接触了一天，我觉得他是一个XXX样的人。第二种，我认识张三两年了，我们是同班同学，我们经常一起去旅游、打篮球，我觉得他是个XXX样的人。哪种回答好呢？显然是第二种。因为认识时间长，从某种程度上说明可能对这个人的了解更全面；接触时间多，经常接触的人肯定比不经常接触的人更加了解这个人。在推荐信中，我们应该选择哪些人呢？显然下面的这些搭配是不完全准确的：

- 两位任课老师 + 一位系主任 / 辅导员 / 校长
- 两位任课老师 + 一位实习单位的领导
- 一位任课老师 + 一位系主任 / 辅导员 / 校长 + 一位实习单位的领导
- 一位任课老师 + 一位系主任 / 辅导员 / 校长 + 一位 research 导师

在选择推荐人时，学校并没有硬性要求我们一定要找什么人做推荐人（当然，一般学校的一般专业都要求有 Academic 推荐信，也就是说老师的推荐信）。不是说推荐人是校长就好，也不是说 Professor 就比 Lecturer 好，更不代表一定要有实习单位的推荐人，一定要有一位 Research 的教授推荐，一定要有一位系主任推荐……选择推荐人，最关键的点在于谁最了解你，谁说出来的话更加有说服力，谁的话让录取委员会觉得更加有分量。我们看看美国的大学的推荐信要求吧！推荐信表格里，一般都要求我们填写这位老师认识你多长时间，认识到什么程度，通过什么途径认识的。为什么要问这些问题呢？这正是反映了我们上面表达的观点。所以，到底选什么样的推荐人呢？——选最了解你的人。要不要找校长呢？校长了解你吗？如果不了解你，那么在学校里有那么多学生，为什么校长偏偏记住了你还给你写推荐信了呢？如果不能说服目标学校相信你的校长对你了解很深，这封推荐信就失去了意义。那么是不是要找一个你想要申请的专业领域内很"牛"的教授写推荐信呢？我们要考虑以下几点：第一，这个教授在国际上有名吗？如果有名的话，他会给你随便乱写吗？第二，这个教授了解你吗？你们怎么认识的呢？认识多久呢？这跟选择校长是同样的道理。综上所述，关于推荐人的选择，我们已经说得很清楚了——<u>首选最了解我们的人</u>。

3. How？（如何写推荐信？）

为了使推荐信实现它的价值，在如何写推荐信这一部分中，我会介绍几种可以借鉴的方法。我所期待的当然不是申请者的推荐人能看到这些文字，并按照这些要求去写。我所期待的是，申请者了解了自己的推荐信的写作方法之后，有能力对自己的推荐信做出判断。

（1）How 1：推荐信操作流程

如下三个步骤可以使申请者的推荐信发挥最大功能：

第一步：请推荐人为自己做宏观的推荐（事实上，他们也只能做宏观推荐），然后请推荐人将该推荐信息发给自己；

第二步：审视推荐人对自己的宏观推荐，例如推荐人说该申请者具有研究能力，那么作为申请者的你就要开始想了：我是不是真具有研究能力只是以前没有发现呢？

第三步：匹配成功后自己添加素材。是什么具体事例让老师发现了自己的研究能力呢？若恰好有事例可以证明自己确实具有研究能力，那么就可以添加进去了。

多数中国申请者会略掉第一步，直接进入自己动手阶段，写好之后再拿给推荐人去看并请其签字。为什么我要让本来简单的事情复杂化呢？这是因为推荐人无论是申请者的任课老师、研究导师抑或是实习单位的领导，他们亲自出手在为推荐人做出评价时才能真正使评价做到客观与公正。此外，从他们所处的角度来看申请者与申请者自己看自己略有不同是正常的，在这种情况下，经常会出现推荐人的宏观推荐让人眼前一亮的情形，这正是原因所在。

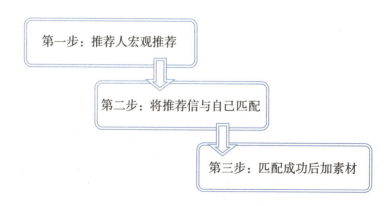

（2）How 2：推荐信的三个考评标准

申请者所有的推荐信加起来所包含的内容通常包括三个方面，从不同侧面反映出申请者的素质：

Academic achievement 学术成就

Extracurricular accomplishments 课外成就

Personal qualities and character 个人品质

与中国不同，我们申请美国的研究生通常不能秉承唯学习至上的理念，那么在学习之外，申请者还做了一些什么事情？这是美国校方想看到的。而除了在做事情（做学问和做学问之外的活动）之外，申请者在做人方面如何？这也是美国校方想看到的。这就是为什么我建议申请人在所有的推荐信中最好能体现出上述三个方面，这样才能最完整地将申请者呈现在录取委员会或院系面前。

申请者
做事
做学问：Academic achievement 学术成就
做学问之外：Extracurricular accomplishments 课外成就
做人：Personal qualities and character 个人品质

单纯地列出这三个方面，很少有申请者能立即想到写作素材和方法，更大可能是出现泛泛之作，采用典型的挑不出毛病也吸引不了眼球的写作方式。例如：

某同学在学习方面表现优秀，然后举例说明，如考试总是名列班级前三名，上课认真听讲，笔记记得相当整洁，作业完成得很好等，诸如此类。

该同学不仅在学习方面表现良好，还积极参与各项课外活动，然后举例说明，他参加了迎新晚会，演唱了一首歌；他参加了班级的圣诞晚会，和其他同学合演了一个小品，诸如此类。

尽管该同学在学习方面和课外活动方面都表现得相当优秀，可是他从不骄傲，还主动帮助别人，其谦虚的品质让我欣赏，诸如此类。

好了，这就是该类不痛不痒型推荐信的典型写作方式，也是我希望广大申请者尽量避免的方式。虽然我说推荐信应尽量包括三个方面的内容，但是呈现形式并非如此，对于三方面的内容要细化并用细节支撑。而这就需要我们一条一条地来看一下这三个方面可以分别从什么角度着手表述。

① Academic achievement 学术成就

学术成就体现的是申请者的学习能力。学习能力是个很宽泛的概念，其中有很多点可以体现申请者的学习能力。我下面所列的仅仅是若干学习能力中的几项，申请人更多的自己独特的学习能力还需要自我发掘：

a) 研究能力

对于申请研究生的申请者来说，这是一个需要具备的非常重要的能力或者潜力，所以我把它放在了第一位来讲。什么是研究能力呢？

关于调查研究，百度文库上有这样一段话：调查研究是人们有目的且自觉进行的主观认识活动。根据经济发展提出一些课题，运用科学的调查方法，有目的、有计划地对社会现象和社会问题进行广泛的了解，在大量占有第一手材料的基础之上，进行去伪存真的加工，来获得客观事物本质的、规律性的活动。这里强调是调查研究的意义。

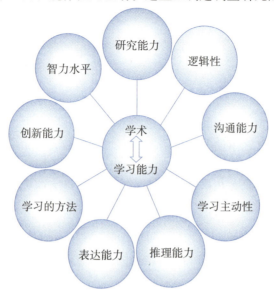

关于科研能力，IASK（爱问）则摘录了这样的解释：科研能力是指一个人在其所从事的专业中，以科学的思维和适当的方法，对未知领域进行科学探索的能力。它是一个人专业知识深度和广度的综合体现，可反映其发现问题、认识问题和解决问题的能力。

我没有资格去定义研究能力，我所能做的是说明什么样的描述可以体现一个人的研究能力。研究能力不仅仅是一个结果，它更是一个过程。在做某件事情的过程中，你采取了什么样的推理、进行了什么样的实验、应用了什么软件、运用了怎样的分析、进行了怎样的统计、发现了什么问题、解决了什么问题、解决问题的方法是什么等，这些都能体现出一个人的研究能力。而最终得出的结果，都是基于过程这一基础而得出的。

一个很浅显的道理，如果我告诉你苹果从树上落下肯定会掉到地上，而不是飞到天上，你会认为我很了不起，很有研究能力吗？不会吧？恐怕只有我把原因分析给你听，你才有可能相信是不是？

这就告诉我们，在推荐信中，推荐人如果要说明申请者具备研究能力，那么介绍做研究的过程是必不可少的。

事实上，研究能力也并不是申请人必须做了大型研究才会具备的能力，它是在任何小事上都可以体现出的能力。举例来说：我在前面所讲到的那位申请者在食堂里面所做的小研究；或者有些学生去改良自己家里的马桶，使其达到省水的目的；甚至有学生对电梯产生兴趣，至今仍记得一个申请者看到有些公司办公楼的电梯速度太慢，就想有没有什么办法能改进一下，使得电梯能在最短的时间内运送乘客到目的地，于是他经过长期的观察、计算和设计提出了自己的想法，还去申请了专利；更有些申请者拥有改良蚊帐或儿童车的发明专利。所有这些事例都不是大型的研究项目，甚至未必是与专业相关的，可是做这些事情的初衷和过程都能体现出申请人至少具备良好的研究潜力和素质。

现在的我们，随着年龄的增长，变得越来越没有想象力、创造力和好奇心了，不再思考天为什么经常是灰蒙蒙的，马路为什么都是黑色的。不问为什么就意味着我们已经长大了吗？要知道好奇心是很多能力的来源，但愿广大的申请者能常葆好奇心。

b) 逻辑性

在网络上流传着这样一个小故事：

建筑商大卫和亚特在一家低档酒吧喝啤酒。他们看到一位衣着讲究、颇有绅士风度的人在对面喝酒。两人开始猜测这个人的职业。

大卫：我估计他是名会计师。

亚特：不。应该是名股票经纪人。

大卫：股票经纪人不可能来这里。

两个人争来争去，一直到大卫要上洗手间才暂停。大卫在洗手间里，看到那位绅士模样的人正好也在，便问道：先生，我和我朋友都想知道你是做什么工作的。

绅士答道：我是逻辑学家。

大卫：那是干什么的？

绅士：我举个例子给你解释。你家里有金鱼吗？

大卫：有。

绅士：按照逻辑，你一定把金鱼放在鱼缸或者池塘里，对吗？

大卫：是的，是放在池塘里。

绅士：依照常理，你家里有池塘，就应该有个比较大的花园。

大卫：我家确实有一个大花园。

绅士：从逻辑上进行推论，你有一个大花园，就必然有一座大房子。

大卫：千真万确！我的确有一座有5间卧室的大房子。

绅士：既然你建造了有5间卧室的房子，从逻辑上说，你不可能单单是为了你自己才建造的，因此，你应该是已经结婚了。

大卫：是，我和我妻子还有3个孩子共同生活在一起。

绅士：你有3个孩子，应该有比较正常的夫妻生活。

大卫：对，对，一周4次。

绅士：好了，你看这就是逻辑，我就是做这种工作的。

大卫：这就是逻辑学？

绅士：对，你看，我从你家里的金鱼，推断出你有正常的夫妻生活。这就是逻辑。

大卫：明白了，印象深刻。谢谢你。

大卫回到桌旁。

亚特：我看到你和那位衣着讲究的人一同进了洗手间，你没问他是做什么的？

大卫：问了，他是个逻辑学家。

亚特：逻辑学家是干什么的？

大卫：我尽量举个简单的例子来解释。你家里有金鱼吗？

亚特：没有，我从来不养金鱼。

大卫：那么，按照逻辑你一定没有性生活。

我想，这个故事很简洁明了地解释了什么是逻辑学。得出结论必然要有非常严密的逻辑推理过程，而非略掉推理，从"不养金鱼"直接得出结论。

在后面的 PS 写作中，我们会再详细说明"逻辑"这一概念。关于推荐信，有这样一个令人哭笑皆非的例子：

在某推荐信的第二段，推荐人这样写道：该同学是一个富有逻辑思维的学生，后面加了事例说明。该封推荐信的第三段描述了这样的例子：因为该同学上课总是坐在第一排，所以他学习很认真；因为他上课总是认真做笔记，所以他的学习成绩很好；该同学下课后主动擦黑板，因此他是一个很勤快的人；因为他热爱所有的学习科目，所以他的学习成绩都很好。

哦，天哪！如果是这样的推荐信，加入了这些荒唐的逻辑，那么不得不令人怀疑，推荐人尚且没有合乎逻辑的思维，又如何来判断申请者是一个富有逻辑思维的学生呢？

c) 推理能力

由上述例子中逻辑学家的推理过程，同理可知，我们实验时是如何推导实验过程的？在解题时是如何得出解题思路的？这些都需要推理能力。它是申请人尤其是理工科申请者取得优异成绩的法宝之一。

d) 沟通能力

不论对于申请什么专业的学生来说，沟通能力都是基础。

申请文科的，比如申请大众化的专业教育和传媒专业，如果没有沟通能力，影响几乎是毁灭性的；

申请商科的，只有具备良好沟通能力，才能成为大家梦寐以求的商界精英；

申请理工科的，只有具备良好的沟通能力，才能在研究中与同伴合作成功。

所以对于希望录取的申请者各方面全面发展的美国大学来说，沟通能力是一个申请人需要具备的基础能力。

e) 学习主动性

我想这点不需要多解释，人人都能知道自己是否是该类型的人。其实自从我们上大学那天起，就基本没有人督促我们的学习了。周围有太多的诱惑了，不仅要对付自己的懒惰心理，还要对周围的各种诱惑保持理性，克服了这两重障碍后才能真正拥有学习的主动性。

在这种氛围中，拥有学习自觉性的学生与缺少学习主动性的学生可能会存在天壤之别。事实上，我们的身边不乏这种人，他们认真上课，细心做研究，主动找实习机会，主动找教授做项目，有时间就"猫"在图书馆，这种人经常被我们称为"书呆子"，可这些"书呆子"是对自己的未来负责的一族，是主动抓住一切提升自己机会的聪明人。主动出击——这是最明智的哲理。

f) 表达能力

在中国，我们通常喜欢倾听，我们喜欢充当的角色是听众，我们不愿意或者没有自信去表达，没有勇气去做站在台上的那个人。但是大家可以注意到，尤其是在美国，演讲能力和表达能力，他们是非常看重的，尤其是打算将来成为领导者的人。

只要我们稍微留意一下我们感兴趣的美国大学，只要去看一下他们的"自我吹嘘"，就会发现，很多学校都写着我们培养的是该领域未来的领导者。而要做领导者，将意思最恰当地表达出来是必须具备的能力。可以体现表达能力的例子有很多：比如本身就是学生会的领导，那在做领导的时候是怎么表达、怎么传达信息的；如果是热衷于参加辩论赛的学生，而且也参加了若干辩论赛，那么表达能力是如何一点一点提高的？这些都是恰如其分的事例。

g) 学习的方法

每个人都有自己的学习方法。死记硬背也好，灵活应用也罢；或者很多人可以做到学科之间互相融会贯通；抑或有人喜欢通过大量阅读课外书籍来实现课内的成长。这都是可供选择的方法。

可是在这里我想说的是：未必你的学习方法有多么与众不同——大千世界，你是唯一用该方法的，这点似乎很难做到——然而，你用了你所说的方法后，所达到的效果是否优于其他人，这是审核者想知道的。非常简单的例子：即使死记硬背的学习方法被很多人所不齿，然而通过死记硬背，你掌握的单词数量惊人，你也因此具备了超出同龄人的阅读速度，这依然会成为你最大的亮点，不是吗？

总之，学习方法本身未必是重点，通过坚持某种学习方法因而达到了理想的效果更弥足珍贵。

h) 创新能力

很多申请者会说，我就是一个循规蹈矩的孩子，没有什么创新思维，从幼儿园到高中，所有的课程都被安排好了，所有的道路也都被安排好了，就是一切向着大学看齐。好不容易进入了大学，专业课也都安排好了，辅修课又因为前面若干年的学习实在是耗尽了所有的力气，以至于都没有力气再去研究自己喜欢的课程是什么，学校安排什么就上什么吧。这是多数中国大学生的现状。然而，录取委员会和院系审核者才不管你是怎样的现状，在他们的心目中，创新能力在申请中是非常重要的一点，也是美国人常常引以为豪的特点。

事实上，创新能力也没有神到凡人无法触及的那种程度。从自己所学习的课程来入手是比较简单的方法之一。学习市场营销并打算申请 marketing 的申请者，若能说出自己在做市场助理的实习中，如何通过调研发现了一些新的方法，尝试了公司其他人从没有用过的方法，那便是创新，即使该方法最终没有在市场上取得成功，仅仅是蜻蜓点水为公司打开了一点点的市场，或者仅仅为公司带来了一个客户，又或者没有取得任何短期效应，那又如何呢？谁知道你的市场行为会不会有长期效应呢？并且你想到了，去做了，你想到的至少是你所在的圈子中没有人想到的（或者没有去做的），这就够了。同样的道理，申请者尽可在自己所学习的领域，在自己所实习的领域适当创新，这个应该不是什么难如登天的事情吧！

i) 智力水平

每次我在问到学生们认为自己的智力水平如何时，大家的反应大多都是自己并无过人之处，并不认为自己的智商比他人高，这是令我欣喜的，因为我比较理智地认为这个世界上是不存在天才的，也不存在谁的智商更高，谁的智商略低。所谓的天才，不过是付出了比别人更多一点的努力而已。在我身边，这样的例子比比皆是。就说乐闻携尔的创始人刘文勇，他在 25 岁还在读博士时出来创业。很多人说，小小年纪很有商业头脑嘛。创业三四年以后，公司居然没有倒闭，还活得风生水起。于是又有人说，哎哟，这小子很有商业天分嘛。可是那些这样说的人谁知道，为了这个所谓的商业头脑和商业天分，文勇在大家看不见的背后付出了多少努力？他凌晨两点给同事们发邮件安排工作时有谁看见了呢？他奔波各地精力充沛地做讲座时又有谁注意到了下台后的他精疲力竭了呢？他因其精彩纷呈的课而备受学生们追捧时谁又想到过他为了讲好每一个题目深夜备课到凌晨呢？所谓的天才也好，所谓的弱智也罢，都不是问题的关键。处理智力问题的关键是把握好以下两点：

第一，自认为智力水平比较高或被推荐为智力水平比较高：那当然很好，聪明的孩子谁会拒绝呢？尽可以写出来。

第二，欲扬先抑：虽不聪明，却做得比聪明的孩子更好。例如如果让我为文勇来写推荐信，我可能会选择这样来写：刘文勇不是我见过的人中最聪明的人，他也不是所谓的天才，但是他在他的这个阶段所取得的成就是最让人钦佩的，而这些成就离不开他为此所付出的努力。接下来的事例省略 500 字。

以上仅列出了在学术领域的九个可供参考的方面，我所期待的不是你就照本宣科地写这几个方面，我所期待的是你能发掘自己更为广阔的可写的和可发挥的空间。你需要真正发挥自己的创新能力，运用你的高智力水平的优势和独特的学习方法，再加上你强大的研究能力、推理能力和逻辑思维能力，真正挖出属于你自己的学术成就。希望我的这块砖抛出去，能引出来你这块美玉。

② **Extracurricular accomplishments** 课外成就

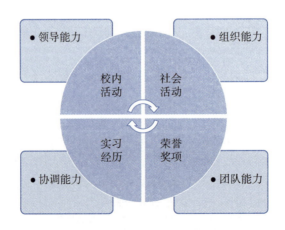

所谓课外成就，在申请之中通常包括这么几个方面：实习经历、获奖情况、校内活动、社会活动等。在做任何事情时，相信都会各有所获。所收获的能力和提升大多是陈词滥调，例如：领导能力、组织能力、协调能力、应急能力、团队协作精神等我们可以统称为工作能力。这部分内容听起来确实是容易得很，然而该部分理应成为最容易出彩、最容易打动人、最容易组织的亮点，所以绝对不能掉以轻心。

在组织该段落时，不妨采取一种特殊的方法，比如约两三好友，然后找一个安静的地方，花上一天的时间，说："来，来，来，我给你们讲故事听。"然后把自己打算用到的故事惟妙惟肖地讲给他们听，请他们来帮你一起梳理一下，哪个是最吸引他们的故事；哪个是最吸引他们的亮点；哪些能力最能触动他们，这就是讨论的力量。在讲述的时候，可以加上表情、动作，会更引人入胜一些。

等到你们几个"臭皮匠"确定了怎么写之后，你再下笔，然后把你写出来的东西再拿给他们看。

不出意外的话，他们的反应会是："嗯，没有你之前讲的那个感觉呢……"

这该是意料中的事情。当被我们的朋友批评指正后，我们接下来应该使结构更有条理、使情节更环环相扣、使整个段落更有的放矢才是。另外，除了惊天动地的大事件可以触动人之外，还有看起来略微不寻常的过程。无论是做什么事情，中间的过程通常都不是一帆风顺的，而中间的起承转合、问题叠加就是重点描述的对象。毕竟活动每个人都会参加，都可能组织，可是未必每个人都会遇到问题，尽管这些问题在当时经历时是尽力避免且不愿意看到的，然而只要遇到了，就要解决。这个解决的过程，无论结局是好是坏，都是实实在在的收获，而这些收获尤其可以打动人心。所以各位申请者不妨仔细想一下当时的难过与痛苦，当时又是如何撑过来的，撑过来之后的感受是什么，这些问题在后来的生活中是如何规避的。即使不是什么惊天动地的故事、困难和收获，相信经过这一天的反复修改，这个段落会比较圆满，起到应有的作用、应承担的职责。

③ Personal qualities and character 个人品质

作为一名申请者，不仅仅要会做事，还需要会做人。由于教育方式的不同，中国的申请者在自己的申请材料中不怎么去写其个人的人品怎么样，可是我们要去的那个国度对此的要求严格得很。这一点首先就体现在在你进入该国度之前，在申请的时候，它不仅仅在每个申请表中都会询问你有没有犯罪记录，更体现在需要写作的文字中（毕竟那些询问 Yes 还是 No 的题目，我们当然可以理直气壮地选择 No）。而这些文字的载体就是简历、推荐信和个人陈述。在这一部分，我们着重说推荐信这个载体。

下面的圆形图可以告诉我们：在递交申请的时候，我们已经证明了我们是一个"人"，然而美国显然不能仅仅因为我们是一个"人"就录取我们；它还需要我们证明自己是一个"好人"，这样一来圆形图变小了，有一部分"恶人"被刷掉了；然而仅仅是个"好人"就够了吗？显然不是，它还需要我们证明自己是一个"有发展前途的好人"。即使是"有发展前途"，可是若只在某个狭小的领域内有发展前途怎么办呢？于是我们还要证明自己是一个"全面发展的、有发展前途的好人"，如此一来，我们的圆形图愈来愈小，剩下的人也越来越少。申请者现在需要想的是如何证明自己。

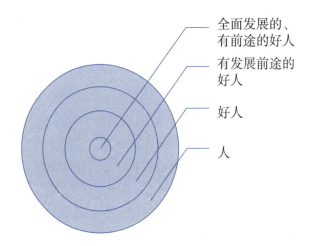

全面发展的、
有前途的好人

有发展前途的
好人

好人

人

a) 人

我想我们不需要做额外的事情就可以证明我们是"人"，在将申请递交到录取委员会手中时，他们已经明确了你的这一身份了。

b) 好人

世界上多数人都认为自己是好人，所有的申请者也不会说自己是恶人，但是如何证明自己是好人呢？办法多到不可胜数，用事例说明自己乐于助人、富有爱心、心地善良是最简单的办法。除此之外，如果你是诚实的、宽容的人是不是也可以列为好人的行列呢？我想是可以的。

c) 有发展前途的好人

事实上我认为每个人都是有前途的，只是这个前途在不同人的眼里不一定被认可而已。也就是说要证明自己是有发展前途的，可能并非要证明这个事实本身，而是要证明自己会因为什么被认可。那么这些被认可以成为有发展前途的人的要素就是我们要去写的。这些要素通常包括哪些呢？眼界开阔？知识面广？具有分享精神？坚持不懈的意志力？可供选择的很多，每个人尽可以发挥自己的想象力想出更多的要素。

d) 全面发展的、有发展前途的好人

全面发展不仅是美国人希望招收的学生所具备的素质，即使在中国，近些年也一直在推行素质教育，也希望培养全面发展的人才。那如何证明自己全面发展？是德智体美劳全面发展？还是琴棋书画无所不能、上知天文下知地理？这未必是好的办法，很多时候，想要面面俱到，反而每一面都说不清楚。我所建议的是，找到自己真正擅长的、喜好的、并恰恰是你独特的一个方面重点来说，让审核者记住你。

（3）How 3：推荐信之如何成文——推荐信的结构

在列出了推荐信可以选择的内容之后，我们下面来讲一下如何将这些内容组织成稿，即介绍推荐信的大结构和大框架。一封完整的推荐信通常由下面的要素构成：

推荐人姓名
推荐人职位
推荐人联系方式（电话、邮箱及地址）

日期

称谓（例如 Dear Admissions Office）

开头
正文段落 1
正文段落 2
结尾

推荐人姓名
推荐人职位

在上述要素中，最重要的三个部分——开头、正文、结尾。它们是如何构成且分别包含怎样的内容呢？

① 开头：开头通常至少需要包含两个信息：第一，推荐人和申请人相识的时间和关系；第二，为了使推荐信成为一个整体，强烈建议申请者在第一段的最后一句话概括出下面的正文部分打算写的主要内容，这是为了启下。

② 正文：从两到三个点来推荐申请人，对于申请读研究生来说，基本两个点就可以了，很多申请者选择集中写一个点，也是可以的。这告诉我们，一个要点也好，三个要点也罢，取决于申请者的素材以及申请者打算如何使用素材。

③ 结尾：热情赞赏申请者，积极推荐并愿意进一步接受询问。除此之外，也建议申请者延续第一段的方式，做好承上工作，即再次汇总正文部分的主要内容，做好前后呼应工作。

（4）How 4：推荐信正文部分的结构

推荐信正文部分的写作，做到三个步骤会让审核者欣赏你结构的严谨：正文部分的开头先归纳下面要讲的事例中你打算体现的优点；接下来再用事例或者其他方式论述你所总结出来的论点；论述完毕后，也就是论据呈现完成后，在结尾再次总结你论据部分打算呈现的亮点。

很多申请者的推荐信的正文部分，做到了前面两个步骤，产生的效果是，你在很卖力地、很生动地讲一个听起来还不错的故事，然而故事讲完之后，大家还充满期待地等着你说下去的时候，你戛然而止了，并且告诉听众，你的故事讲完了。听众的感受是怎样的呢？就是一句话："你到底想表达什么？"或者"你到底想说什么？"请大家一定要注意，听众很忙，他没有时间去猜测你讲故事的目的是什么，含义在哪里，更重要的是，他也没有兴趣去猜。你得自己告诉他们，你想表达的是什么。这就是需要推荐信做到的。在故事讲完后，告诉读者你想表达的是申请者哪个方面的亮点，这也是最后一步"再次总结"所应起到的作用。

（5）How 5：所谓的技巧

总是有申请者会问：写好推荐信有没有什么窍门呢？有什么办法让我的推荐信出类拔萃呢？人们总希望听到所谓的技巧，在我已经讲完了内容可以选择哪些、结构如何组织后，很多人依然觉得不够，希望有更多的技巧呈现出来。与其说我下面要讲的是技巧，倒不如说是"常识"。

① 最直接体现"与众不同"的方式：我们在很多学校关于推荐信的要求中都能看到这样的短语：differentiate you from others，意思是使你区别于他人。这暗示我们可以通过与他人作对比来体现你的与众不同。此处需要提醒申请者的是，在推荐信中，通过对比来说明他人不如自己，是通过推荐人的角度来完成的。也就是说，并不需要申请者自己说自己比别人强。很多申请者在听了"对比"这个建议后，开始广泛使用对比，在个人陈述中也一直在使用对比，变成了通过贬低别人来夸奖自己，这是要不得的。这不仅不能说明你比别人优异，还暗示了你的自大。

② 全篇前后呼应：做到前后呼应可以使整篇文章读下来更显得一气呵成，最简单的方式是首尾分别总结文章大意。比如说在第一段写了该同学是一名有研究能力、乐于分享

的学生，那么就可以在最后一段这样写：因为该同学较强的研究能力和乐于分享的精神，我愿意向你们诚挚地推荐他。

③ 段落承上启下：对段落最基本的要求就是要做到承上启下，即使段落之间的关系仅仅是并列关系。很多推荐信正文部分的两个段落或者三个段落完全可以单独拎出来一段另成一篇推荐信。这么写不能说是错误的，但是显然不够严谨。

④ 句子逻辑鲜明：相比前面所说的以及后面要说的所有技巧，句子之间的逻辑性严格来说并不是技巧，而是基本要求。可就是在这个最基本的要求上，几乎人人都会出现问题。我曾经尝试去了解为什么人人都会出问题，反馈回来的信息旗帜鲜明地指向了一个客观理由和一个主观不努力。首先说客观理由：我们平时的沟通所依赖的多数都是口头语言，鲜有依赖纸面文字沟通的情形。我们在说话时，可以想到什么就说什么，不必提前打好草稿，依照草稿来读（或许演讲除外），所以甚至不需要考虑下面这句话是否与上面这句话有逻辑性，只要对方能听懂，问题就迎刃而解。好吧，这是客观现实，我不打算反驳。我们再说第二个原因：主观不努力。即使下笔的时候没有去思考句子之间是否有逻辑性，那么写完后检查修改时也没有思考逻辑问题吗？在使用"因为……所以、不但……而且、尽管……然而、除此之外……还有……"词语的时候没有去思考过句子是什么关系吗？我可以很肯定地下此结论：句子之间没有逻辑绝对不是因为申请者不知道句子的逻辑性，仅仅是因为没有仔细去思考每句话之间的关系。如果仔细思考后发现确实有些荒唐的逻辑，申请者还是有时间更正的！

⑤ 简明（Concise）：不只是说说而已！有几个外教朋友，在帮学生改文书的时候常常把 500 个单词的文章三下五除二地缩减到了 400 个单词。也有这样的学生，外教改后，他再一个单词一个单词地加回去。为什么会出现这样让人崩溃的事情呢？未必是中国学生不知道 concise 原则吧。对英语这门语言驾驭纯熟的人，写文章时普遍地以精炼著称，可是如果驾驭不了英语这门语言，就需要用很多的句子才能说明白一个道理（这些句子可能只需要一句话就能说清楚），就需要读很多的句子才能明白一个道理（领悟能力强的人可能看一句话就能看明白）。更有甚者，很多人颠过来倒过去地反复用不同的句型表达同一个意思。这已经不止是啰唆了，更是无法驾驭语言的表现。在自己的推荐信成稿后不妨找个英语还不错的人来读一遍，推荐信的质量或许会有所提升。

⑥ 一页纸原则：一般而言，推荐信控制在一页纸的篇幅内是合适的，大概 500 个单词以内是合适的字数范围。当然这不是规定，只是建议。

4. 推荐信写作之常见现象
（1）推荐人的高度

申请人的推荐信，可以让推荐人站在一定的高度来推荐你，会取得双赢的效果。这是什么意思呢？说的俗一点就是无论是你的任课老师，还是你的系主任，或者是你的辅导员，又或者是你实习单位的领导，他们都不是与你称兄道弟的朋友，他们是有一定的地位、有一定的架子的。他们有一定的地位和架子并不会对你有什么坏的影响，相反，推荐人具有一定的高度，可以提升推荐信的价值，这就是那么多人想找名人来写推荐信的原因。在满足了两个基本条件（熟悉你和专业相关）后，推荐人高度越高，越能提升推荐信的价值。

而高度越高的推荐人，按常理来说，越耻于说谎，这也就意味着推荐信会显得更加公正和客观。那么究竟应该怎样表现推荐人的高度呢？有两种方式：明示与暗示。

所谓明示即开篇做自我介绍，如果在专业领域内大家都知晓推荐人的经历和职位，自然无形中就提高了推荐信的分量。

所谓暗示即不直接自夸，例如可采取的方式是将自己的理念与申请者的表现挂钩。举个很简单的例子来说，我是XXX大学英语系的系主任，英语系是XXX大学最具创新思维的学院，我也一贯主张要培养学生的创新能力，而该同学就很好地具备了创新思维。事实上，推荐人并没有说："看！我多牛！我让我们系成了我们学校最具创新精神的院系！"他只是在陈述一个事实，让人读起来感觉他只是为了推荐人才顺便提及了自己的理念。但是，在顺便拔高自己的高度这方面，他做到了。

这就是双赢：推荐人自我吹嘘了一番，同时还提升了你的价值。

（2）推荐人什么都知道

无论推荐人与你的关系怎么密切，他都不可能对你的事什么都知道。他不是你，他不可能对你了如指掌，所以在写的时候，有些东西要适可而止，保持公正客观，有些你自己认为他不可能知道的信息，就不要写。

（3）被推荐人什么都好，好得离谱

在推荐信中说申请者哪儿哪儿都好，这无可厚非，而且也似乎是必需的，可是为什么有些推荐信读起来会让人感觉申请者好得不真实呢？问题出在中国式思维上。下面这封推荐信是典型的中式推荐方式：

A同学上课认真，用心听课，考试成绩优秀，数理化等方面的发展都比较平衡。考试排名在年级前10%以内，智力水平高，曾经是年级五子棋比赛冠军，并多次获得优秀学生和优秀学生干部等荣誉。她首先给我留下深刻印象的是她的声乐造诣比较高。她多次参加校园文艺演出，担任独唱，对歌曲有很好的诠释能力，并且非常投入，歌声很有感染力。性格开朗，对人热情，乐于助人，同学和老师都很喜欢她。对学校的事情非常关心，充满热情，曾经担任学生会宣传部长、学校广播室节目主持人，多次被评为"优秀学生会干部"、"优秀学生"等。在校运会上，该生曾组织班上的同学积极写稿，她组织的稿件数量曾经是全校最多，同时也是被采纳广播最多的。

抛开组织混乱这个特点不说，仅说内容，这是多数中国推荐人给申请者作推荐时会写的内容。好吧，她没有任何缺点，她全面发展，这都没有问题，可是这么短的文字中堆砌的全部是论点，全部是结果，全部是"形容词"，却没有给出任何的论据来支撑，把这封推荐信中的A换成B，B基本可以完全照搬运用。这就是看起来让人感觉好得离谱的推荐信，因为只说了她好，却没有说为什么好。

那我们需要达到的是什么境界呢？

> 在推荐信中任何一个描述申请者优秀的"形容词"只要出现了，就必须有论据来支撑，否则这个"形容词"就不应该出现！

做到了这一点，就摆脱了"被推荐人哪儿哪儿都好"的魔咒。

5. 推荐信之最佳组合

在讲完如何写推荐信及推荐信写作的结构与注意事项之后，最后要说的是素材与内容如何来分配才能达到最佳的效果。

在分配之前有个原则是要明确的，不管申请者有多少素材，在分配时，所有的素材必定是不能互相冲突的。尽管它们是出现在不同的推荐信中，也要做到互相弥补，互相服务，互相补充。如下是比较合理的分配方式：

• 任课老师：侧重学术，即我们三个考核标准中的第一个；

• 研究导师：侧重学术，即我们三个考核标准中的第一个；

• 系主任 / 辅导员 / 校长：侧重工作能力和做人能力，即我们三个考核标准中的第二个和第三个；

• 实习单位：侧重工作能力（尤其是与专业相关的）和做人能力，即我们三个考核标准中的第二个和第三个。

当然这并不是绝对的，你也可以按照你的实际需求去分配素材。

可是无论如何选择，都需谨记：与专业相关永远是第一位的！

是的，如下就是推荐信的最佳组合：任课老师推荐了学术方面的亮点，于是听起来像是一个"学术帝"，仅仅是"学术帝"自然不足以打动录取委员会；于是非任课老师推荐了工作能力中的两个亮点与做人方面的亮点，最终就变成了一个接近完美的你，希望这个接近完美的你可以帮你敲开赴美的半扇门。

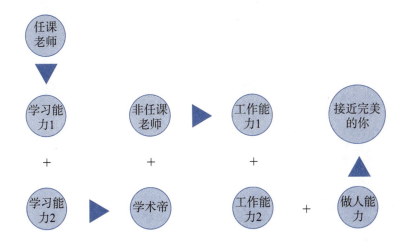

6. 推荐信后记

推荐信在实际写作的过程中并不一定需要面面俱到，这是什么意思呢？就是说，我们未必要在推荐信中把我们的三个方面全部都体现出来。更多的时候，比如如果我们知道要申请的专业需要非常强的 research 能力，而且这正是我们的优势，那么我们可以用更多的笔墨、用不同的事例证明这个优势。所以同简历一样，推荐信也是非常个性化的文书（当然，所有的文书都是非常个性化的），必须具体情况具体分析，因人而异。

推荐信也未必要严格按照我们之前说的各有侧重来写，即哪封推荐信要侧重哪项内容并不是定规。让一个任课老师来证明我们学习的能力，让一个做 research 的教授证明做研究的能力，然后又让一个工作单位证明工作能力，这些并不是定规。我们不妨从两个方面来说这个问题：第一，我们前面说了，推荐信就好像是打听一个人，比如我们继续去打听张三的长相，去问 A，A 说张三身高 175 厘米，然后什么都不说了；去问 B，B 说张三是短发，又什么都不说了；我们继续问 C，C 说张三戴副眼镜。如果这样，那我们都不能找到我们要找的人。恐怕正常的情况应该是，A 说身高 175 厘米，短发，戴眼镜；B 说戴黑框眼镜，身高大概 175 厘米到 180 厘米之间，头发不太长，肤色比较白；C 说中等个子，挺白净的，短发，戴着眼镜。很多情况下，大家所描述的内容应该大部分是一致的，只是具体的表述不太一样而已。第二，显然不是只有在课堂才能体现学习能力，进了实验室同样需要学习能力，进了新的工作单位，依然离不开学习能力。我们在不同的地方都能体现出来良好的学习能力，只是要通过不同的事例表现出来。这也就是说，这三封推荐信也极有可能大部分内容的主旨都是一致的，只是通过不同的事件和不同的阐述方式体现出来而已。三封推荐信对申请者的优点应该是不断 repeat，起到不断加强的效果。中国有个成语，可能放在这里不太合适，但是很能说明问题，就是"三人成虎"。三个人都在讲述同样的几个点，更容易让人相信是真实的，不是吗？

7. 推荐信的常见问题（FAQ）

Q：一定要准备推荐信吗？

A：对多数学校来说，推荐信是申请的必要材料，一定要准备。通常来说需要三封。

Q：推荐信需要什么级别的老师来写？

A：推荐信是学校通过第三方了解你的一个途径，只有了解你的人所写出来的东西才有效力，所以首先需要考虑的是谁是最了解你的老师，在这个基础之上，才有必要去考虑老师的级别，相对来说 professor（教授）比 lecturer（讲师）的效力会略微高一些。

Q：同一封推荐信可以投给多所学校吗？可以是复印件吗？

A：同一封推荐信是可以提供给多所学校的。美国大学不接受复印件，必须是原件，就是一份推荐信打印多份，老师签字即可。

（四）个人陈述（PS）的写作

1. PS 的职责

在所有的文书中，Personal Statement（PS）以其最重要的地位而异军突起，这个最重要的地位从来都是不容撼动的，而且从出生到此刻，这个小小的大约 800～1 000 个单词的 PS 将毫不夸张地成为你所有作品中最精致的一个。虽说多年前的高考作文可以在某种程度上决定你的第一次生死，但是那至少是经过了高中长达 3 年的训练而写出的文章；虽说托福作文可以在某种程度上决定你的分数，但托福可以考若干次，托福作文有可能在短时间内速成，多年后再想想，甚至极有可能会觉得惨不忍睹。可是 PS 不同，一篇 PS 的诞生，从开始的动笔，到最后的成稿，中间可能会经历 5 遍、10 遍、20 遍的反复斟酌、反复修改，而且要确保多年后再翻出来看，依然觉得这个小东西还不错。唯有这样，才算是对自己有所交代。

为什么 PS 值得如此大动干戈、兴师动众呢？在整个申请之中，通常包括这么几大块：标准化考试、在校成绩、文书、其他。而这几块的构成好比下面的这个图形，如果抽掉了标准化考试，也就是说，如果申请者的 TOEFL、IELTS、GRE、GMAT 等成绩不理想，会直接导致整个申请的球体倒塌；在校成绩所起到的作用也是如此，如果在校的 GPA 过低，或者单科成绩过低，也会直接使得申请的球体摇摇欲坠。但是与这两者不同的是，多数情况下，即使把上面的"文书"球拿掉，这个球体依然可以牢固地存在，但是它所能达到的高度很显然受到了局限。而对于文书来说，PS 在其中起到了大概 70% 甚至更大的作用。这也就意味着，如果标准化考试成绩和在校成绩都处于非常理想的状态，申请的球体可能不会出现坍塌，但是本应该申请到前 30 名学校的申请者，在 PS 不理想的情况下，可能只能够申请到前 50 名的学校。如果你希望的是在可能的范围之内攀登得更高，那么就要在这短暂的申请季节重视 PS，至少切莫忽视它。

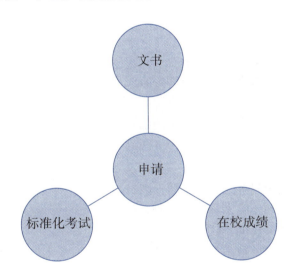

2. PS 的结构

下笔写 PS 之前，我们要先思考一个问题："我们的 PS 打算用的主线是什么？"主线，顾名思义，就是贯穿整篇文章的一个主题思想。很多人的文章像沙子，一拎，就散落得支离破碎。我们的文章需要像牢固的城堡，每一块砖头都有它的意义所在，每两块砖头之间都有严丝合缝的衔接。这就要求我们最开始就先想清楚：PS 的主旨是什么（我们需要一张图纸，它能告诉我们最终要把我们的城堡盖成一个什么样子）？要用到哪些素材（用哪些材料来建造我们的城堡）？通过哪些线索将其串联起来使之成为一个整体（用什么材料进行衔接）？以下这是申请者在动笔之前要思考的三个问题：文章的主线是什么？用哪些素材充实自己的主线？用什么连接词、句来连接词与词、句与句、段与段以使其成为一个整体？考虑好这些我们的 PS 才不会走样，而所有的这些问题都指向一个要点："PS 的结构"。

说起 PS 的结构，我们不妨从两个方面来理解：

第一个要说的方面就是文章主线。我们的 PS 应该有一个主题或者基调，整篇文章应该是围绕这个主题来展开的。比如说我们在 PS 的后面附的一篇 social work 文章，整篇文章就是围绕着学生对社工的认知进展而展开的，那对社工从浅到深的认知过程就是整个文章的主线。再比如说有一个学生，他整篇文章的主题就是突出自己独立思考的优势，在谈到家庭的不幸时讲述了因交不起房租而被赶到街上过夜的惨痛经历，但他并没有用任何夸张的或者戏剧性的情节来将重点放在渲染自己的悲惨经历上，而是仅仅将其作为一个切入点；他用朋友们的疑问来衬托出自己决定重返学校、出国深造所需要的坚定和自我思考；在谈到他的业余爱好时，他也没有像大多数申请者那样列举出一长串清单，以表现自己多才多艺、面面俱到，而是诚实地说自己没有什么爱好，只是喜欢独自旅行，去大自然中汲取营养和力量，但这爱好却与全文塑造出的深沉和独立思考的性格十分吻合。我们在写 PS 的时候，并没有一个固定的模式，没有说主线必须是要这样的或者是那样的，没有这样的规定。相反，我们应该尽量摒弃模板化操作，尽量使我们的 PS 独具创意，拥有自己的个性。要做到这一点，我们不妨问自己如下几个问题：

（1）结论：我要申请什么专业？我的目标是什么？

①我要申请的专业是什么？

②我的最终的事业目标是什么？

（2）原因：我为什么要申请该专业？

①在我的家庭生活和社会生活中有哪些人或事件影响了我的人生观和事业追求？这些影响有什么与众不同的地方？（他人影响）

②我最初是如何对目前所选专业感兴趣的？在其后的岁月中又是如何加深了对这一学科领域的认识？在这一领域已经取得了什么样的成绩？是什么因素使我自信能够在这一领域有所建树？（自我成长）

（3）储备：为了这个目标，我做了哪些准备？

①在上学期间我从事了哪些助教、助研、独立研究、社会实践、暑期工作等？通过这些活动，哪些方面得到了提升（比如科研能力、组织能力和领导能力等）？在步入社会后的工作中完成过什么项目？取得了哪些成就？表现出何等才干？为什么比其他的申请者更具有在事业上成功的把握？（自我成长）

②在自我奋斗的过程中是否需要克服超常的困难，如家庭生活贫困、身体残疾等？（克服逆境）

③人生经历中有什么独特、非同寻常、与众不同的地方？

④是否具备杰出的品格，比如诚实、可靠、善良、刻苦等，而又能否提供事实依据来加以证明？是否具备突出的工作习惯和态度，以及禀性上的优势？

（4）升华

对所要申请的学校和专业是否有了深入细致的了解？能不能做到在写自述时紧扣学校和专业的要求及特点，突出自己申请的优势？

事实上，以上所有这些问题可以归为三个需要终极思考的问题：

• 要申请什么专业？

- 为什么申请该专业?
- 为了申请该专业,做了哪些准备?

在跟那些优秀的人比拼的时候,我们怎样才能以小博大? 怎么能从人才济济的申请者中脱颖而出? 恰如其分地回答出这三个问题就是关键。通过对这三个问题的回答,我们要展现出,虽然我们不是最优秀的,但是一定是热爱这个专业的人,不仅仅是热爱,还要有实际行动,为我们所热爱的事情付出很多,而且还会付出更多。这有点儿像女生谈恋爱,可能很多女生选择的并不是最有钱的,也不是最帅的,而是选择最爱自己的那个人。学校也一样。

在思考了这些问题之后,不妨自己把答案罗列出来。这个时候,属于你的独一无二的主线往往就会跃然纸上了。主线没有固定的格式,没有固定的要求,没有千篇一律的模板,完全依据个人的具体情况而定。每个人都有自己的故事,每个人都有自己的经历和历程,这些都是独一无二的,我们要做的就是把这些独一无二的经历串联起来,让我们的 PS 成为一个整体,最后脱颖而出。

第二个方面是文章要有逻辑性。很多申请者的文章特别欠缺逻辑性,整篇文章只是一味地告诉审核者自己的种种丰功伟绩,一个成功的实验紧接着另一个优秀的奖项。这样的 PS 即使语言再精彩,内容再精彩,也经常注定会失败。为什么会这样呢? 考过 GRE、GMAT 的人都知道写作过程中逻辑性是何等的重要。我们是要申请去美国读硕士甚至博士的,有的申请者还想要申请奖学金,试想一下,如果文章都写得混乱不堪,毫无逻辑,我们如何说服别人相信我们可以在学校里取得成功? 关于逻辑性的要求我们在后面的章节中会再额外强调。判断一篇 PS 有没有逻辑性有个很简单的办法:把写好的 PS 打印出来,然后随便捂住一段,如果你觉得除了你想"表达"的优点少了一点之外,并无其他变化,那么你这篇文章肯定没有逻辑。反之,如果你觉得上下文读起来不顺畅,就好像缺了点什么一样,那么这篇文章就具备了一定的逻辑性。

总之,好文章不一定是一篇好的 PS,但是好的 PS 一定是一篇好文章。所以,好的 PS 肯定会具备好文章的特点。这就是 PS 的结构或者逻辑性非常重要的原因。一篇逻辑清晰的 PS 能让人在最短的时间内了解到申请者要表达什么,而一篇逻辑混乱的 PS 很难让人知道申请者在说什么。有的申请者可能会说,我现在就是比较发散地写作,这样才显得我很高深,让学校去琢磨我的意思吧。试想一下,每年每个学校每个系、每个专业都有那么多的申请者,而我们前面也说了,审阅我们的材料的人,很多都是教授和学生,那么这些人到底能给每个申请者多长时间呢? 在这么短的时间内,谁会愿意去琢磨我们的意境呢? 我们再三强调,不要让别人去猜我们想要表达的意思,他们没有时间也未必有心情去猜。可能造成这种情况的原因在于英文文体的问题,我们常用的一种是官方一点的,要求准确清晰表达文意。另外一种就是常见的散文写作,是抒情的。PS 所用文体通常来说要用前者。在美国,逻辑在某种程度上意味着智商,逻辑混乱在某种程度上也说明我们的智商不足以胜任研究生的学习。

3. PS 的素材选择及素材的组织

写 PS 到底要选择什么呢？我们都知道 PS 的篇幅就是 800 个单词左右，占 A4 纸约一页半。在现实中，有两种很典型的申请者：第一，觉得篇幅太短，不够突出自己有多优秀；第二，觉得篇幅太长，没什么可写。

对于第一种情况，首先要搞清楚 PS 与简历的区别，因为通常会走入一个极端，那就是把 PS 做成了大号简历。而文书是一个整体，在简历里出现的东西，如果没有什么特殊的地方，就不要在 PS 里再次出现。有人可能认为："我的简历仅仅是写我做了什么，得到什么样的结果，但是很多细节都没有表述出来，我在 PS 里再不写写就亏了。"这个时候我们要换位思考一下，负责审查的教授真的那么不堪吗？我们将要申请的专业领域里的教授，看完我们负责过什么，得到了什么样的结果，用了什么样的方式方法之后，他们会不知道细节吗？不要说这些教授，就是身边普通的一个专业老师都知道，教授怎么可能不知道呢？在申请时，一定要学会换位思考，不要总是站在自己的角度去思考问题。最简单的办法就是：如果你是录取委员会的人，你会怎么看？你会怎么想？还有很多人觉得，我这么优秀，参加过这么多实践活动，有这么多经历，获了这么多的奖项（小学所获的奖都要写），不写太可惜了！结果洋洋洒洒三四页，像老太太的"裹脚布"，让人看了一段，再也不愿意看第二段。如果审核者不想继续读了，通常也就意味着我们的申请到此结束了。

第二种情况的问题在于不够自信。他们总在想："我跟我的竞争对手相比，确实没有什么不一样的地方啊，从小到大是很常规地走过来的，别人做什么我也做什么，而且我也是一个学习型的人，在经历和故事方面写不出特别的东西来。和他们相比，我做的东西，除了名字不太一样之外，其他就没有任何不一样的地方了。虽然在不同的公司实习，但是做的事情大致上都是一样的；虽然在不同的实验室里做实验，但是都接触不到核心的东西，只是给读研究生的师哥师姐们打打下手，即使自己是研究生，那些最核心的东西通常也是博士生在做，最好的仪器也只有他们才能使用。如果这样的话，是不是我的 PS 基本上就与其他人的一样了啊？这样我肯定不能在申请中胜出啊。"

这个时候，我们都忽视了一样最基本的东西。人跟人最不一样的地方在哪里呢？或许你们经历过相同的事情，或者相仿的事情，却产生了各自不同的认识，不一样的感悟。我们知道，在同样的社会环境中生活的人（即使最初所做的事情是一样的），有的人碌碌无为了一辈子，有的人却成了百万富翁，也有的人成了诺贝尔奖的获得者，区别就在于他们在面对同一件事时做出的反应不同。

在这里，我们必须要说一下 PS 写作的三重境界：一是思想和立意上的独特性，同样的事情要表达出不同的东西；二是事件上的独特性，用与众不同的事件去吸引审核者的目光；三是整个文章不会伤害到你的申请，也就是说即使 PS 不能为你的申请加分，也不能为你的申请减分。其实 PS 的写作很像记者（当然我们这里并不是指那些故弄玄虚和夸大事实的无良记者）写新闻稿，我们要做的就是把自己已经有的素材挖掘出来进行整理，一方面要紧紧围绕自己的主旨，另一方面要与自己所申请的专业紧密挂钩。事实上是不存在没东西可写的情形的。另外，避免雷同，展现独特性，并不一定要有"惊天地泣鬼神"的故事，平凡的事例一样可以表达出与众不同的效果。如下几种方式可以供参考：

（1）家庭影响型：家庭影响型的展现形式不限，既可以作为开篇的引言，也可以作为贯穿整篇文章的主旨，但是不管是哪一种，家庭的影响尤其是比较独特的家庭影响是非常合情合理的审视自己的方式。

（2）自我成长型：随着在大学期间的自我发展，我们的思想会变得越来越成熟；对自己专业的认知会越来越清晰；我们在自己的专业领域内会变得越来越专业，积累会越来越多。可能我们在大一和大三的时候对领导力的理解是不一样的。美国的学校希望看到的是我们的成长、我们的思考，不仅如此，他们更希望看到的是我们的成长历程，是如何成长、如何思考的。叙述这个成长过程的方式就可以是写 PS 采取的方式。

（3）克服逆境型：正如我们在"自我成长型"中所提到的那样，目标学校希望看到我们的成长，那么在这个成长的过程中，我们是否遇到了什么挫折或困境，在当时看来是那么难以克服的困难，后来我们又是如何克服的，按这个顺序写作是可以采取的方式。比如说有个申请 LLM 的学生，在文章的开篇写了他因先天遗传的疾从小就受到异样对待，性格变得敏感和不自信。以此为开篇后，后面论述了自己后来是如何克服障碍的、如何实现自我发展、如何走上了学法律这条道路的。采用这种方式有一个要额外注意的地方：我们不能满篇文字都在渲染我们遭受的痛苦，而应该将笔墨重点放在自己后来如何克服困难、如何成长、如何发展上，否则我们的 PS 就变成了一篇诉苦文章了。

（4）讲故事型：故事总是比较吸引人的，如果我们能把我们的 PS 讲成一个有着起承转合的故事，那么我们的陈述就会吸引审核者读下去。

采用以上方式写作 PS 时要注意避免走入以下三个误区：

第一个误区，"故事讲得很生动，但是并不适合该专业。"尽管那个克服逆境的过程很吸引人，尽管家庭的影响足以打动审核者，尽管自我的成长很惊心动魄，尽管讲了一个生动的故事，可是，都与专业无关。这就犯了大忌，我们的 PS，所有的如上四种方式都是组织素材和呈现素材的方式，并不代表其中的素材可以与专业毫不相关。相反，所有的素材都应尽量围绕着自己的专业展开，需要较强 research 能力的专业，需要较强沟通能力的专业，需要较高社会责任意识的专业……我们所表达的一切都应尽量与专业相关，符合专业要求。

第二个误区，假大空。为了追求创意而捏造虚假的经历，为了有个性而写一些没有实质意义的、空泛的文字，这是我们很容易犯的一个毛病，是我们要极力规避的。我们不能低估教授们的智商，那些假大空的文字是很难糊弄他们的。

第三个误区，到处抄袭（比如有些申请者抄袭师哥师姐的素材），乱用模板（比如从网站上摘录自己喜欢的模板，利用模板写PS）。目标学校每年审核的文书太多了，审核人的眼睛都非常犀利，所以在这方面我们万不能铤而走险。

4. PS 的写作内容
（1）PS 中需要体现所谓的学科研究所运用的科学方法

不管申请什么专业，有一点是通用的，那就是研究能力，而要论述研究能力，就要提到相应的科研方法。大部分学科在科学研究时所使用的科学方法通常都包含（但不限于）以下诸多重要元素：

- 严谨的观察
- 构建假说并验证之
- 对新信息的开放性
- 自愿接受他人的经过验证的成果

以上四点，无论在哪个学科都会被反复强调。这意味着，在写PS的时候可以强调这些内容：自己所具有的严谨的观察能力；良好的构造假说并验证的能力；思维的开放性（含对新信息的开放性和自愿接受他人的经过验证的成果）。我们要努力使这些内容在描述自己的研究过程时充分体现出来。现在我们分别来看一下：

① 严谨的观察

观察限于我们的感官（嗅觉、视觉、听觉、味觉和触觉），或者我们感官的延伸（显微镜、录音机、X 光、温度计等）。如果我们想向录取委员会展现自己严谨的观察能力，那就可能需要展现我们的感官能力很强，或者是感官衍生能力很强。这是什么意思呢？这样说吧，肯定有很多同学是申请化工专业的，如果我们要在 PS 中写关于使用显微镜的过程，借使用显微镜这个过程来表现严谨的观察能力，那么其实这里的显微镜就是"感官的衍生"。因此我们可以在 PS 中这样写："有一天，我通过显微镜发现了 XX，我觉得 XX 与课本里的内容不太相符，原来课本中的实验是在限定条件下进行的，而我刚才观察到的 XX，是由限定条件的改变所引起的，所以根据我的发现，我继续改变课本中的限定条件，进行了多次实验，最后我发现我所看到的 XX，和课本上的内容不一致，因此不能用同一个定理来解释。但是可以肯定的是，我的实验和课本上的实验都是正确的。"

如果我们在 PS 里举出这样一个实例，就可以从侧面强调自己具有超强的观察能力。虽然实验结果未必是我们直接看到的，可能是通过显微镜看到的，或者是通过其他感官的衍生观察到的，但也可以从侧面证明自己具有严谨的观察能力。事实上，我们在人文科学里所做的调查问卷也是感官的衍生。严谨的观察能力未必是我们直接看到的事情，也许是自己看到一些别人提供的数据、数字、公式，便觉得不同寻常。这也可以说明我们的观察能力强，和别人的不一样。

② 构建假说并验证之

假说是可以被验证的，对特定问题的可能的答案。一个好的假说必须是逻辑严密的，能够包含现有的所有信息并对将来可能补充进来的信息开放。

注意：如果有多个选择，一定要选择最简单、包含最少假设的那个假说。

验证假说：假说可以简单地通过收集其他来源的信息加以验证，也可以通过额外的观察加以验证，更多的时候需要通过设计一个实验来加以验证。实验通过再现一个事件使得科学家可以对假说加以验证。

注意：我们往往不会接受单个实验的结果，因为那有可能只是与实验变量无因果关系的随机事件。只有大量的重复实验皆表现出明显的因果关系，这个实验才可信。

相比较来说，这个能力的要求几乎是最高的。有能力提出假说的，必然是对自己的专业有相当了解的；有能力对自己的假说验证的，也必然具备相当的研究精神。即便我们只能提出假说，那我们也比一般人在这方面高出了许多。

③ 对新信息的开放性

④ 自愿接受他人的经过验证的成果

在上述四点中，最后两点打了星号，表示需要特别关注。现在我们可以返回去看一下我们前面讲到的 10 个性格特质，就会发现里面没有"坚持"这一项。接下来，就让我们来分析一下为什么在文书写作中，特别是 PS 中最好不要出现"坚持"这一项。

"坚持"和"固执"之间容易转换，而"固执"是在进行科学研究的时候最危险的特质。坚持和固执之间的区别往往是说不清楚的，这里有一个在 PS 中关于"坚持"的例子："当时很多人都不看好我的实验，老师也说我的实验不可能做成功，但是我还是坚持下来，我几乎每天都会做一个小时的实验，坚持做了三个月，最后终于把实验做成功了。"

看到这个例子，一般情况下，别人会佩服我们。每天做一个小时，连续做三个月，这足以说明自己非常努力、很有恒心。但是我们要设想一下，当录取委员会的人看到这个例子的时候会怎么想？一开始大家都觉得自己这个实验是做不成的，然后自己还是坚持做了三个月，看到这种情形的时候，他们不知道会出多少冷汗，要多固执的孩子，才能做一个不被所有人看好的实验呢？这种情况如果出现在我们的文书里面就会很危险。

另外，可能科学家最重要的特质是从不"坚持己见"。张五常先生曾说过一个小故事：

1982年回港任职不久，同事陈坤耀说他听到佛利民好胜，辩论时不肯认错。我说："不可能。佛老认错快过闪电，认了错对手也不知道。"不止此也。我自己的经验是，如果佛老认为你的观点比他的好，他会立刻站在你那边，替你发展下去。你怎么办？如果你好胜，会被迫走上与自己相反的方向，而佛老则拿着原来是你的论点，胜了你。

通过这个小故事，我觉得大家现在应该能够理解，为什么我担心你们会"坚持己见"，为什么强调你们要学会不那么"坚持己见"，学会接受他人的观点。我总会和别人说这样一句话："我认为真正读过书的人，不在于他取得什么学位，而在于他能不能从不坚持己见；真正读过书的人，最大的特点就是从不坚持己见，只要别人是对的，便马上赞同，极易被说服。"科学家最重要的特质可能就是从不"坚持己见"，我们从本科进入研究生阶段之后会更多地接触科学研究，如果我们在PS中过分强调自己"坚持己见"，就会显得对科学研究不具有开放的态度，不具有包容性，这时候录取委员会就会怀疑我们是否适合被录取，毕竟对新事物的包容是科学进步的一大动力。

（2）如何将这些科学方法运用得恰到好处

在我们说明了科研方法的四个要点之后，我们来看一下如何行之有效地将这四个要点呈现出来。

①"事实胜于雄辩"

很多申请者在写文书的时候，都喜欢写自己独到的一面，比如：一些申请者喜欢讲道理，像"你知道吗？我……很厉害……"这样高调地赞扬自己的例子在文书里面是很常见的。申请者在写文书的时候，应尽量对自我表扬的例子做低调处理，写出更具体的东西，也就是所谓"事实胜于雄辩"。下面我们就"事实胜于雄辩"讨论以下两个案例：

案例a：

……我的实验能力很强，我的老师总是表扬我，同学们都愿意在做实验的时候与我一组……我想，我独立完成××理论的××部分的验证工作，这件事情足以证明我的实验能力……

案例b：

Transferring majors is difficult at colleges in China. You have to be among the top three in your previous major and you also have to pass strict examinations on the subject. I was finally accepted into the Department of Physics at XXX University, one of the best Physics Departments in China.

上面两个例子显然是不同的。第一个特别直接和明确，不断地强调自己的实验能力很强，但是所选取的都是比较空泛的事例。而第二个例子，我们在他的文章中几乎看不到他强调自己学习能力强的词语，他只是很单纯地在描述一个事实：在中国的大学换专业特别困难，必须是本专业排名前三名的学生才能够换专业，并且要经过严格的测试，才能换专业成功，我换专业成功了。这段话先讲换专业很困难，接着说自己换专业成功，进而强调自己的学习能力很强。

显然第二个例子更容易说服别人，甚至审核者根本就没有意识到他在表扬自己的学习能力强只是觉得他很厉害。可以说，他很好地运用了"事实胜于雄辩"这一原则。因此，在我们写 PS 的时候，一定要注意描述事实，多写实例，这往往要比我们去说一些空话好得多。

② 怀疑主义（skeptism）和好奇精神（curiosity）是引发实例的万能工具

我们在写文书的时候可能会描述一些例子，那么怎么去引发这些例子呢？可能怀疑主义、好奇精神就是引发这些例子的万能工具。这也就意味着，当我们不知道如何引出例子的时候就可以把原因归结为自己好奇。可以说因为自己好奇、怀疑什么，所以自己打算做个实验来验证它，而这恰恰是体现科学研究特质最重要的内容，即展现自己的怀疑能力和好奇精神。这里有这样一段描述好奇心的话：

"The word "curiosity" pleases me. To me it suggests something altogether different: it evokes "concern"; it evokes the care one takes for what exists and could exist; a readiness to find strange and singular what surrounds us; a certain relentlessness to break up our familiarities and to regard otherwise the same things; a fervor to grasp what is happening and what passes; a casualness in regard to the traditional hierarchies of the important and the essential."

—By Michel Foucault

Michel Foucault 是法国现代著名生物学家，这是他的一段话。这段话强调好奇心能够引发人们去追求很多东西，也就是说，好奇心本身不需要任何东西作前提，纯粹的好奇心就能够推动人进步。

下面我们来看一个描写好奇心的案例。

案例：

......

By applying for Ph. D. studies at your university, I am seeking to fulfill a childhood dream to understand and appreciate the wonders of nature. Born and brought up in a small city on the Yun-Gui plateau in Southwest China, I was full of curiosity in my childhood as I observed the dramatic weather changes there.

......

上面这段话在一开始就告诉别人，因为自己儿时的好奇心而促使自己申请该校的 ×× 项目。

③ 相比较于"给答案","问问题"有时候更容易有震撼作用

The formation of the questions is not as simple as it might seem because the way the questions are asked will determine how you go about answering them. A question that is too broad or too complex may be impossible to answer; therefore a great deal of effort is put into asking the question in the right way. In some situations, this can be the most time-consuming part of the scientific method; asking the right question is critical to how you look for answers. 这是《生命科学研究》前言中的一句话，通过这句话我们可以得出启示。相比较于"给答案"，"问问题"有时候更容易有震撼的作用。

在写文书的时候，我们有时候可以去强调自己具备发现问题的能力，而不一定花尽心思去强调自己有解决问题的能力。只要我们具备发现问题的能力，即使提出问题之后解决不了，都是可以体现在文书里的。因为很多时候，提问要比解决问题更体现能力，而这正是在写文书的时候我们希望给别人的感觉。所以，希望申请者能够在专业领域，透过某种现象能够看到一些东西，同时提出一些问题。下面，我们来看一个比较经典的案例。

案例：艾智仁的提问

经济学假设"每个人都需要争取利益最大化"，那么如果有些人不争取利益最大化（甚至可能不知道为什么要争取最大化），经济理论是否还能依旧成立？

艾智仁是比较著名的经济学家，他特别喜欢提问。因为上面的提问，他被芝加哥大学聘请去担任教授。该问题是他攻读博士后的时候提出的。在他提出这个问题的时候，正在进行一场经济学领域的讨论会，因为他提出的这个问题对经济学最底层的假设产生质疑，尽管当时他也不知道答案，只是问了这样一个问题，但是却将讨论会的讨论主题推翻了，导致当时的讨论无法继续进行下去。这里，我们足以看到提问的力量有多大。

在这之后，艾智仁又写了一篇文章，专门来回答这个问题，他说，极大化只是个假设，一个人根本不需要知道自己是在争取什么。适者生存，不适者淘汰，生存的适者应验了争取极大化的假设，理论于是解释了人的行为，究竟一个人知不知道自己为何那样做是无关宏旨的。当然这就是后话了。

（3）PS 需要体现良好的"专业底蕴"

在文书中展现自己的专业能力，是非常必要的。在我们明确了自己的文书要写的专业化之后，我们来继续探讨"专业底蕴"。良好的"专业底蕴"指本学科的理论功底和专业实力。在文书中描写自己具有良好的"专业底蕴"时，要把握一个基本思路：不装作什么都懂，也不让人觉得什么都不懂，这就要求我们在文书里面要展现自己具有基本的"科学/学科理念"。科学是通用的，而学科则是我们所学的专业领域。比如，我们所学专业为工科，那么在文书里面不但要展现自己具有"科学"理念，而且要展现出工科的"学科"理念。

为了更好地理解，我们继续看《生命科学研究》这本书中的一些内容：Science is actually a process used to solve problems or develop an understanding of natural events that involves testing possible answers. 这是《生命科学研究》前言中的一句话，这句话是说科学实际上是一个过程，用于解决问题或者是创造包含许多需要检验的问题的自然系统理论。

在此借这句话，是想告诉广大的申请者，当我们希望 PS 中展现自己某种能力的时候，要展现的一定是对于科学研究这个过程的能力，而不是结果的能力。换句话说，就是希望申请者能够花更多的笔墨来描述自己做科研的过程，因为科学本身就是一个过程，而不是一个结果。

科学的成果是不断被推翻的，那些科学的理论、成果在历史前进的过程中总是被一次一次地推翻，同时后一代人的进步总是建立在将前辈的理论和成果推翻的基础上。可是为什么我们仍认为 18 世纪以后科学的进步是稳定的，而 18 世纪之前科学的进步是不稳定的？这看似十分矛盾，因为在推翻前人观点的时候，我们一般都是踩在前人的肩膀上，但是在 18 世纪以后就出现了严谨的科学研究过程，这就意味着我们不再强调科学解决了什么问题，而是尽力强调通过什么方式、什么步骤、什么过程解决了什么问题，获得了什么知识。

通过上面的讲解，我们可以得到这样的启示：不过分强调"我解决了什么问题"，而应尽力体现"我通过什么方式、步骤、过程解决了问题"。

（漫画注解：小鸡套上游泳圈就具备了鸭子的功能）

下面让我们用这个启示来探讨下面两个案例：

案例（1）：下面给出文书写作的两种选择

选择一：

我通过实验，证明了 ×× 定理，并且由此发表了一篇文章——这在我们学校引起了很大程度上的轰动。老师们对一个本科生能够发表一篇具有创见性的文章而感到欣喜，甚至几乎觉得不可思议，而同学们也都对我所获取的成就侧目，纷纷向我请教各种学术问题。

选择二：

我们的课本之中，描述了证明 ×× 定理的实验方法。我与我的朋友们一道通过实验验证了书本中已有的范例实验。之后，我还饶有兴趣地从另外一个角度设计了一套全新的实验方式，改变了实验的具体操作方法和实验材料，但是依旧得出了同样的结论。后来发现，事实上我给出的实验思路与书本之中所给出的实验思路本质上是一致的——表现形式不一致却殊途同归。

以上提供的两种选择，我更倾向于后者，因为前者让人感到不可信，而后者恰好规避了这一点，没有自夸的倾向。同时，后者说："我做的是书本中的范例实验，结果也是我所知道的，但重要的是，我从另外一个角度设计出一套全新的实验方式，得出和书本上相同的实验结果。"在这里，作者很巧妙地突出自己和别人不一样的地方，突出自己活跃的思维能力，虽然最后通过实验没有得到新的东西，但是这已经足以让录取委员会觉得作者是一个可造之材。在这里，我们可以看到选择二相对于选择一是一个明显的进步。

案例（2）：

The advantage of Robustness against the groove depth has great prospects in future applications. I have experimented many times with the use of COMSOL software, making comparisons between different modes and analyzing their feasibility for manufacture.

这句话显然是在描述一个实验过程，其中还涉及大量的专业术语，比如：凹槽、COMSOL software，这是一种比较好的写作方式。

在看完这两个案例之后，要与广大申请者分享下面的 Tips。

【TIPS】

关于文章中专有名词的使用：当我们在描述实验过程的时候，重心应该放在向别人描述我们是如何做这个实验的。在描述实验过程的时候，为了使我们的文章能"touch"到录取委员会的成员，也就是引起其共鸣，我们在进行文书写作时，对使用专业名词的态度不应该是唯恐避之不及的，相反，我们应该用包容的心态欢迎专业名词的出现。比如，假设我们的审核者是经济学专业的，如果我们和他探讨经济学问题时，提到 SPASS 这个软件，那么他一定会深有感触，因为这个软件在经济学分析中是经常用到的，他之前一定有所了解，甚至是接触过。也许，我们使用的专有名词在其他非本专业的同学看来很奇怪，但是我们要知道，如果是自己学科的人看到这些专有名词，那么就会觉得文书看起来很专业，至少可以证明作者对自己所学的专业是有一定了解的。

（4）如果没有良好的"专业底蕴"，PS 如何实现其职能——四种"投机"

如果我们没有良好的"专业底蕴"，又想通过文书向录取委员会展示自己具有很强的"专业底蕴"的时候，我们就可以用下面的四种"投机"方法：

① 对各种假定提出诘难

对假设进行诘难，事实上就是传统上的跳出假设、跳出理论、跳出学科，甚至是跳出科学本身。如果我们在想问题的时候，可以提出一些和别人不一样的想法，那么录取委员会的人就会觉得我们思考问题深刻，这就是一种投机取巧的方法。对假设提出诘难的作用是什么呢？通常情况下，人们在思考某件事情时，总可以作出几种假定——它们往往看来是如此明显，以至于我们会无意识地把它们视为当然。在这个时候，如果我们能稍微质疑一下它的合理性（不一定要推翻它），我们就能显得比别人的思考深度略深一点。下面我们来讨论两个案例。

案例（1）：经济学的基本假定："经济人"

　　对这假定的质疑其实就是前面提到的"艾智仁的提问"，这个例子告诉我们，在所有经济学家都在"经济人"这个既定的假设条件下去探讨后续问题时，艾智仁却后退一步，对"经济人"产生疑问，提出"如果有些人不知道自己是理性人怎么办？有些人不争取利益最大化怎么办？"虽然他只是对最基本的假设条件提出质疑，但是这样简单的提问却显得很深邃。

案例（2）：相对论的两个前提

　　① 物理定律对于静止的人或者恒速运动的人来说都是一样的。

　　② 相对于任何一个观察者，光速始终不变。

　　③ 2011 年炒得比较火的一件事情就是"超光速中微子"的发现，这个发现几乎使得整个物理学的大厦被全部毁掉。虽然到现在还不能确信其正确性，因为在观测范围内超光速中微子只比光速快 0.000 005 秒，差异非常小，所以很多人认为这仅仅是测量误差导致的。但是进行超光速中微子实验的人却说，他们会继续进行第二次、第三次，甚至是更多次的实验，尽管现在他们已经做过 10 000 多次的实验。不管最终结果怎样，此事件都对相对论的两个前提产生了很大的冲击。因为爱因斯坦在提出相对论的时候是基于"物理定律对于静止的人或者恒速运动的人来说都是一样的"和"相对于任何一个观察者，光速始终不变"这两个前提的。在这里，事实上他设定了一个前提条件（即光速是不可超越的，一旦超越光速，时间就会改变）。

　　大家应该知道这个发现为什么会产生这么大的影响，因为超光速中微子的出现不是毁灭别的，而是毁灭了相对论的前提，因此它一旦成立的话，就意味着相对论的前提不成立，就意味着爱因斯坦的理论将被推倒，就像当年爱因斯坦推翻伽利略一样。

　　通过这个例子，我们应该清楚，有时候如果我们能对一些问题的前提条件进行质疑，那么所具有的意义就会不一样（当然特别夸张的质疑最好还是不要提出来）。其实我们在自己的专业领域也是有很多东西可以利用的，比如：在做化学实验的时候，很多实验都是有前提条件、假设条件的。很多时候我们会想当然地认为那些前提条件不重要，甚至是不需要看的，我们只做具体的实际操作就可以，因为课本上会告诉我们如何一步步地操作。但是我们能不能试着想一下，那些前提条件是否可以改变，是否有可能让那些前提条件变得更加谨慎一些？如果可能，那么我们就会显得比别人想得更多。

② 跳出"理论"

跳出"理论"：用 A 的原则去解决 B 的问题，"融会贯通"（至少能够构造出"假象"，让人看起来我们是在融会贯通），下面我们看一个跳出"理论"的案例。

案例：用机会成本和交易成本来解释土地流转之中的"短租约"

这实际上是用微观的内容来解释中观的内容。这点恰恰是这个课题的创新之处。很多时候我们在微观层面讨论个体交易的时候，往往会用到"机会成本、交易成本"之类的概念。然而现在却把微观概念引入到中观研究层面，可以说这是大规模的逆转。这种处理别人会觉得挺有意思，因为之前这个角度是别人没有使用过的。

其实我们也可以自己使用跳出"理论"，比如：在学习化学的时候，会涉及有机、物理化学之类的不同的章节。我们可以进行这样的尝试，试着用前面章节中提到的那些定理去推理和解释另外一些章节的内容。看有没有可能在特定的条件下，从 A 解释出 B，从 B 解释出 A，这些都是不错的尝试。

③ 跳出"学科"

跳出"学科"：是指用主学科（申请目标学科）的原则去解决副学科（非目标学科）的问题。比如：我们想要申请经济学专业，但是我们的本科专业为金融。这时候，我们就可以试着用金融学的原理来解释经济学中的问题，也就是将经济学和金融分为两部分，然后用 A 来解释 B，用 B 来解释 A。这其实不过是我们前面所讲的跳出"理论"的扩展而已。社会学科将跳出"学科"称为"把所学东西付诸实践"，前面举的例子只不过将实践的内容换为经济学学科而已。我们在学习中老师经常会强调将学到的东西、学到的理论付诸实践，现在你只需把这个理论付诸实践的过程移位用于学科理论知识的转换应用即可。

当我们能够做到跳出"学科"的时候，别人就会认为所学内容已经融入到我们的生活之中，会觉得我们的专业知识学得不错，而这正是我们写 PS 的目标所在。以下是跳出"学科"的案例。

> **案例：利用运筹学去解决土地流转中的问题**
>
> 　　这个例子就是运用跳出"学科"很好的范例，在跳出"学科"的时候不要局限自己的思维，要努力尝试着去寻找你所申请的主学科和副学科之间的关联，将二者尽可能地联系在一起，尤其是对于想转专业或者是转学科的申请者来说，这样会为自己的 PS 增加一抹亮点。

　　④ 跳出"科学"

　　跳出"科学"：即当我们遇到道德、价值判断、社会取向、个人态度等这些无法用科学方法加以解决的问题时，这时候就要跳出"科学"。

　　我们有时候会质疑一些事情，这时候如果我们能把这个问题解释清楚并跳出来告诉别人这个事情中涉及道德、价值判断、生活取向以及个人态度等很多方面，是没法用科学进行解释的问题，别人就会觉得我们不是一个书呆子，不但能够将科学运用到实践中，而且能够跳出科学来认识生活中的问题。

　　上面介绍的四种投机方法，其主要目的在于尝试着使我们在书写文书，特别是 PS 的时候，能够使看文书的人，觉得我们的想法比别人略高一筹。当别人都扎进一件事情中，千方百计地想用学科专业知识来解释问题的时候，我们不但能够扎进去，而且能够跳出来。当然，要强调的是，我们在文书里面不必将以上四种方法都用到，否则未免显得过于张扬。文书的重心还应该在展示专业素养方面，重在告诉别人，自己可以用学科内部的知识来解释学科内部的问题。刚才介绍的四种投机的方法只是使得我们比别人思考得更深刻一点，但最根本的还是展示我们的"专业实力"和"理论功底"。

　　（5）不可照本宣科、千篇一律

　　PS 的写作内容并不是固定的，即使是我们力图在 PS 中体现的"论点"也是因人而异，因专业而异，所以当看完前面内容的时候，很多人会说："懂了，我就使劲说我的研究能力就完了呗！"如果你恰巧也这样想，那就惨了。很显然不是这样的，申请研究型学科，研究能力是重要的；申请非研究型学科，研究能力则未必是最重要的。

　　所以我们前面才一再强调根据所申请专业所需要的能力和素质来下笔。希望读完关于文书的全部内容后，人人都能彻底了解核心方法。

　　（6）PS 需要体现良好的金字塔（MECE）原则

　　金字塔原则指的是我们在描述信息的时候所要遵循的基本原则，即 ME（Mutually Exclusive）"独立，不重叠"；CE（Collectively Exhaustive）"穷尽，不遗漏原则"。

> **案例：**
>
> TEENAGE SMOKING
>
> 1. Introduction
>
> 2. One negative effect is addiction, not habit
>
> 3. The second negative effect is long-term health consequences

A. lung diseases

B. heart diseases

4. The third negative effect is the cost to taxpayers

A. how much

B. why this is bad

5. Conclusion

这是一份非常糟糕的提纲，为什么说这份提纲糟糕呢？是因为这个提纲的结构给人的感觉像是在罗列。

提纲的第一部分给出总体的背景介绍；第二部分列出吸烟的第一个坏处：吸烟会上瘾，而不是一个兴趣爱好；第三部分列出吸烟第二个坏处：吸烟会造成长期的身体危害；第四部分列出吸烟的第三个坏处：治疗由吸烟引起的疾病会花费纳税人的钱；第五部分是结论。

很明显我们可以看出本文的观点：吸烟是有害的。尽管作者在这篇提纲中列出了吸烟的三个坏处，但是我们还会觉得罗列出的这些坏处很难说是完整的。如果问，他是否把吸烟的坏处全部列完了？我们会觉得应该没有列完，但是按照他的提纲来补充的话又不知道如何补充。如果问，他所列出的这些吸烟的坏处是否是独立的？我们好像也不确定。于是就产生了这种情况，一方面我们觉得好像他的提纲没有讲全；另一方面，又觉得他的提纲中点与点之间的关系不清楚，不知道是并列还是递进。而这恰恰是罗列信息的时候最容易犯的错误，也就是会造成信息之间的重叠，点与点之间不能相互独立。

如果我们在写这份文章提纲的时候，心里记得 MECE 原则，就能很好地做到内容相互独立，而且不遗漏内容。按照 MECE 原则，在列这个提纲的时候，我们可能会这样做：第一部分给出总体背景的介绍；第二部分列出吸烟的第一个坏处：吸烟可能会造成身体上（肉体上）的危害，包括对肺和肾的危害；第三部分列出吸烟的第二个坏处，吸烟会造成精神上的危害；第四部分列出吸烟的第三个坏处，吸烟除了对个体会造成危害，也会对社会集体造成危害，比如：它会花纳税人的钱；第五部分是结论。注意在这里，我们在内容上并没有增加任何一点其他的信息，但是却可以让别人感觉我们的写法比上面的案例好得多。因为这样的分类方法会让其他人感觉你思路更清楚，没有人会觉得我们有东西没讲到。

事实上，当我们对上面的提纲进行改编之后，别人不会觉得我们有内容遗漏，也不会觉得点与点之间有重叠。因为我们将吸烟的危害分为肉体和精神上的，就是说，在这个基础上不可能分出第三类来，同样个体与集体也分不出第三种来。

因此，在写作 PS 时，如果要涉及分类，一定要牢记 MECE 原则。

（7）PS 需要体现良好的细节（details）与简洁（concise）原则

所谓的"细节"与"简洁"原则，就是指，我们在写文章具体内容的时候，在举例子的时候，在给出论证效果的时候，应该有两个基本的想法：所讲的内容足够细；所讲的内容足够简洁。细节与简洁看起来是两个不能同时实现的原则，但谁能同时实现这两个原则，谁就往成功的路上迈进了一大步。

"细节"原则：我们在与很多美国人沟通 PS 写作时，普遍的反映是中国学生的很多 PS 缺乏 details（细节），一篇文章一定要有 details 才可能打动审核者。什么叫做有 details？这就像是我们从小被老师教导的：一篇文章中，一定要有栩栩如生的描述。也好比是讲故事，有的人能把故事讲得千回百转，有的人讲得平淡如水。故事本身是否吸引人是一个原因，讲述人的语音、语调是另外一个原因，但即使是同样的一个故事，用同样平淡的语调，由不同的人来讲，效果也会大不同。这其中的技巧之一就是，在描述一个事情的时候，适当地加入一些细节，便可以打动人。比如说，去贫困山区支教，然后孩子们听你的英语课听得很认真，这样简单的话，可加上下面的细节描述：It was amazing to see so many kids eager to learn English, despite their lacking of one shoe on their feet. 加上了"即使他们的脚上只穿了一只鞋"这样的细节描述后，读来会不会让人的心里酸酸的？如果心里有一点点的触动，那么目的就达到了！再举一个例子，我们公司给一个申请 Social Work（社会工作）专业的学生提供过服务。她曾经有个实习经历，是去陪伴一个外来打工子弟的孩子。那个孩子一开始不和她说话，但她每周都坚持去，经过多次尝试她终于与那个孩子搞好了关系。其中有句话是这样写的：Later on, he talked with me about his ambitions, his classmates, teachers and his humiliation in being denied admission into a nearby park (because he was not local). 从中可知两人之间的谈话内容何其之多，这时选择哪个内容作为细节就是个值得考虑的问题。这句话最后提及的细节让人看过之后就觉得心里凉凉的——仅仅因为孩子不是当地人，就不允许他们进附近的公园。如果这激起了审核者的愤怒，那么目的就达到了。因为社工专业在某种程度上就是要反映一些社会问题，就是期待能为弱势群体做点事情。所有这些都是细节描述所起到的作用，不需要过多的文字，需要的是恰到好处的文字。

说到细节原则，始终绕不开一个抽烟的经典例子。正统的写作书籍在讲细节应该如何构造的时候，永远是举这个例子。例子是这样的：如果我们要描述一个男性抽烟，那么我们单纯告诉别人说他抽烟，远不如告诉别人说他抽骆驼烟来得合适。骆驼是一个烟的牌子。在很多年前，骆驼烟算是美国最流行的烟，其地位相当于现在中国的中华烟。为什么我们在描述一个男性抽烟的时候说他抽骆驼烟比较好呢？这是因为读者很可能见过、碰到过、甚至是抽过骆驼烟，所以说骆驼烟的时候容易引起读者内心的共鸣。当我们写 PS 的时候，我们一定要给出足够的细节，而且这些细节要尽可能的专业化，这样才会引起审核者的共鸣。

"简洁"原则：同样的道理，当把孩子们的文书发给美国外教去看的时候，还有一个被反复强调的很严重的问题就是中国人写的 PS 太啰唆。未必我们本身是啰唆的人，很可能最重要的原因还是因为驾驭英语这门语言的功夫还不到家。要规避啰嗦，无非是两个办法：其一，从根本上提升自己的英语造诣（显然这非一朝一夕之事）；其二，反复阅读自己写出来的文章，尝试着删掉一些文字，看看删掉它们后文章是否依然能表达出我们想表达的意思，如果是，那么就是你所写的文章不够简洁。

（8）PS 的细节需要体现良好的一致性原则

一般申请者在写文章的时候，往往不知不觉地便将文章写得比较长，尤其是举例子的时候，这显然违背了简洁原则。可是如果自己的语言功底达不到那么高的水平怎么办？或者自己就是个话唠，车轱辘话来回地说个没完怎么办？有一个非常吃力但是非常讨巧的方法，那就是将每个句子都拎出来，问自己：写这句话是为了什么？如果你写的这句话没有实现任何目的，也就意味着这句话放在文章中是没有意义的，所以就应该删掉。这就是我们写作时该遵循的一致性原则。在写完每个完整的句子后，都问一下自己这个问题：这句话是否与自己最初界定的作用是一致的？如果该句话根本与自己最初的想法相悖，那便违反了一致性原则。

虽然在上面提到细节性原则，要求写的例子要尽可能细，但是我们要清楚，在追求例子尽可能细的同时，还要使例子和我们所要表达的内容尽可能一致，这样才能使你的文章恰到好处地论述你的观点。

（9）PS 需要体现良好的专注与发散原则

专注与发散原则，这是收集信息时所要遵循的基本原则。我们先来讲发散原则。

① 发散原则

第一，收集信息时，越多越好：在动手写之前我们都应该对信息进行充分的收集，只有当我们掌握大量的信息之后，才能对问题、对自己有全面的认识，才可以在后续写 PS 的时候，对信息作有效的选择。

第二，信息收集时，事无巨细、不分层次：上面我们讲到在写作的时候，需要遵循 MECE 原则，即做到独立不重叠、穷尽不遗漏。但是在收集信息的时候，为了使我们能够尽可能多地收集信息，可以先不去思考分类，事无巨细、不分层次地进行收集，之后再对信息进行整合。

第三，信息收集时，"改进"等于"创造"：在我们的信息收集完毕后，或者在我们收集信息的过程中才思枯竭时，"改进"等于"创造"的理念会让你振奋起来，在这个时候，我们应该花更多的精力去改进这些信息，而不是花很多的精力去寻找新信息。这个不断改进的过程也是一种创造。

② 专注原则

专注原则即一次收集只为一个观点，一次行文只为一个主题。我们按照上面所讲的把收集的信息拎出来进行分类、证明观点的时候，我们往往会发现根据内容自己可以写很多的点。比如：我们会发现其实自己有五个特点，这五个特点都挺厉害的，然后每个特点下面有四个例子。这显然行不通。这种情形下，我们肯定很难把五个特点说清楚，每个特点所对应的例子也会不够细致。所以，这时候我们需要明确 PS 写作的主题，根据主题列出 PS 的主线，然后按照主线从五个特点中选择两三个，按照选定的特点再对例子进行挑选。这就是我们所说的在进行 PS 写作的时候要做到的"专注"，即一次行文只为一个主题（主线）。我们不能将所有信息都写入 PS 中，必须果断地放弃一些内容，因为如果你什么都想证明，那么最后只会证明你什么都不是。当然，在我们放弃的时候，我们要尽可能地放弃和别人一样的东西，保留和别人不一样的东西。

5. PS 的语言
（1）语言确保无错误

下面列出了常见的语言错误，广大的申请者在写 PS 的时候可以据此逐一核查。对容易发现的错误，可以用简单的工具，例如文本检查工具（Word/Pages）；对较难发现的错误，可以选择相应的工具，例如提前背诵一本语法书。

其一，拼写错误。

拼写错误是常见错误，如：practice makes prefect（正：perfect）；又如 disatisfaction（两个 s，否定前缀 dis，常丢一个 s）；irelevant（两个 r，否定前缀 ir，常丢一个 r）等。这种错误一般能够通过文本检查工具 word，pages 或者"After the Deadline" in Firefox 检查出来。（我想格外强调的是不必在乎"英式与美式之间的差异"，如美式的 center/ 英式的 centre。）

另外，申请者需格外关注"单复数"，因为某些特定单词在专业领域之中可能与平常的用法不一致，如 in a people's daily lives（people 作为单数在社会学领域表示民族）。另外也应该关注"词性"问题，比如：Tom will take your advise. 正确的表达应该是：Tom will take your advice.

其二，语法错误。

比较典型的语法错误如不定式 / 动名词之间的误用或者现在 / 过去分词之间的误用等，语感不好的申请者恐怕难以察觉，一般可以请英语专业的朋友或外教帮忙查找错误。

其三，非习惯用法。

有一些特定的专业词组表达，申请者最好不要自己生造词组，可以利用 dict. cnki. net，该网站提供某一特定词组在中文文献之中是如何翻译的，并给出每种翻译各自出现的频率。申请者们可以选择出现频率较高的翻译。如下图所示：

此外，申请者也可以登录诸如 https://books.google.com/ngrams 之类的网站，在此类网站上申请者可以查阅某一翻译在书籍中出现的频率高低对比，如下所示：

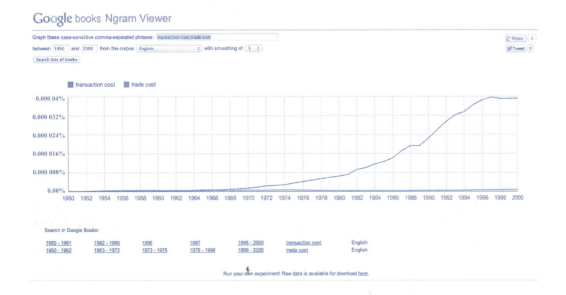

Learn and Share: To Study in the USA

上述内容只涉及常见语言"错误"中的一部分内容，其余的申请者可以根据上面的内容自己进行补充和总结，将自己平时遇到的语言错误及时地记录下来，再有针对性地进行分类，然后根据自己所总结的列表进行逐一检查，从而有效地规避语言错误。

（2）语言需保持严谨

段落间或句子间的关系包括递进、并列、转折、因果。在写 PS 时，不管选择哪一种关系，都必须保证上下文的逻辑性，通俗一点来说，就是要两者之间真的产生了关系，才可以将两者放在一起，才可以用到我们的各类连词，比如最简单的"因为……所以……"，很多学生说"因为我的老师们都很喜欢我，所以你们这个学校的老师也会喜欢我"，这两者之间有什么因果关系呢？这就是缺乏最起码的逻辑合理性。

在保证语言逻辑严谨的前提下，有一种"讨巧"的关系值得被格外强调：递进。相比于段落之间简单的并列，我们推荐申请者在 PS 中更多地运用"段间"及"段内"的递进关系。提出这个建议的原因其实很简单：因为递进结构容易让文书内容上有层次感，而非简单的信息罗列。各位同学请分辨如下的两个文本表达，想想哪种表达让人觉得文章层次感更深更有力，而哪种又会显得比较苍白呢？（简单地说，你会更喜欢哪种呢？）

> 文本一："吃水果有利于身心健康：吃苹果就特别好，能够润喉，喉咙不舒服的时候可以吃；吃梨子也特别好，能够润肺，肺不舒服的时候可以吃；吃香蕉也特别好，能够润肠，肠道不好的人可以多吃；吃葡萄和哈密瓜，也能够润胃，吃了不消化的东西可以吃一点儿；还有草莓和石榴，它们和前面所提及的水果一样，也有各种有利于身心健康的作用。"
>
> （并列的情形）
>
> 文本二："吃水果有利于身心健康：从基本营养的角度来讲，水果富含维生素，比如香蕉就富含钾元素，这是健壮的身体不可或缺的。更令人吃惊的是，很多水果甚至能够治病：所谓药补不如食补，中医常用哈密瓜来治疗胃病。其实，人类不就是从大部分时候吃水果的猿人进化过来的么，日常的食谱之中离不开水果也就显得并不奇怪了。"（递进的情形）

不用我说，大家会觉得似乎第二种更有意思一些，显得更有"深度"一些。可为什么我要举一个这么奇怪的"证明吃水果有利于身心健康"的例子？是为了好玩而已吗？其实大家稍微转换一下思维就能想到：我们平时在写文书时，为了告诉别人自己丰富的课外经历，特别喜欢一股脑地在一个段落里面罗列许多自己的课外经历。可这大量的经历之间，有没有建立良好的递进关系？有没有让录取委员会感觉层层深入而不是简单罗列？这恐怕都是值得思考和下大功夫的地方了。

另外，我们可以尝试着在 PS 里面将段落间的关系用特殊符号标注出来。比如：我们可以在每两句话之间标注出这两句话之间的关系，当一段中有五句话的时候，如果第一句和第二句之间是因果关系，就可以在下面标注出"因果"；如果第二句和第三句之间是论点与举例之间的关系，就可以在下面标注出"举例"；如果第三句和第四句之间是转折的关系，就可以在下面标注出"转折"。我们就按照这样的方法一直标注下去，直到整篇文章结束。当我们这样做的时候，可能会发现，某两段之间的关系说不清楚，其实也就意味着这两段话是断裂的，既然我们都不清楚两段之间是什么关系，更不要说读者了。这个时候，我们就要重新思考两者之间的关系，并作出相应的调整。

（3）语言应尽量曼妙

语言不"曼妙"这个问题，是短时间内无法解决的，这需要时间的积累和沉淀。我们可以使文书中没有语法错误，可以使自己的文书变得很严谨，但是却很难保证自己的语言很"曼妙"。这就要求我们必须将文书早点写完，然后慢慢地品读自己的文书，有意识地去改变文书里面的句子。也就是说，当我们写完文书之后，我们要经常将自己的文书拿出来读，如果在某一天我们突然想到一个好的句型，那么我们要就及时地进行修改，这也就是我们针对语言不"曼妙"唯一可以做的事情：不断修改，不断完善。

6. PS 写作的一些实用小建议

（1）"作家"先得是"坐家"

我们都知道写文书是一个苦力活，而且我们很多人在白天是写不了的，只有在晚上才能写出来。因为白天我们要不断地接触人，只要身边有人，很多时候便没有办法静下心来写。虽然晚上可以静下心来，但是很多时候我们却没有思路，可能愣在那儿很久。这时候，就会有人忍不住，想着说自己先去娱乐一下。其实写文书和背单词一样，背单词就一个字，那就是背，所以即使你拿着单词愣在那儿发呆，你也应该愣在那儿，持续背诵的动作，不要想着说先去放松一下。同理，我们要想写出好的文书，那么我们首先应当成为"坐家"，能够耐着性子"坐"下去，那最终才能"作"的出来。

（2）如果"写"不出来就"改"出来

在写文书的时候，永远不要希望自己第一遍就写得很好，一开始就想写出特别完美的东西，那基本上是不可能的。几乎每一篇优秀的 PS 都需要进行很多次的修改，所以在我们写不出文书来的时候，我们要做的不是停在那里什么都不做，而是至少先写出一个可能自己都忍不住呕吐的东西，然后再不停地修改。

（3）为每一个"词"负责

当我们将文书改写几遍之后，很多时候就会觉得自己的文书已经很完美了，不需要再进行修改。在这个时候，我们仍要做这样一个练习。比如：我们的文书里面一共有 1 000 个单词，当我们修改完之后便可以将每个单词拎出来，问自己写这个单词到底是为了证明什么？能够证明什么？其实就像做 GRE 一样，在做题时我们会思考作者提到这个例子、这个单词是为了说明什么？这似乎听起来极其变态，但是我们仍要出 1 000 个问题，问自己写这个单词是为了什么？如果没有答案，那就意味着这个单词应该删掉；如果答案不明确，那就意味着这个单词应该被替换。我们需要不停地做这个事情，直到最后能够确定在 PS 里面的每个单词都是有意义的。

（4）读，大声读

当我们修改几遍之后，实在不想再修改，那么开始读，从第一个单词一直读到最后一个单词。这样做的原因在于毕竟我们学习了那么久的英语，语感还是有的，通过语感，我们就能够知道自己哪里没有写好，然后将其勾画出来进行修改，之后接着读，如此不断重复这个过程，直到感觉我们的文书读起来比较顺畅为止。虽然我们不追求押韵之类的效果，但是至少要使自己的 PS 读起来比较顺畅。

7. 站在过来人的肩膀上攀登——两篇优秀 PS 解析
（1）在矛盾与冲突中成长的少年
例文如下：

I used to be quite rebellious when I was in junior high school. I felt so wronged that mother could not understand me and insist me doing exactly what she told to. Although my rebellion was suppressed by mother again and again, I would like so much my mother to understand my ideas and solve my problems, rather than mere criticism. This experience of mine leads to my decision to offer hands to youth in trouble or need and when I learn about social work, I know it is the career by which I can compensate for what is missing in school education and meanwhile realize my dream.

After four years' efforts, including thorough theory studies and ample field work, Social Work, once an entirely unfamiliar concept to me, has now become my career. During this same period, I, a formerly self-conscious girl who felt uneasy and unsure in a crowd, have become capable of reaching out to people in need and opening up their closed hearts with my enthusiasm.

Studies in my undergraduate major, Social Work, require practical experience, from which I become aware of the spirit of social work and confirm my determination to further pursue this field. Out of many experiences, the time when I served as a mentor in the year-long project of Growth Guide (aiming to serve children of migrant workers) most inspired this decision. My first mentee was Chen Jiangchuan, a 12-year-old boy, whose parents were too busy working to take care of him. Every Sunday I took a bus across half the city to his home to accompany him. At first, I found time elapsed slowly because he was quite introverted and we had nothing to talk about. Week after week, I continued being a sincere companion to him. I helped him with his homework, accompanied him to play games with his friends in a garbage dump near his home, and gazed silently at the sunset with him. In his narrow and damp home, we served a hotpot and ate together with his parents. Even then he was still not talkative but he began to smile at me and his eyes began to sparkle. Later on, he talked with me about his ambitions, his classmates, teachers and his humiliation in being denied admission into a nearby park (because he was not local.) I used to be his mentor but now I feel he is my mentor. He led me to walk a different path in life, and this experience taught me that, more than theory and skill, heartfelt companionship is the true essential ideal of social work and the origin of benevolence among people.

Later, my internship in August, 2009 showed me that sincerity is far from enough for a social worker. I was given the chance to guide some students in Beijing Railway Electrification School and help them organize a team with mutual trust and cooperation. But it is not so easy to be a group leader. A girl, one of my group members, refused to cooperate and feigned indifference. In order to solve this problem, I, together with my team members, did an "Original Family" in which we shared our ideas about the family member who influenced us most. This proved to be a turning point. She shared with us her family life and what led her to what she was. From then on, I began to get to know her and all group members became more understanding of each other. Together we were able to form a teamwork environment that pushed us forward. Through this experience, I improved my team organization skills, such as knowing when to elicit discussion, when to inspire members to offer each other suggestions, how to break the initial awkwardness and how to help members to cooperate with each other .It convinces me that qualified social work entails not only various skills and expertise but also potential development through the reflection of the relationship with others. Just as my supervisor said, "change life with your own life and make peoples' lives more beautiful." This motto inspires me toward further research and work in this field.

Aside from my acquisition of specialized knowledge and practical experiences, I also participated in some research that contributed to my career. My research focuses on migrant populations, especially the aged and children. Such people usually had difficulty in self-identity and adaptation to the environment. But we found little relevant literature from the journals when we initiated a project entitled "Survey on the Living Conditions of Elderly Migrants in Beijing" focusing on the elderly who follow their sons or daughters in their urban migration. We had to design the questionnaire and questions all by ourselves, do the pilot case, interview the aged concerned and validate the result all on our own. After many brainstorms and the frustration of numerous refused interviews, we finally completed the project and derived great benefit from the whole process.

The success motivated me to continue and I became interested in research on migrant children since my sophomore year, and did some relevant research on that subject, including my degree paper. My research mainly focuses on the adaptability of these children in migrant children's schools and general public schools. I joined *Studies on Migrant Children: Current Situation, Development and Solution,* co-hosted by Renmin University and Beijing Municipal Education Commission. In this project, I was responsible for studying differences between the migrant children and local children in terms of their social networks. Due to my lack of experience, I felt at sea when facing so much data and could not find a clue for an overall framework. I had to start with some literature and, after careful study, found references which were helpful. I decided to analyze the class structure of the children involved and adopt UCINET to do a further analysis. Gradually, I completed my task and won the approbation of my supervisor. It offered me a valuable chance to practice my quantitative analysis abilities. The data from the above research benefited me when I wrote my degree paper. All these research experiences added to my determination to further my education in social work and laid a solid foundation for my prospective academic research. Despite various difficulties in the initial stage, I improved my research and thesis writing skills. I learnt that difficulties of underprivileged people stemmed largely from injustice of the social system, rather than simply from poverty itself. Hence, I find social work and research to be quite useful in identifying people's needs , analyzing the question, exploring the resources and in seeking to build a relevant institution.

In the past several years, I have had thorough studies on theory and acquired skills, in various social agencies, been involved in a social network in Hong Kong, researched elderly and child migrants, and obtained the national qualification certificate to become a social worker. After all of these accumulated experiences, youth consultation and relevant family problem solving have finally become my primary interest. To broaden my horizon and keep pace with more advanced theories and practices of social work, I know I need to step out. I believe pursuing a Master's degree at Boston College would grant me such a chance, and also offer me a profound insight into social work in America where the development in this field is much more advanced than in China. I would like to gain the following from my professional education. Firstly, I can acquire many new ideas from courses and literature, well-established or controversial, and discuss them with my classmates and brew brand-new ideas by brainstorm. Secondly, I wish to be involved in more internship experience. Despite my practice in my undergraduate years, I still need to do more so as to improve my social work skills. Besides, I hope to get more guidance during my social work practice because only reflection can make practice more valuable. Thirdly, I am interested in participating in research work. I like to do research by experimentation, rather than mere literature research. Fourthly, I would like to deepen my commitment to my values. Boston College, in my view, can offer me what I want. Firstly, BC aims to teach both professionally and academically. By participating in classes and activities, I surely can enhance my abilities in putting theory into practice and improve my self-reflection ability by guidance. Secondly, I share with BC in its social responsibilities of helping the underprivileged population, which is quite lacking in China. I want to feel this responsibility in the community of BC and strive to do more and do better. Thirdly, Master Program of Social work in BC also focuses on diversity. I am convinced that only in such an academic environment can I be exposed to more tolerating academic atmosphere and diverse values and cultivate fertile mind.

I have two goals. One is to become a professional social worker both in research and practice. The other is to intervene independently in youth growth, especially the developmental work for youth, intervention for high-risk youth and family guidance. I sincerely believe that systematic study and social experience at Boston College can turn me into a truly qualified social worker. I will become a more professional social worker and, with my knowledge and skill, I can help those who are in trouble, confusion or need, just like what I did years ago, to accompany them walk through the tough period.

背景说明

托福：88

GRE：无

GPA：3.2/4.0

录取学校：Boston College，Ohio State University

英文成文：邓老师

简单点评：

正如我们反复强调的一样，写任何一套文书之前，首先自己心里要有一个概念——自己所申请的专业需要什么样的素质和能力，不论自己的理解是否正确，都要在心里有一个想法，如果不确定自己的想法是否合理，那么多去看一看美国学校的官网，看看它们希望我们是怎样的申请者。这个步骤，别人可以引导，但是最终的决定权在自己。因为每个人对每个专业的理解并不完全一致，不同的阅历和经历在某种程度上决定了每个人对这个问题不同的理解。

我们选取的是其申请 Boston College 所用的文章。对该文章的主人来说，她认为社工需要真诚，需要不断的反思，她说这是最基本的原则，在把握好这一原则的基础之上才是技巧。有了这个基础，学到了技巧，然后就是不断地付诸实践（practical experience），不断地进行深入的研究（research），唯有如此才能成为一名合格的社会工作人员。很显然本文即是用了这种思路和方法：她强调真诚，并有案例为证；她有反思意识，也有案例佐证；她做了一些实践和研究并且选出了对自己受益最多的重点描述。整篇读来，她有人品、有能力、有专业背景，舍她其谁？于是，这在很大程度上弥补了硬件条件不突出的软肋，帮助她申请到了理想学校。当然，对其他社工专业申请者来说，你们可以有自己对社工的不同理解，不求千篇一律，但求人人拥有独立思考之能力。每篇优秀的 PS 的诞生都不是一蹴而就的，都是经历过若干次的思考、讨论、修改后完成的。唯愿每位申请者都能多思考，多下苦功夫。

（2）成功何须煞费苦心地展现深奥和复杂

例文如下：

Out of the many possible career paths, I have chosen to become an English teacher. It was not an impulsive decision, rather one that I made after careful consideration and battling voices of objection. However, I realized from my practical experience that the ability to speak English does not make one a good English teacher. Theoretical guidance is indispensable, that is why I am applying to the TESOL program.

Languages have always been my fascination when I was growing up. After starting to learn English in school, it immediately became my favorite subject and my pride. I never considered studying English as a burden, rather looked forward to each class. At school, I won all kinds of English speech competitions and writing contests. I always thought I would grow up to become a translator or literature professor. The thought of becoming an English teacher never came to my mind until I met Miss Yang, our English teacher in senior one. She was the "idol" of all the students for her fluent spoken English, her logical organization of the class and willingness to communicate with us. English class was always the highlight of my day then and I looked forward to talking with Miss Yang every chance I got. I dreamed of someday becoming someone like her in the future.

Because of this dream, I applied to the major of English without any hesitation in my college entrance examination. The first two years of my academic studies were focused on sharpening my basic skills of listening, writing, reading and speaking in English. They provided me with confidence in my command of English. Starting in my junior years, we delved into the different branches of our major, Literature, Linguistics and English Education. I enjoyed all the courses from the different aspects, but what interested me most was Linguistics, especially theories related to second language acquisition. I never knew there were so many dimensions of science related to understand how a human being learns a second language and the different factors that could influence this process. Besides the assigned readings, I went beyond to read much linguistic research related to the area of language acquisition. The more I read, the more I started to wonder about the application of these theories in reality. It seemed the research in this field directly influenced the teaching of English in schools. However, there were also discrepancies in the way English is taught in China with the most advanced research results.

In order to find out more about the reality of English teaching, when I was asked to choose from three internship arrangements by my university, I chose to become an English teacher in The Middle School Attached to Ocean University of China instead of the much coveted internship opportunity of working as an interpreter in an international trading company. In the beginning I served as an assistant to an English teacher and got the opportunities to observe her class. What I observed was very different from what I expected. Her class mainly focused on grammatical drills and vocabulary exercises, there were little listening or speaking components in her class. However, the students never complained because they knew that this style of teaching could help them get high scores in the college entrance examination, which is highly competitive. I wondered if this style of teaching could really get students interested in learning English. After talking to some students, they all said that they did not feel that they could communicate in English, but they were glad that they could pass tests. I started to ask myself the question if a communicative style of teaching were used and students learned to communicate in English, wouldn't they still be able to pass the tests? After presenting my ideas to the teacher, she thought it was pretty interesting but said it was too risky and nobody would support this. Not ready to give up, I decided to conduct a research of *the Different Learning Styles of English among High School Students.* Quickly assembling a team, we collected data to analyze the relationship between the students' personalities, learning motivations and learning styles to their command of English. The result revealed many interesting food for thought, of which I took special attention to the role affective factors play in contributing to the learner's acquisition. The teacher plays an essential part in the learning process and students look forward to communicating with the teacher preferably using the target language. Through this internship and the research experience, I was more and more intrigued to learn more about the teaching of English and its related scientific research, that's why I have made up my mind to continue further studies in the field of TESOL which is all about applying the latest linguistic research into the teaching of English in the classroom.

When I got tired in my study or research, I liked to use music to relax. Being a good piano player, music has accompanied me when I was growing up. In order to find like-minded friends to share my hobby, I joined the department of entertainment in the Student Union of my university. My first big responsibility was to organize a singing contest for the freshmen in 2008. There were many details involved in this event and it challenged my leadership skills in many ways. But in the end it was a very rewarding experience as I learned to listen to others, to delegate and to deal with emergencies with calmness.

After a colorful and fulfilling life in university, I am ready to move up. With a very clear mission in my mind, I do not want to waste another minute.

背景说明

托福：106

GRE：1，310

GPA：3.4/4.0

录取学校：University of Pennsylvania

英文成文：赵老师

简单点评：

简单到即使托福只考 80 分的申请者都能读懂的一篇 PS，不仅用词简单，而且简洁，句子也同样如此（上篇也是一样，句子简洁，读着轻松），甚至要表达的意思与事例也很简单。

当与专业相关的经历不允许我们挑三拣四时，踏踏实实地写好仅有的经历，并且透过经历折射出自己对专业的相对深邃的理解能弥补经历的不足。许多申请者说，我确实是除了上课，其他什么事情都没做过，真是没有东西写。我是不信这种说法的，只要去上了专业课，那就有的写，遵循我们前面讲过的那些原则即可。

同样的道理，对于这篇 PS，我们需要思考的是做老师需要具备哪些条件，是主动反思问题所在，是对学生的人文关怀。这些都暗含在了里面，都是基础。沟通能力和研究的精神也都表达出来了。申请者对于这份职业的热爱和不厌其烦，我们也感受到了……

需要特别说明的一点是前面强调过的，我们的一套文书是一个整体，而非独立的个体。因此，我们在推荐信中重点描述了她在实习时给学生上课时的表现，而作为一名未来的老师，这显然也是学校所看重的。

不过说句题外话，上课的技巧可以通过不断地上课和培养变得出类拔萃（毕竟谁也不是天生知道怎么当老师），可是内在的对学生的发自心底的负责，内心中对一份职业的热爱则很难通过培养得来，而这些对学生们而言则是至关重要的，自然就是学校所看重的。因此，即使本篇 PS 没有讲叙作者自己在授课上的天分，我们也很容易理解为什么能帮助她赢得了宾夕法尼亚大学的青睐！

在本章节，我们只选取这两篇 PS。如想要阅读更多还不错的文章，可以持续关注我们的书籍。希望下一本书会是优秀文书库，我们会专门选取一些有代表性的文章进行点评。

8. 不想踩到地雷的话，请绕行

总有一些写法是很容易踩到地雷的（即使不能百分百命中），因此小心翼翼地避开这

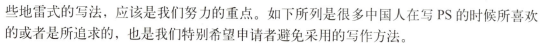

些地雷式的写法，应该是我们努力的重点。如下所列是很多中国人在写 PS 的时候所喜欢的或者是所追求的，也是我们特别希望申请者避免采用的写作方法。

（1）简历的扩充版本

我们周围总有一些无比"酷"的人，他们有无比丰富的专业背景，这种人在写 PS 的时候就极易陷入这个圈套，因为素材实在是多到无从取舍。

即使没有无比丰富的素材，也总有人喜欢将自己从小到大的经历、从校内到校外的经历，逐一地、毫无区别地、详尽地在 PS 中罗列出来。

以上无论是哪一种，都是我们要极力避免的。PS 一定是有重点地自我"炫耀"，而绝非毫无重点地细数经历。

因此，素材多如牛毛者，哪怕是通过扔硬币的方式来决定重点用哪些素材，也要舍掉一部分，否则就只能让人一个都记不住。

（2）我的专业最重要

每个人都是认为自己申请的专业有用武之地才会申请的（或者说至少是写出来后给审核者的感觉是这样的），也就是说我们认定我们的专业是重要的，所以才会去申请。

这时候问题来了，太多的人用大量的篇幅来论述所申请的专业在中国乃至全世界是多么重要，多么有发展前途。无论是文科、商科，还是理工科，皆是如此。那么不妨问问自己："教授们会不知道吗？如果教授知道的比我们深刻得多，那么还会对你的感慨感兴趣吗？如果教授觉得不重要，他还从事该领域，那他是怎么了？"我想，道理很浅显，答案也很明确。

（3）虚无缥缈、飘忽不定

这是什么意思呢？比如中国的矿难事件层出不穷，于是就有很多的马后炮来评论这些矿难的发生原因和治理办法。放马后炮的人已经够多了，我们就不要再多此一举了吧：偏偏我们的申请者一边在批评别人放马后炮，一边自己又忍不住在自己的 PS 里写上一段。这显然是不明智的。

在我们的 PS 中，要尽量避免去写那些虚的东西，比如评论一下当今中国的经济形势、法律环境、社会诟病，以及应该运用什么样的解决方法。无论是批评也好，表扬也好，都轮不到你来做，自然会有社会评论家来做。再比如学金融的学生，总结一下国内金融走势，分析一下美国金融危机的原因，最后总结，说因此要去美国学习。同样的道理，这些东西教授会不知道吗？不比我们知道的多吗？什么叫做 personal statement？是个人陈述。教授不了解的是我们这个人，不是那些毫无根据的分析。我们有时间和精力在这里写这些虚头巴脑的东西，远不如踏踏实实地写写曾经去做过的一个关于中国矿难的研究，把研究的过程写一下，把研究中遇到的困难写一下，把如何克服了这些困难并最终得到了什么样的收获写一下。这一方面可以体现我们对周围事件的关注，也就是所谓的社会责任感，另一方面还能体现我们的研究能力、克服困难的能力等，一箭多雕，何乐而不为呢？

（4）你想让我录取谁？

很多学生的 PS 会这样开篇：

感谢我的父母，他们对我的教育和潜移默化的影响造就了今天这个"坚持自己梦想、相信努力可以改变未来"的我。我的父母都来自中国中部一个贫困闭塞的农村，我出生于只能勉强满足温饱的家庭。在他们像我这么大的时候，那时的中国正悄悄发生着一场变革，一扇对世界紧闭的门被慢慢打开了。在这样的时代背景之下，我的父母敏锐地嗅到了"开放"的气息，他们成为了村子里第一批走出来的年轻人。从在中国中部的小镇子摆路边摊卖针线纽扣的小商贩，到在中国经济最有活力的东部沿海城市经营和管理上千人的纺织厂的民营企业家，我的父母用了近30年的时间。当世界都在为20世纪90年代中国经济的"奇迹"而赞叹、诧异不已的时候，我的父母也是这个"奇迹"背后不舍昼夜、辛勤奋斗的千千万万个劳动者中的一个。他们既是"奇迹"的见证者，更是"奇迹"的创造者。我的父母在为创造一个更富有的家庭而努力打拼、艰苦创业的同时，也坚持着他们心中带有中国传统色彩的家庭理念和价值观。在他们的教育下，这种"不安于现状、把握机遇、渴望成功"的创业者的基因，也流淌进了我的血液里。

内容很打动人吧？父母很伟大吧？毋庸置疑。可是我录取你父母好了，为什么要录取你呢？

我们在写文章的时候，一定要注意：我们的重点是写自己，写他人只是为了抛砖引玉，衬托自己。写这个"砖块"的文字部分其实只能占很少的篇幅，大部分的篇幅是要留给申请者这块玉的。

（5）变态地抠语言

我们在前面提到，要尽量让自己的文章读起来是曼妙的，因而也就出现了过度抠文字的现象，语言重要不重要？当然重要！但是有多重要？没有一个界限。于是英语是第二语言的我们就开始去抠字眼，认为全篇一定要用漂亮出彩的词语才甘心。

这种要求是否恰当呢？下面这个例子应该可以很好地给出答案

我们高中的时候学习古诗词，语文老师会带领我们去分析它们的用词如何绝妙，如何不可替代。比如比较有名的那句"鸟宿池边树，僧敲月下门"，老师给我们分析的时候就问我们：是僧敲月下门好呢？还是僧推月下门好呢？或者他为什么不写僧叩月下门呢？答案显然是僧敲月下门，因为僧敲月下门的"敲"字更容易衬托出夜晚的宁静。我们现在静下来想一想，没准会想：万一那个门已经破了呢，一推就吱吱响呢，那岂不是更能衬托出夜晚的宁静吗？你看，要有多高的文学造诣，才能在没有看到解析之前，就凭语感发现"敲"字更好呢？

同样的道理也适用于我们的文书写作。审核者是要有多高的文学造诣才会因为我们用

了"敲"就录取我们，用了"推"就拒绝我们呢？更何况审核者还通常是理工科出身，我们问他哪个说法更好，他的回答可能是：我觉得"推"更好啊……

我们的母语我们都很难推敲用词，更何况英语。

所以，我们的用词要以能准确表达我们想表达的意思为第一目的，而不以追求所谓的文艺词、生僻词为目的，否则最终成型的 PS 的味道就变了。

写到这里，简历呈现出了真实的你，推荐信写出来的是几乎完美的你，PS 则是重点突出的你，所有这些就构成了一个完整的你。希望通过这一过程塑造出来的完整的你是学校喜欢的。

（五）文书部分之题外话——如何判断文书的优劣

我们看过了如何写文书，读过了好的文书与差强人意的文书，现在终于轮到读自己已经成稿的文书了。手上拿着已经写好的 PS、推荐信和简历（不管是谁写的），申请者的反应通常有这几种：写得太好了，就这么用了；写得太烂了，需要从头再来；写得好还是不好呢？我也不清楚，得找几个人看看……最好的莫过于第一种结果，终于完成文书写作，接下来可以踏踏实实地申请了。

最坏的是第二种反应吗？如果这么糟糕的文书是自己写的，那么别无选择，反复修改或者找别人帮忙重新写便是。糟糕的是如果你认为糟糕透顶的文书是他人代写的，并且你坚定不移地认为这份文书实在惨不忍睹，让你不堪忍受，那就让人头疼了……

事实上，多数的申请者没有那么自信，拿到手的文书读来读去读了不下 10 遍，依然无法判断是好还是不好，还是不够好，也就是第三种情形。于是决定多找几个人看看，接着更多的问题来了，"公说公有理，婆说婆有理"，本来已经够乱了，随着越来越多的人阅读，到底好不好也越来越难以确定……

所有这些问题的根源只有一个：没有一个定式。没有一个定式摆在那里说用 but 是对的，用 yet 就一定是错的；没有一个定式摆在那里说 A 结构一定比 B 结构更好；也没有一个定式摆在那里，说用银行的素材会比用证券公司的素材更能精确符合对方心理……

也因为没有一个定式，谁都可以就你的文书发表所谓的看法和意见，如果非常不幸地，你也在为这件事情烦恼着，我想我能做的不是让你找某位所谓的专家再去看你的文书，而是请你考虑从下面几个方面自己做出一定的判断。我们在判断申请者的文书是否足够用来申请的标准通常有这么几个（事实上，所有的文章也都要从这几个方面考量）：

1. 语言方面

对于对自己语言功底持怀疑态度者和对自己语言功底持否定态度者（事实上，这些人多是生活中的智者与谦虚者）来说，你需要的是一气呵成的感觉。也就是说，你在读你的文书时很顺畅，即使有一些不认识的单词，也不会妨碍你读完一篇之后长舒一口气。能做到这一点的文章基本已经属于上乘之作了。

语言这个东西是最没有定式的，就好像有人喜欢杜甫的诗，而有人喜欢李白的诗一样。在英语的写作中，你不能说你喜欢用 yet，而别人用 but 就错了；你喜欢用 so，而别人用 therefore 就错了。语言在使用中经常不是对与错的问题，更多的是"好"与"更好"的问题，可是我并不觉得有多少人有资格去讨论"好"与"更好"。为什么我这样认为？只需将心比心地来思考一下你是否觉得自己有能力来与别人讨论汉语文章哪种用词更好？如果在母语上都做不到，怎么能有勇气在外语上去计较呢？

而如果文章当中有语法错误，则不在此讨论范围之内。有少数几个语法错误还是可以理解为是笔误，如果多了，就要去质疑作者的语言功底了。

2. 内容方面

在内容方面最有权力对自己的文书作出判断的只有一个人，那就是你自己，因为你自己的素材你自己最清楚，所以别人最没有资格对你的文书说三道四的就是文书的内容。在这个方面，你需要考虑的是：是不是你所有的比较有价值的素材都已经得到了良好的体现？如果回答是肯定的，那么你已经有效利用了你的文书空间；如果回答是否定的，那么只能自己重新进行素材的整合与分配。

很多申请者把自己已经写好的文书拿给他人去看，对方看过后说感觉写得不好，可是也说不出来是哪里写得不好。此时我想问的问题就是："你认为你的这篇个人陈述是不是已经把你最有价值的素材都写出来了？你还有其他的可以值得一说的素材吗？"我觉得我说到这里，大家也该懂了。既然能写出来的素材都已经写出来了，还有什么好挑剔的呢？再挑剔的话就不是去挑剔文书的内容。

3. 结构方面

在明确了自己的文书在语言和内容方面是否合格之后，接下来要看的是结构。在读完自己的文书之后，结构是不是清晰且有条理呢？所谓清晰，主要指的是主题是否明确；所谓有条理主要指的是逻辑是否鲜明。就算你没有能力判断语言好坏和内容丰满与否，你至少是有能力来判断结构是否符合我们在前面所列出来的所有要求。只要符合了那些标准，那么结构方面即可过关。

在从这三个方面分别把关之后，每个人心里都基本会有一个概念——判断文书好坏的概念，有了这个概念之后，你便可大致自行作出判断了。而对于最开始列出来的三种类型的反应也可以大致做出回应了：

第一种：依然是圆满的结局。

第二种：如果文书是他人代写，建议你不要武断地自己作出决定，不妨回头听一下写作者的说法。如果写作者的说法不能令你满意，不妨再找另外的人帮忙看一下。因为我很担心，有时候申请者因为武断而坏了事。多一个人把关总是好的吧！

第三种：进入扑朔迷离阶段。这个阶段是很多申请者都会经历的，最开始可能觉得文书还不错，于是拿给别人去看一下，可是因为没有定式这一特点，于是有人发出了质疑声，于是你开始动摇了，再去看的时候感觉好像确实是有点问题……如此一来，反反复复，最终进入了自己也搞不清楚状况的死胡同。

无论是对于哪一种情形，我能说的就是，最终的最终，选择相信自己！

你自己有能力、有义务对自己的文书作出判断。通常来说，一篇文书，用流畅的语言、顺畅的结构表达出了你最有价值的素材，它就完成了它的使命。虽然它发挥的作用很大，肩负的任务很重，但是你不能指望几篇文书为你定终身。它做不到，你也不能要求它做到。

　　虽然我们对文书要求严格，但严格不是苛刻。过于苛刻要求完成的文书有时候就变态了，就失控了。所以对于文书的要求要把握好度：让它起到应有的作用就足够了。

申请流程的烦琐程度几乎无法用文字来表达，而其烦琐的步骤也基本没办法用文字记录下来。如果要用最简单的图表来表示，那无非可以包括如下所示的五个步骤：

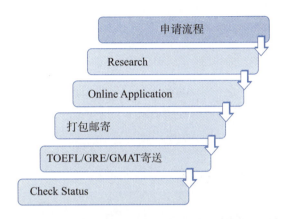

然而，要把每一个步骤的每一个要点可能出现的问题都列出来至今仍是一个梦，无人完成过。另一方面，关于美国院校研究生的申请，很多都没有一个统一的申请网站，这样一来，如果想申请哈佛大学，想了解哈佛大学网申的读者，就意味着要把哈佛大学所有专业的网申情况都一一说明，而其专业又何其之多！由于这种种的不可操作性，本文尝试着归纳一些在申请这个大步骤中出现频率较高的问题，希冀能让大家少走一点弯路。

（一）申请之前的准备工作

1. Research

在着手申请之前，需要调研的最基本的信息有两项：第一，寻找到申请端口；第二，记录申请所需要的 checklist。对这两块信息基本上每所学校都有非常明确的说明。选一个自己喜欢用的制表软件来做详细的记录，无论是喜欢用 excel 也好，还是喜欢用 word 也罢，都不是重点。重点是头脑必须足够清晰，足够有条理，这样才会在之后的整个申请过程中事半功倍。例如，在该轮 Research 环节后如下信息需要非常清晰地列在自己电脑里的表格中：

学校名称	专业名称	专业链接	托福要求	GRE/GMAT要求	T/G Code	Checklist	网申地址	邮寄地址	Deadline	……	……

2. 完成文书

申请所需的文书通常包括 3 篇推荐信、1 份 PS 和 1 份简历。根据每所学校的要求调整文书，尤其是 PS，针对每所学校的具体情况，可能会有略微的不同，申请者可以根据学校的要求进行微调。

3. 准备好双币信用卡（例如中国学生常用的 Visa 或 Master）

在申请的过程中，要频繁地用到双币信用卡进行美元支付，所以持有一张靠谱的信用卡会让后期的缴费环节比较顺利地进行下去。至于哪家银行的信用卡比较靠谱这个问题，基本上比较大的银行的双币信用卡都是不错的。我们无意做广告，但是根据我们的经验，招商银行的信用卡是出现问题较少的。

4. 准备好必备软件

pdf 编辑软件是必备软件之一。Adobe 的 professional 版本，市场上都有卖，我们需要的是可以编辑的版本，因为在申请的环节有许多的 pdf 需要填写。备注：如果买不到，那么可以联系本书的作者刘新娟（预约邮箱：liuxinjuan@lasedu.com）。

（二）申请过程中的主要步骤

1. Step 1：Online Application

网申环节有两大块内容：一是自己信息的网申填写；二是推荐信。第一块内容有如下常识类问题需要额外注意，这也是在申请中容易出现问题的一些细节：

（1）Email：网申之前首先"test"邮箱的有效性，确认 Email 是可以正常使用的。Email 是我们与学校联系的所有渠道中最重要的，所以其重要性不容小觑，每年不知道有多少人栽在这个邮箱问题上。

（2）姓名：要再三审核确保无误。关于姓名，中国人的名字多数是没有 middle name 的，所以张三丰中的"三"不是 middle name，这是常识，可是把这个"三"当成 middle name 的学生屡见不鲜。

（3）生日：生日是身份认定的标准之一。前两年有个学生自己申请了一所学校，申请提交之后去和学校沟通查询状态，学校的回复是查无此人！反复打了几次电话请学校查询，均无此人。学生回过头去检查自己的申请表格，结果发现本来是 3 月 13 日的生日，写成了 3 月 3 日，所以目标学校的资料库里显然没有一个 3 月 3 日出生的叫做该姓名的学生！所有这些都会耽误学校规定的审核材料的宝贵时间。另外，还有一种人，喜欢将当天的日期写成自己的生日，因为在自己的网申过程中要频繁签署当天的日期，于是习惯性地就把自己的生日写成了当天的日期。申请者在这些恍惚状态下所犯的错误都是非常可怕的！

（4）关于缩写：在网申过程中，通常学校留的空白处没有办法完全容纳我们的信息，比如地址、大学名称，甚至取得的学位，无论是何种情况，只有一个办法，就是缩写到能容纳下为止。

（5）关于钱的问题：付申请费环节通常是大家最小心翼翼的一步了，谨慎是对的，小心驶得万年船。不仅如此，在这个步骤中，我们应牢记不要去点击刷新，不要着急，耐心等待。点击刷新极容易刷走双份钱。另外，这还不仅是钱的问题，刷新也极可能使系统崩溃，让我们功亏一篑。因为很多时候，我们在此时此刻没有付费成功，就意味着我们要再花很多精力去寻找可替代的付申请费的方法，比如通过购买汇票，比如通过向学校发邮件询问，比如到学校官网上再次搜索，无论哪种，都是耗费脑细胞的活儿。而这些仅仅是因为自己的手多动了一下下，多么不值啊！

除了上述常识类问题，还有一类问题是习惯问题。拥有一个良好的网申习惯，会让我们在后期遇到问题时迎刃而解。

（6）随手保存证据：每个页面都尽量保存下来，可以选择打印成 pdf。这样做实在是益处多多。就像我们在上面说的把自己生日写错了的这个学生，如果当时她没有保存页面，那么就完全无从着手去查问题所在了，那么这个学校就废掉了（事实上这是当时那个学生的 dream school，也是最终拿到录取通知并去就读的学校）。另一个用处是，有时候学校会自己搞混状况，比如你明明申请了这个专业，学校非说你申请的是另外的专业。这种情况下，你拿出你当时打印下来的备份给学校看，学校就会说"sorry"，然后停止与你"argue"了，因为"事实胜于雄辩"。

（7）需要上传的材料：有很多材料，比如 PS、成绩单等，需要扫描之后上传，上传之后不是就万事大吉了，一定要再点击看一下是不是学校需要的。有时候学校让上传简历，结果把成绩单传上去了，有时候图片文件是倒着的，这样的事情是屡见不鲜的。

（8）所有的网申步骤完成后，不要着急提交，稍稍休息半分钟，然后回过头来从头到尾再检查一遍。确保无误后再点击那关键的承载着自己梦想的"submit"键。

（9）完成提交后，再做两件事：一，记录申请的网址、用户名和密码以备将来查询，有很多学校后来查状态（check status）时还要用申请时设定的用户名和密码；二，再次查询自己留的 Email，看看学校回复的邮件。

网推的网申，在下面一个步骤中说明。

2. Step 2：Request Letters of Recommendation

推荐信的提交方式有两种：网推和纸推。顾名思义，网推是网络推荐，纸推是 paper 推荐。纸推是我们在打包环节要说的，现在这个环节我们说的是网推。

网推的步骤非常简单，在学校的网申中，将推荐人的信息（包括邮箱）填写上去后，学校的系统便会给推荐人发送一封邮件，邮件中会注明登录方式，推荐人按照邮件中的要求填写推荐信即可。

3. Step 3：打包邮寄——每份文件都贴上专属于自己的标签

小技巧：在每一份文件上都贴上专属于自己的标签。美国的大学每年都会收到大量的申请材料，所以在申请季的时候，审核申请材料的教授或秘书是比申请人忙碌百倍千倍的，所以我们的材料被弄丢了是常有的事情。应对这种问题有一个小窍门，即在我们的每一份材料中都有一个属于自己的标签，都要让别人清晰地看到这份材料是属于你的。比较简单的办法就是让每份材料都有我们的姓名、生日、所申请的项目。那如何做到这一点呢？

对于学校要求填写的表格，例如推荐信的信息表和资金证明需要的表格，学校都会有固定的格式，会要求我们填写姓名、生日、申请项目的空白处，所以无需多说。

需要注意的是如下这几份材料做标记的办法：

（1）推荐信：关于推荐信我们前面提及了两种提交方式，即网推和纸推。选择哪种由我们自己决定，理论上学校倾向于我们用网推，而且网推操作起来相对容易，我们前面讲了网推是怎么运作的。现在讲一下纸推。纸推时推荐信是封在信封里的，在封入信封之前，推荐信落款处需要由推荐人签字，封口后在骑缝处推荐人再次签字。这一过程完成后就是我们说的要在材料上做好专属于我们自己的标记了。就推荐信来说，做标记的办法是，在信封的正面写上四项重要信息：姓名、生日、application number（如有）、申请项目。

（2）成绩单：成绩单是 official 材料，所以是不允许我们在成绩单上另外写字的。而且，成绩单也是封在信封里的，所以处理方式同推荐信，在信封的正面写上如上四项重要信息。

（3）资金证明：由于资金证明多数是开具在自己父母名下的，所以目标学校尤其容易弄丢，那么处理方式就是在资金证明的右上角贴一个小标签，标注上如上四项重要信息。

打包邮寄的材料除了上面我们列的推荐信、成绩单和资金证明需要我们特别标记的文件外，通常来说还可以包括如下文件。

（4）Cover Letter：可以自己制作一份 Cover Letter，附在我们包裹的最上层。要知道，方便学校，就是方便了我们自己。如下是一份供参考的 Cover Letter 内容：

此处：学校的邮寄地址

Oct. 14, 2012（此处：邮寄日期）

Dear Sir or Madam，（或者是自己套磁后的教授名称）

This is to follow up with you on my application to the XXX graduate program of XXX University. I have submitted my online application on Oct. 14, 2012. Enclosed please find:

1. Resume

2. Envelope with official transcripts and in-school certificate from XXXX University

3. Photocopy of passport

4. Photocopy of TOEFL Scores

5. Photocopy of GRE Scores

6. …

The official TOEFL scores have been sent to you via ETS on Oct. 10, 2012. The official GRE scores will be sent to you as soon as it is available.

Thank you for your time and your consideration would be greatly appreciated!

Best regards,

此处：再用手签姓名

Sanfeng Zhang

（5）**简历**：打印出来放入包裹（如果已经在网申时上传，则通常不需要再打印寄送）。

（6）**各项复印件**：包括护照复印件、托福成绩复印件、GRE/GMAT 成绩复印件，这三项尤其是后两项基本是学校不需要提交的，但是提交后对我们有利无害。护照复印件有助于学校核实我们的姓名和生日与申请表格中的是否一致；后面两项的作用是，很多时候学校经常收不到我们的成绩单，这时我们可以给学校打电话或者发邮件，请求学校先用复印件来给审核申请。虽然未必每所学校都同意，然而一旦有效，就可以抵消因收不到成绩而耽搁的时间。

备注：关于简历和各种复印件，如果学校压根不需要打包任何材料，所有的材料都是在网上上传，那么自然也不需要为了这两项单独打包邮寄，这也不是学校所喜欢的。

4. Step 4：寄送标准化考试成绩

寄送时间：申请之前或之后一周左右给学校寄送标准化考试成绩是比较理想的时间，不建议寄送得太早，因为在我们的申请还没有进入学校的系统里时，学校没有我们的档案，在收到标准化考试成绩后不知道如何归档，很有可能就会被扔进垃圾桶。白白浪费钱还是小事，耽误了审核时间可是大事。

（三）申请提交之后要做的事情

费了九牛二虎之力外加若干的申请费和快递费，终于完成了申请。此时许多人就彻底放松下来了，可是这个时候万万不可掉以轻心，我们要保证我们的材料在适当的时候全部都 complete 了。什么是适当的时候？没有固定的标准，但是理论上在申请提交两周之后就要开始去查询我们的申请状态（check status），查询的方式主要有两种，一是通过到学校的官网上阅读 check status 的相关说明，二是通过学校给我们发送的介绍 check status 方法的邮件中说明的方式。在查询中，可能出现最多的问题就是缺材料。

1. **缺托福和 GRE/GMAT 成绩**，我们要做的第一步是回到寄送的网站，去确定自己是否已经寄送。第二步，如果已经寄送，确认托福和 GRE/GMAT 成绩单上自己的名字和生日与申报学校材料上的拼写一致，因为太多情况下是不一致的。如果拼写不一致，就去和学校解释，顺便附上自己的复印件；如果拼写一致，就采取下一步。第三步，与学校联系。和学校说明是哪天寄送的，再次以附件的形式发送复印件，可以请求学校先用复印件来审核申请。

2. **缺 paper 材料**：第一，如果全部都缺，找到当时的运单号，到快递公司的网站上查询，看材料是否已经抵达学校；如果已经送到，与学校联系，告诉学校如下信息：快递公司、运单号、寄出时间、签收时间、签收人，让学校再查收，通常情况下学校是可以找到材料的。这不仅可以免去我们再次寄送需要的花费，更可以节约宝贵的审核时间。第二，如果缺一部分材料——明明在同一个包裹里寄送的，可是有的到了有的没有到，可再次核实自己当时寄送材料时用的 cover letter，看是否漏寄；如果没有漏寄，按照第一种方式的最后一步处理，告诉学校快递公司、运单号、寄送时间、学校签收时间、签收人，并且告诉学校所缺材料与其他材料是在同一包裹中，请学校再次核实。

在缺材料的时候，许多学生往往第一时间就重新寄送所缺材料，但这不是最佳处理方式，因为选择重新寄送，学校在收到后又要重新归类，也会耽误时间。我们的建议是首先去主动联系学校，争取让学校找到我们丢失的材料。如果实在找不到，再快马加鞭重新寄送。

如上即是申请篇三个阶段需要注意的细节，事实上在我们申请过程中还会有若干预料不到的问题。可以说，自从确定申请出国读书的那天起，我们就踏上了一条前途光明、但是步步艰辛的道路。申请这一步，是需要细心加耐心的一步。关于这一步骤，有一些心理素质以及一些要点要再次强调。

（1）淡定：这个词发明得实在是太伟大了，把这个词用在"出国党"身上那是相当地得体。无论遇到什么问题，我们都要保持镇定，要相信任何问题都是可以解决的。不仅仅是在申请这个步骤要保持镇定，整个过程都是如此。我们要做的就是不断与学校沟通，不断地调整自己的申请文件，当然也要不断地调整自己的心态。每年总会有大批脾气暴躁的学生恨不得买张机票飞到美国去揪住秘书或者教授劈头盖脸地狂解释一通，然而着急解决不了问题，就算学校看到我们的邮件后第一时间就给我们回复了，那还隔着十几个小时的时差呢，更何况在忙碌的申请季，校方根本也做不到看到邮件就回复。所以，保持一个好的心态，与学校保持顺畅的沟通，任何问题都会得到解决。

（2）准确：如果能做到准确无误，那最好！如果做不到，那就努力去做到！出版社的编辑在出版一本书之前要经过一校、二校、三校、四校，甚至更多，就算我们做不到，至少要有认真地二校的精神。我们在最初付出的细心是为了我们后期的省心，否则，就会有无穷无尽的意料不到的问题不期而至。

（3）专业相关性：在文书篇中，我们再三强调专业相关性的重要。在申请这个步骤中，也不例外。例如在宾夕法尼亚大学的 TESOL 专业的申请表格中，有这样的要求：Please list below all college-related awards, honors, scholarships, and other recognitions you have received. 字数限制在 1 000 个 characters，如果自己想列举的内容超过字数限制怎么办？首选与申请专业相关的经历，这是个万能定律。

看，我们又啰唆了三个要注意的信息，到此打住吧！不然这一篇章就该"超载"了，本篇还不是我们的重点，下面的专业篇才是我们的重中之重。

三、专业篇

　　申请研究生在很多方面都不能一概而论，即使我们前面的章节不惜笔墨、大费周章地介绍了文书的写作，在实际申请中针对不同的专业也需要进行不同程度的微调。因为不同专业的老师所喜欢的人类型不同，所以研究生的申请也历来被称为"专业"的申请。要搞懂研究生申请，就要弄清楚不同类别的"专业"申请的特点。

　　市面上无论是中国还是美国出版的书籍，在专业方面有一些很不错的总结类书籍，这些专业通常为商科类专业和法学专业。但是很少有书籍将"专业"放在一个大环境下进行考虑，甚至相关图书知识的有效性都远不如网络上的各个论坛。这是人心的浮躁所致，大家很难静下心来踏踏实实、认认真真地写一些实用的东西。

　　撇开这个浮躁的社会，实际操作的难度也使得很多经验丰富者望而却步。以工科为例，专业太多，专业内部的分支太杂，专业之间的重合和交叉又太令人眼花缭乱，于是这就导致了正规出版物在研究生申请"专业"领域的匮乏。自然我们在写作时也遇到了这些问题，专业太多，无法一一讲解，有心无力，于是我们选择最具代表性的专业，并将方法贯彻其中，希望能为广大申请者的留学申请尽一点绵薄之力。然而无论我们写得再多再详细，也务必请申请者踏实地静下心来，一点一点地去研究目标学校，一点一点地确定自己要申请的领域，一点一点地明确自己的目标，当然，也一点一点地去接近自己的梦想。

　　首先从学校角度、个别专业角度，来分析理工科的申请。理工科专业有如下特点：

　　第一，其专业开设五花八门，比如，比较大众化的有 Aerospace/ Aeronautical/ Astronautical Engineering（航天工程），Biological Engineering（生物工程），Agricultural Engineering（农业工程），Biomedical Engineering（生物医学工程），Chemical Engineering（化学工程），Computer Engineering（计算机工程），Industrial Engineering（工业工程），Materials Engineering（材料工程），Nuclear Engineering（核工程），Mechanical Engineering（机械工程 ME），Electrical Engineering（电子工程 EE），Computer Science（计算机科学 CS），Civil Engineering（土木工程 CE），Environmental Engineering（环境工程）等专业；相对比较冷门的有 Traffic Engineering（交通工程），Ocean Engineering（海洋工程）等专业。

　　第二，专业开设方向情况非常复杂。以上所列专业的交叉性非常强，例如 Electrical Engineering(EE)常与 CS 是合并在一起，叫做 Electrical Engineering and Computer Science(比如 University of California–Berkeley 的 Electrical Engineering and Computer Science)。再比如 EE 又常与 Computer Engineering 合并在一起，而不是分为两个 department（比如 University of Illinois at Urbana–Champaign 的 Department of Electrical and Computer Engineering）。这些专业互相糅合在一起，难以清楚地拆分开。

　　这样两个特点让我们在处理理工科类专业时采取的方式会略有不同。主要是先选取其中的三大专业，介绍一些方式、方法。这样可以让广大的申请者举一反三，了解自己想要

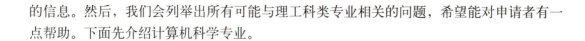

的信息。然后，我们会列举出所有可能与理工科类专业相关的问题，希望能对申请者有一点帮助。下面先介绍计算机科学专业。

（一）Computer Science 计算机科学

一旦决定了申请 Computer Science（CS），我们要做的第一步是去打开一个美国大学的网站（当然除了从一开始就决定找个留学咨询机构来帮忙、自己乐得轻松、做甩手掌柜类型的申请者），打开了大学的网站后，第一个困惑就是 Computer Engineering（CE）还是 Computer Science？两者的区别是什么？

CS 和 CE 这两个项目非常相似，都是学习编程和软件开发的基础学科。两者之间最基本的区别可以归结为理科（science）和工科（engineering）的区别。science 的意思是知识或学问，它来源于拉丁文 Scientia，表达的意思是"to Know"，engineering 在拉丁文中的意思是"to contrive"。因此，从操作层面来看，两者的区别是 CE 的学生拥有对电路、电子学和 VLSI 设计的非常深厚的认知，而这些对现代计算机硬件至关重要；CS 的学生学习的是代数、计算和编程语言，这些构成了高级程序设计和计算的基础。但是这样的描述事实上还是不够准确，因为比如 SE（Software Engineering）分支有时候会放在 CE 下，有时候又会放在 CS 下，这也要具体情况具体分析，具体学校具体对待。我们可以这样来理解：广义的 CE 就是应用性的、与 computer 相关的，CS 会更理论一些。这也就是 SE 与软件相关，却会放在 CE 下的原因。SE 侧重于学习用工程的思维去开发一个软件项目的方式、方法。另一方面，有一些狭义的划分，SE 又会放在 CS 下。这就是按照软硬划分的，CS 是软，CE 是硬，但核心都是 computer。因为每个学校都有自己的划分方式，所以没有统一的标准。同时，软硬现在已经你中有我，我中有你了。比如说，CPU 里是有指令集的，离开了指令集，CPU 就没有办法工作。而先进的软件都会针对硬件进行优化，没有足够的优化，就会出现多年前经常会出现的兼容问题了。这是两者之间的区别。下文重点讲的是 CS。

CS 在计算机系统和软件的理论和设计，以及重要的应用领域培养学生。CS 主要的研究领域和学习领域包括计算机人工智能、生物系统和计算机生物学、计算机结构和工程、机器人（与 EE 交叉，很多开设在 EE 下）、信号和图形处理（与 EE 交叉，很多开设在 EE 下）、操作系统和网络、编程系统、算法和理论、交互系统和软件系统等。CS 涉及了我们生活的方方面面，衣食住行都离不开它，在未来的日子里更离不开。衣有智能服装；住有智能家电，比如我们不断发展的平板电视等；行也是如此，现在的汽车越来越依靠行车电脑。

相对来说，CS 对申请者的硬件条件不那么严格，而且非计算机背景的学生，比如一些工业设计、机械设计、通信工程等专业的学生也会选择申请 CS，因而 CS 的申请者每年都不在少数。另外该领域的专业比较被认可的中国大学，例如清华大学、北京大学、上海交通大学、西安交通大学、浙江大学的学生在申请时会略微占据优势。这也就造成了 CS 申请的竞争比较激烈的局面。

然而申请者是不能选择出身院校的，那么就在读完下面学校的个例分析和最终总结后，根据学校的要求，在其他方面充实自己，早做准备。只要准备充分，也能出其不意打胜仗。

1. 个例学校介绍

（1）Massachusetts Institute of Technology（MIT）

MIT 的 Electrical Engineering & Computer Science（EECS）是多数该领域人士梦寐以求的地方，EECS 是 MIT 的工程学院里最大的院系，拥有大概 700 多名博士生。它设有四个学位：

- Master of Science（为博士学位之必经阶段，但是学校并不提供最终学位为硕士的学位）
- Master of Engineering（仅仅 EECS 自己的本科生可以申请）
- Electrical Engineer and Engineer in Computer Science
- Doctor of Philosophy and Doctor of Science

要注意的是 MIT 的 EECS 在录取学生的时候，是直接录入到 PhD 的，学校没有硕士的录取（当然如果最终 PhD 读不下去了，中途是可以拿到硕士学位的，只要完成了硕士学位的毕业要求）。于是该校该专业的申请难度就是 PhD 的申请难度。这所学校在该领域的无人不知、无人不晓的深厚造诣导致其申请难如登天。申请者必须拥有非常深厚的研究潜力和功力方有一丝希望。

（2）Stanford University

斯坦福大学的 MS Program in Computer Science 是非常灵活的，学校没有固定的课程要求，学生可以与导师沟通后自行设计自己的学习课程，因此学生可以自由选择自己想专攻的方向，例如网络、机器学习或算法，甚至可以选择不专攻任何方向。当然，这并不意味着学生在自己选定他们想专攻的领域时没有要求，学校也设定了一些要求，比如要满足成绩的要求、理论基础的要求、人工智能的要求、选修课的要求等。所以自由是设定了条件的自由，这种方式会更适合对自身的研究方向和学习方向有着明确目标，或者对于自己有着明确规划的学生，并不特别适合对自己的兴趣爱好和未来定位完全没有概念的学生。申请人可以从以下 10 大分支方向中选择自己的专攻方向：

- Artificial Intelligence 人工智能
- Biocomputation 生物计算机
- HCI 人机交互
- Mobile and Internet Computing 移动与互联网计算
- Information Management and Analytics 信息管理和分析
- Real World Computing 真实世界计算
- Security 安全
- Software Theory 软件理论
- Systems 系统
- Theory 理论

为了让学生更快地进入到学习和研究的状态，许多学生也需要选修额外的先行课程，比如多数学生就要学习 Introduction to Computer Systems（计算机系统入门），学生们可以在入学前的暑假通过远程教育系统在网络上自己学习，相信这对即将入学者是有利无害的。

由于该校地处硅谷，所以历来被认为是注重理论联系实际的最佳典范，也由于其地理位置和其优秀的学术背景，每年 CS 院系都会收到大概 1 500 多名学生的申请，申请竞争相当激烈。

在本科的学科背景要求方面，学校并不要求必须是 CS 专业才能申请，但是却要求学生必须有非常强的定量分析能力。硬件中的托福和 GRE 成绩的要求也是相当高，托福要求 113 分，GRE 则要求占到 90% 的比例。

（3）University of California-Berkeley

Berkeley 的 Electrical Engineering and Computer Science(EECS)拥有一长串的荣誉奖项，在学术界有着非常强的影响力。我们在此不一一列举。该院系有 500 名硕士研究生和博士研究生，其研究方向有如下分支：

- Artificial Intelligence (AI) 人工智能
- Biosystems & Computational Biology (BIO) 生物系统和计算机生物学
- Communications & Networking (COMNET) 通信与网络
- Computer Architecture & Engineering (ARC) 计算机结构和工程
- Control, Intelligent Systems, and Robotics (CIR) 控制、智能系统和机器人
- Database Management Systems (DBMS) 数据库管理系统
- Design of Electronic Systems (DES) 电子系统设计
- Education (EDUC) 教育
- Energy (ENE) 能源
- Graphics (GR) 计算机图形
- Human-Computer Interaction (HCI) 人机交互
- Integrated Circuits (INC) 集成电路
- Micro/Nano Electro Mechanical Systems (MEMS) 微型电子机械系统
- Operating Systems & Networking (OSNT) 操作系统和网络
- Physical Electronics (PHY) 物理电子学
- Programming Systems (PS) 编程系统
- Scientific Computing (SCI) 科学计算
- Security (SEC) 安全
- Signal Processing (SP) 信号处理
- Theory (THY) 理论

这样的一所名校在申请要求上与其他学校比起来并没有额外要补充的。对于托福虽然学校的官方要求仅仅是 68 分（至少截止到 2012 年 6 月份官网要求都是如此），但是，这一方面可能是学校的笔误，一方面也似乎看起来像是学校与我们开玩笑一样，一般被录取学生的托福成绩却在 100 分以上。除了硬件条件外，学校虽然不要求申请者具备理工背景，但是学校建议学生提前修学下面的课程：

- 微积分
- 线性代数和微分方程

- 离散数学和概率论
- 计算机程序的构造和解释
- 数据结构
- 机械结构
- 数字化系统的构成和设计技术
- 操作系统和系统编程
- 编程语言和编译程序设计
- …………

当然，这些不是必需的，只是学校给出的一些建议。

（4）University of Illinois at Urbana-Champaign

Illinois 的 CS 既培养研究性人才，又培养进入 industry 的人才，每年 CS 系都会收到大约 1 500 份申请，可是只会录取大概 150 名学生。其 CS 方向包括如下几个分支：

- Algorithms & Theory 算法和理论
- Artificial Intelligence 人工智能
- Architecture, Parallel Computing, and Systems 结构、并行信息处理技术和系统
- Bioinformatics and Computational Biology 生物信息学和计算机生物学
- Database and Information Systems 数据库和信息系统
- Graphics, Visualization, and HCI 计算机图形、视觉和人机交互
- Systems and Networking 系统和网络
- Programming Languages, Formal Systems, and Software Engineering 编程语言、形式系统和软件工程
- Scientific Computing 科学计算

在申请要求上，对于先行课的要求是，本科不是学 CS 的学生必须有扎实的背景知识基础：计算机编程、算法和数据库结构、计算机组织和计算理论（相当于 Illinois 的计算机科学入门、数据库结构、离散结构、计算机结构）。该校对硬件条件的要求也很高，托福要求最低 102 分，并且口语部分最低成绩要求 24 分。

（5）Georgia Institute of Technology

佐治亚理工学院被称为南方的 MIT，其学术声誉可见一斑。它的 MS Computer Science 有如下分支方向：

- Architecture 结构
- Computational Perception and Robotics (CPR) 计算感知和机器人
- Computer Graphics 计算机图形
- Databases and Software Engineering (DB+SE) 数据库和软件工程
- High Performance Computing (HPC) 高性能计算
- Human-Computer Interaction (HCI) 人机交互
- Information Security 信息安全
- Interactive Intelligence 交互智能系统

- Machine Learning (ML) 机器学习
- Modeling and Simulations 建模与模拟
- Networking 网络
- Scientific Computing (SC) 科学计算
- Social Computing 社会计算
- Systems 系统
- Visual Analytics 视觉分析

MSCS 的申请竞争非常激烈，学校强烈建议学生本科期间有 CS 的基础，包括 C 语言。在硬件条件上的要求也比较高：GRE，500 + 700 + 3.0；TOEFL，100 分以上。

（6）University of Michigan-Ann Arbor

密歇根大学的 CS 项目是美国最老的 CS 项目之一，它崇尚创新和实践应用，学校为学生提供的校内和校外机会都非常多，密歇根大学的 CS 项目被 *Wall Street Journal* 评为第三受招聘者欢迎的专业，很多毕业生也拿到了多家单位的 offer。这样的一个拥有强势 CS 项目的学校，专业分支方向上有如下几个：

- Hardware Systems 硬件系统
- Intelligent Systems 智能系统
- Interactive Systems 交互系统
- Software Systems 软件系统
- Theory of Computation 计算理论
- VLSI & CAD

优秀学校也就意味着它的申请要求会比较高，例如最低 3.5/4.0 的 GPA，最低 1 300 + 4.5 的 GRE 和最低 85 分的托福就是它对硬件条件的要求。

在本科教育方面，需要拿到本科学位（需要注意的是：已经拿到硕士学位的学生不能申请其 MS 项目），需要在 CS 或相关领域拥有强大的背景。虽然并不要求本科学位必须是 CS 学位，但是多数成功的申请者都有 CS、工科、物理学或数学学位。

正如前面所说，该项目毕业生就业前景较好，除了进入高技术行业，还进入了金融领域、娱乐领域、艺术领域、教育行业、运输领域和环境部门，例如很多学生进入了 Apple，Google，Facebook，IBM，Intel，Microsoft，Yahoo 等公司。据学校自己的报道，2009 年到 2010 年的 CS 硕士毕业生年起薪为 90 000 美金，并且该项目也为学生提供了许多实习机会。正如我们在就业篇所重点讲的那样，在学校提供实习机会的时候，要毫不犹豫地抓住机会，为自己将来拿到工作签证争取更多一点的机会。

（7）Cornell University

康奈尔大学有一个一年制的项目 Master of Engineering in Computer Science，针对的是毕业后想进 industry，而不是做研究的人群，所以是一个 professional 项目。

其申请要求中除了通用要求之外，值得一提的是对托福成绩有单项的要求，分数线分别是：写作 20 分、听力 15 分、阅读 20 分、口语 22 分。所以这也提醒了理工科的申请者，相对来说，虽然理工科对于标准化考试成绩的要求会略微宽松，可是也有若干学校对托福有自己的特定要求。

对于本科的学习背景，该项目要求是在 CS 或相关领域里的 BA/BS/BE 学位。对于先行课，该校要求申请者学习过编程、离散结构和操作系统等类似于康奈尔大学如下学科的课程：

- Object-Oriented Programming and Data Structures 面向对象编程与数据结构
- Discrete Structures 离散结构
- Data Structures and Functional Programming 数据结构和函数式程序设计
- Computer Organization 计算机组织
- Operating Systems 操作系统

对于本科学习背景不是与 CS 相关的专业或者已经毕业几年的学生，该项目要求申请者修读过上述课程中至少三门课程。

该项目通常在申请的截止日期之前的两个星期就开始审核学生的材料，于是在截止日期提前两个星期甚至四个星期就递交申请，并且在学校开始审核资料时材料已经 complete 了的学生就占了时间上的优势，也因此在某种程度上可能比其他人拿到更早的和更好的 offer。这也是我们一再强调的：申请不要掐着时间点来提交，在学校的申请系统开放了后，要尽早提交。

申请者在该项目的申请截止日期之后的第三周就可以查询申请状态，这个时候就是体现我们后期套磁和跟踪的重要性的时候了。

前面已经讲过，这个项目是以培养学生在 CS 领域的实际操作能力为目的的一个 professional 学位，而众所周知，PhD 是一个 academic 学位，学生们的学习也是以研究为目的的，所以虽然该项目的学生可以申请 PhD，却通常不被认为是通往 PhD 的最佳道路。

尽管这个项目只是个一年制的 professional 项目，但是其毕业生却非常抢手，很多知名公司直接到学校里招聘，很多毕业生手头上有好几家公司的 offer，学校的就业中心也会为毕业生找工作提供很多帮助。

2. CS 专业的申请大方向及分析

计算机科学这一研究领域可以分为理论计算机科学和应用计算机科学两大类。其中理论计算机科学通常又包括计算理论、信息与编码理论、算法、程序设计语言理论、形式化方法、并发、并行和分布式系统、数据库和信息检索；应用计算机科学通常包括人工智能、计算机体系结构与工程、计算机图形与视觉、计算机安全、信息科学、软件工程等。本文选取如下几个方向来重点介绍。

（1）Artificial Intelligence 人工智能

AI（人工智能），顾名思义，研究的主要是使机器能够胜任一些通常需要人类智能才能完成的复杂工作。AI 需要非常广的知识面和大强度的训练。学 AI 的学生要做好思想准备的是，自己不仅需要雄厚的 CS 基础知识，还需要了解一些认知心理学、语言学、哲学和工程学的知识，才能在未来发展得更顺利。除此之外，申请者还需要掌握一些技能和工具，例如统计学、神经科学、控制、优化和运筹学。所以 AI 的申请者不是以单纯地成为 IT 人为目的的，而是要拥有丰富的知识和熟练的技能。

虽然 AI 每一步的发展都不是突飞猛进，但是它从诞生开始发展到现在，已经实际应用到了很多的领域，例如生物信息学（bioinformatics）、网络和系统（networking and systems）、搜索（search）和信息检索（information retrieval）。说得通俗一点，例如指纹识别、人脸识别、视网膜识别、虹膜识别、掌纹识别等都有 AI 工作者的功劳。

AI 的研究领域通常包括知识表示和推理（knowledge representation and reasoning）、机器学习（learning）、规划（planning）、决策（decision-making）、视觉（vision）、机器人（robotics）、语音和语言处理（speech and language processing）。在这些主要的研究领域里，通常包括如下的研究课题：

① 机器学习

包括：图形模型（Graphical models）、核方法（Kernel methods）、非参数贝叶斯方法（Nonparametric Bayesian methods）、强化学习（Reinforcement learning）、问题解决（Problem solving）、决策（Decisions）和游戏程序（Games）。

② 知识表示和推理

包括：一阶概率逻辑（First order probabilistic logics）、符号代数（Symbolic algebra）。

③ 搜索和信息检索

包括：协同过滤（Collaborative filtering）、信息提取（Information extraction）、图像和视频搜索（Image and video search）、智能信息系统（Intelligent information systems）。

④ 语音和语言

包括：从语法上分析（Parsing）、机器翻译（Machine translation）、语音识别（Speech recognition）、情境建模（Context modeling）、对话系统（Dialog systems）。

⑤ 视觉

包括：分组和图形/背景原则（Grouping and Figure-Ground）、目标识别（Object recognition）、人类活动识别（Human activity recognition）、主动视觉（Active vision）。

⑥ 机器人

包括：路径规划（Motion planning）、计算几何学（Computational geometry）、计算机辅助外科和医学分析、规划和监测（Computer assisted surgical and medical analysis, planning, and monitoring）、无人飞行器（Unmanned air vehicles）。

⑦ 专家系统

关于专家系统，维基百科对其的说明非常有参考价值：专家系统是早期人工智能的一个重要分支，它可以看做是一类具有专门知识和经验的计算机智能程序系统，一般采用人工智能中的知识表示和知识推理技术来模拟通常由专家才能解决的复杂问题。一般来说，专家系统 = 知识库 + 推理机，因此专家系统也被称为基于知识的系统。一个专家系统必须具备三个要素：1. 领域专家级知识；2. 模拟专家思维；3. 达到专家级的水平。专家系统能为它的用户带来明显的经济效益。用比较经济的方法执行任务而不需要有经验的专家，可以极大地减少劳务开支和培养费用。由于软件易于复制，所以专家系统能够广泛传播专家知识和经验，推广应用数量有限的和昂贵的专业人员及其知识。从负面影响来看，专家系统在给它的用户带来经济利益的同时，也造成一些人失业。因为专家系统的应用技术不仅代替了人的一些体力劳动，也代替了人的某些脑力劳动，有时甚至行使着本应由人担任的职能，免不了引起法律纠纷。比如医疗诊断专家系统万一出现失误导致医疗事故，开发专家系统者是否要负责任，使用专家系统者应负什么责任等。

AI 从诞生到现在的发展很少有突飞猛进的时候，但是都在稳步发展的过程中，中间经历过低谷，但是 AI 的研究者们从未停止前进的步伐，如今 AI 已经更多地进入了商业领域，尤其是专家系统被广泛应用到汽车公司、航空公司以及医院，它在曲折地前进着。现在 AI 技术也进入了家庭，智能电脑吸引了大量的电子爱好者，人们对于一些面向苹果机和 IBM 兼容机的应用软件（例如语音和文字识别）已经不再陌生。虽然缓慢，可是不能否认的是人工智能在改变着我们的生活，而且将继续不可避免地改变我们未来的生活。

在最初组建 AI 研究中心的 Carnegie Mellon University 和 MIT，以及在 UC-Berkeley，Cornell University，UIUC，University of Texas–Austin，University of Maryland 等很多学校，AI 都是计算机科学下设的重要的分支，有自己的实验室，并且都各自有相关教授在从事该领域的研究。

（2）Human-Computer Interaction（HCI）人机交互

人机交互设计在产品和用户之间起到桥梁的作用，这个桥梁需要让用户知道如何操作产品，例如收音机的播放键、车载 GPS、手机的可视化界面，再比如说现在比较热门的 iPhone 中的 Siri，和我们已经离不开的键盘、鼠标等——这些就是 HCI 的专业人士要学习和将来要专注的领域。当然 HCI 分为艺术类方面和技术类方面。艺术类一般放在平面设计里，比如说网页设计。以网页设计为例，该专业的人士会研究不同颜色对于浏览者的影响，不同按键的大小对于浏览者的影响等。而我们下面说的主要是非艺术类的人机交互，更多的是技术手段对于用户体验的改变。HCI 不仅仅存在于 CS 下，也有可能是 EE 下，也有可能是 IE 下，但是主要集中在 CS 和 IE 下面。

无独有偶，与 AI 相似的地方是 HCI 所涉及的领域不仅仅是计算机，研究员还需要有社会学、心理学、设计领域的相关知识，甚至由于 HCI 现在也逐渐涉猎到了通过图形进行智能人机交互，所以有时候与 AI 也会有些许交集。然而与 AI 不同的是，AI 基本都是开设在计算机科学专业下面，说到底 AI 是属于计算机领域的分支，而 HCI 则不仅仅是计算机科学的一个分支，很多学校将其开设在 Information School（信息学院）中。对这两者的区别以及分别适合的对象，我们不妨通过两所学校（Carnegie Mellon University 和 Cornell University）来说明。

① 两所学校的项目介绍——培养目标

Carnegie Mellon University（CMU）：HCI 在 CMU 是开设在 CS 学院，作为一个单独的 department 存在的，即 Human-Computer Interaction Institute（HCII）的两年制硕士学位项目。HCII 的硕士项目 MHCI 是一个被压缩到 12 个月（通常需要三个学期）的两年制硕士学位项目。在第一个学期，学生学习编程、设计、心理学以及 HCI 方法等核心知识；在第二个学期和第三个学期选修一些课程，然后要参加一系列的 industry 客户的实践项目。在为期 12 个月的学习结束，学生们就可以设计出简单、令客户满意并且很有想法的软件系统和技术系统。他们可以成功地构建用户界面，而且懂得如何使用户界面更有吸引力。

Cornell University（Cornell）：Human Computer Interaction 是 Cornell 的 Information Science department 下面的三个方向之一，包含三个领域的知识，分别为：Communication，Psychology 和 Cognitive Studies。它是在社会、文化、经济、历史、法律和政治的情境下研究信息系统，因此 CS 是其重要的组成部分，但不是重点，其侧重点在系统和用户上——而不是技术上。

所以，我们可以看到的是开设在 CS 下的 HCI 更多的是在技术上培养学生，而开设在 Information School 下的 HCI 则相反，更侧重的是系统。这是两者之间偏向性的对比。

② 两所学校的课程介绍——先行课的要求

如果这样说不能让非 CS 领域但依然想申请 HCI 的学生有清晰认识的话，那么我们下面列出两所学校需要学习的部分课程，从中就可以从根本上看出两者之间的区别。

CMU

HCI Pro Seminar

User-Centered Research & Evaluation

Software Structures for Usable Interfaces (SSUI)/ Programming User Interfaces (PUI)

User Interfaces Lab

HCI Project Ⅰ

Interaction Design Studio

HCI Project Ⅱ

Electives（如下是可供选择的选修课）

HCII Electives

Human factors

Social Web

Cognitive Modeling for HCI

Computer-supported Cooperative Work

Gadgets, Sensors & Activity Recognition in HCI

Rapid Prototyping of Computer Systems

Applied Machine Learning

Cognitive Crash Dummies

Advanced Topics UI Software

Art, Design & Architecture

Methodology of Visualization

Service Design

Graduate Design Studio

Tangible Interaction Design Studio

Industrial Design

Interactive Art & Computational Design

Introduction to Web Design

Computer-Mediated Communication

The Role of Technology in Learning

Heinz & Tepper Schools of Business

Project Management

Entrepreneurial Thought & Action

Entrepreneurial Business Planning

Psychology

Cognitive Psychology

Perception

Applications of Cognitive Science

English

Professional & Technical Writing

Writing for Multimedia

Entertainment Technology Center (ETC)

Game Design

Topics in Computer Science

Dramatic Structures of Interactive Games

UI in Developing Worlds

Robotics

Wearable Computing

Speech Recognition

Cornell

Special Topics: HCI Design

Information Technology and Society

Behavior and Information Technology

Special Topics: Scholarly Communication

The Law of the Internet and e-Commerce

Human Perception: Applications to Computer Graphics, Art, and Visual Display

Introduction to Rapid Prototyping and Physical Computing

Advanced Human-Computer Interaction Design

Computer-Mediated Communication

Social and Economic Data

Language and Technology

Applied Ergonomic Methods

Introduction to Game Theory

　　通过两者所学的课程，我们可以很直观地看到出身为 CS 的学生更适合 CS 下的 HCI，出身为社会学、心理学、设计等的学生更适合的或许是 Information School 下的 HCI。那么是否后者就不可以选择 CS 下的 HCI，或者是否前者就不能选择 Information School 下的HCI？这就涉及先行课的问题。

　　对于 CS 下的 HCI，我们依然以 CMU 为例说明。学校欢迎任何背景（例如设计和心理学背景）的学生申请，尽管对该类学生的编程能力要求不像对 CS 的那样高，但是依然要求具备一定的编程能力，需要学过一些基础课程，例如 C，C++，Pascal 或 JAVA，所以没有任何计算机背景的学生并不建议申请（只需要看一下学校的课程就一目了然了）。满足了这些基础的计算机编程要求的学生，学校会在测评后、正式课程开始前给学生加额外的编程课程（当然这也意味着可能没有办法在 12 个月内完成学业）。

Information School 下 HCI 学生的背景就更加多元化，但是理想的申请者要有深厚的写作能力、计算机基础（较强的编程能力）、了解网页技术、了解信息系统的人因或认知、数学基础（包括微积分、概率、统计学和线性代数）。能同时满足这些条件的申请者基本上是 CS 专业＋设计专业＋社会科学的复合型人才。事实上通常的情况是 CS 的学生缺乏社会科学的研究方法；社会学或者传媒学专业的学生又通常缺乏计算机编程的知识。针对不同背景的学生，完成学业的时间会有所不同。如果依然不确定自己是否可以申请，不妨看一下上面 Cornell 所学的课程吧。

上面分析了哪类学生可以申请 HCI，哪类学生不建议申请 HCI（毫无计算机和数学基础的学生）。相比较而言，通常来说，这两者的申请难度是 Information School 下的竞争力低于 CS 下的。申请该领域的学生每年都有不少，无论是 CS 背景还是其他背景。这大概是因为许多申请者都认为这是一个很有趣的领域，尤其是 CS 下的 HCI，可以自己设计出供人使用的产品，成就感是很容易油然而生的。当然未来的实际工作可能未必那么有趣，因为自己的想法或设计极有可能被客户全盘否定，客户与自己的理念完全冲突的情况也是时有发生的，那个时候恐怕挫败感也会随之而起。另一方面，由于用户对于产品或界面的要求是不断变化、不断提升的，因此这也要求学习该领域的申请者具有创新性的思维，不能局限在一个框架里。此外，用户对于产品的舒适性、可操作性甚至外观的要求也不是一成不变的，于是 HCI 从业人员也基本属于不至于无所事事一族，因为总要不断地设计，不断地突破，才能不断地实现最好的人机交互。

由于培养目标和所学内容不同，两者未来的就业方向也不尽相同，CS 下的 HCI 毕业生的工作单位多是与网络有关的，例如 Google，Ebay；与手机有关的，例如摩托罗拉、诺基亚；与电脑有关的，例如 IBM；与软件有关的，例如微软。此专业的申请者将来所从事的职业通常包括 Usability Specialists（用户体验专家），Interface Specialists（用户界面专家），User Interface Designers（用户界面设计师），Research Programmers（研究编程者），Usability Engineers（用户体验工程师）。技术类是用技术的手段去改变客户体验，比如说触屏技术的发展，从开始的只能依靠手写笔，到后来可以用手指头直接操作。而艺术下的则是靠色彩的搭配和比例的设计去提高人机交互的感受和效率，比如说橙色更适合客户群体为年轻人的网站。

以上两所学校的 HCI 也不全是差异，它们的共同点在于它们都是 professional 项目，是培养进入 industry 的学生。另外还有一类学校是更专注于 research 的，例如 Indiana University–Bloomington 的 CS 下的 Human-Computer Interaction Design 项目，这是一个为期两年的侧重 Design 的项目（同样侧重的不是 technology），相比较来说会学习得更深入，因此也有学生弃 CMU 而选择该校。这所学校给学生设定的三类未来的职业发展方向分别为：一，界面设计（Interface Design），针对那些想在专业领域里设计界面、交互应用和电子产品等的学生，简单点说，就是想在 professional 领域发展的；二，在专业领域里做咨询或者做管理；三，做研究。相比较来说，我们说的前面两所学校就很难有第三种选择（做研究）。所以，究竟是选择哪一种类型，究竟什么对自己是最重要的，要自己考虑清楚了，要根据自己对未来的规划选择相应的适合自己的学校。

从申请的角度来说，艺术学院下设的 HCI 需要提交 portfolio，CS 和 Information School 下设的 HCI 则基本不需要提交 Portfolio。由于我们主要说的是 CS 下的 HCI，因此不在此赘言作品的问题，感兴趣的同学可以去学校的官方网站上查询每所学校不同的作品要求。

（3）Graphics, Visualization 计算机图形和视觉

计算机图形与 HCI 的重合之处在于 HCI 目前也有很大一群人在专注于做图形的人机交互，而计算机视觉则在 HCI 领域属于一个已经发展了很久的方向，因此申请计算机图形和视觉的申请者可以参考 CS 下 HCI 的相关介绍。将计算机图形和视觉单独开设出来的学校在该领域主要研究的是对自然现象的模拟和做动画、计算拓扑学、图像硬件应用、基于图像的绘制（image based rendering）、隐式曲面（implicit surfaces）、网格处理和简化 (mesh processing and simplification)、过程模型构造技术（procedural modeling）、形状模型 (shape modeling)，表面参数化（surface parameterization）以及可见性处理。学习的课程除了计算机图形和社会视觉（Social Visualization）之外，也包括 HCI 会开设的用户界面设计及其他一些人机交互课。总的来说，计算机图形和视觉与 HCI 为唇齿相依的关系，所以对其中一项感兴趣的申请者也可以考虑扩大兴趣范围。计算机图形和视觉与 data mining 和 AI 也息息相关，可以说在很大程度上体现了 CS 专业的特点。这几个专业的研究方向均有交叉，很难界定一个完全准确的边缘。

很多学生对该领域有个认识误区，认为该领域适合学艺术专业的申请者，因为众所周知，学习这个专业后可以去游戏公司开发游戏，可以去电影制作公司工作，也可以开发软件的图形界面。可是事实并非如此，该领域属于 CS，也就意味着对 CS 的要求也同样适用于对该领域的要求，例如较强的数学基础和算法以及极佳的空间思维能力。当然艺术类的也会有与这个相交叉的方向，也有与 Media 相关的东西，也有应用于电影、游戏等方面的东西。但是那个是纯艺术专业，偏向于设计，而 CS 下的则偏向于处理。

（4）Architecture, Compilers, and Parallel Computing 计算机结构、编译器和并行计算

计算机结构和编译器方向研究的主要是硬件设计、编程语言和编译程序，这个领域经常涉及计算机科学、计算机工程和电子工程学科，是一个交叉学科。Architecture 更多地是学习和研究计算机的结构，这个结构不仅仅是物理上的结构，还包括逻辑上的结构、基本的工作原理和工作准则。比如，我们说网络 7 层结构（IPv6 编程了 5 层），里面既包含了硬件上的结构，还包含了软件上的结构。Parallel Computing 其实就是现在非常热门的云计算。很多时候我们都不理解云计算是什么。通过一个笑话，我们可以理解云计算是什么。记得有个四格漫画，是"大画西游"的，其中沙僧对大师兄和二师兄说："我终于学会了复制、粘贴了！"然后大师兄和二师兄用很鄙视的眼神看着沙僧，然后沙僧解释道："我学会了在 A 电脑上复制，在 B 电脑上粘贴！"其他两人异口同声地说："牛！"其实这个就是云计算。

　　该领域需要学的课程通常有 Embedded Systems（嵌入式系统），Computer System Organization（计算机系统组织），Logic Design（逻辑设计），Applied Parallel Programming（应用平行信息处理技术），Parallel Computer Architecture（平行计算机结构），Fault-Tolerant Dig System Design（容错挖掘系统设计），Design and Implementation of Compilers（编译器的设计和实现），High-Performance Computer Architecture（高性能计算机结构）。

　　学习计算机系统结构的学生适合从事计算机网络、嵌入式技术、高性能计算、网络信息安全与多媒体信息处理等领域的工作。很多跨国公司和国内知名大型企业，如 Microsoft，IBM，HP，AMD，Intel，Oracle，SAP，华为等公司对该专业人才的需求量都较大。

（5）Information Systems 信息系统

　　信息系统专业的研究集中在数学模型的发展和应用以及信息处理的技巧和算法方面。该专业除了一些核心领域，例如信息理论和编码、控制和优化、信号处理、学习和交互等，还包括其他一些偏应用的领域，包括生物医学成像、无线通信和网络、多媒体通信、网络、能源系统、交通系统和金融系统。它的研究领域通常包括：

- Communications 通信
- Control and Optimization 控制和优化
- Information Theory and Coding 信息理论和编码
- Learning and Statistical Inference 学习和统计推断
- Signal Processing 信号处理

　　整体来说，IS（Information Systems）或者 MIS（Management Information Systems）就是利用技术手段去有效地管理信息。换句话说，信息的安全性、有效性和及时性等都是管理的范畴。这个专业方向有的开设在商学院下，有的开设在 CS 下，有的开设在 IE 下等。广义的 MIS 或 IS 里的 system，不仅仅是一台电脑，不仅仅是 CRM，不仅仅是 ERP 等这种软件及硬件组成的一个大型的 "system"。一个公司就可以看做是一个 system，每个员工都可以看做是这个 system 里的一个元素，而员工与员工之间的语言，或文件的工作交接都算是 information，这就是为什么有的 MIS 会开设在商学院下。而狭义的 MIS 或者 IS，就是指一个 CRM 或者 ERP 等这样的系统，而有这种偏向性的专业一般开设在 CS，EE 或者 IE 下。还有一类是开设在 library science 下的，这里的 MIS 更多的是信息索引了。国外大学的图书馆都非常庞大，藏书一般非我国大学藏书规模所能比拟。而且很多图书馆是连锁机构，比如我们在 A 地借的书，可以在 B 地还，这样书就从 A 地流动到了 B 地。这就需要有相应的技术手段去帮助管理，否则管理成本之高是一般图书馆所难以承受的。从广义的 MIS 专业领域来说，现在有些学校开设的 Information Management，Information Technology，Information Science 以及部分的 Engineering Management 下的学习方向都可以算做是 MIS 或 IS。这也反映了理工科新兴方向的特点，即相互渗透。

例如 IS 在 New York University 是开设在 CS，在 University of Michigan at Ann Arbor 是开设在 Information School，在 Columbia University 是开设在 Industrial Engineering and Operation Research，在 University of Maryland at College Park 是开设在商学院，在 Carnegie Mellon University 是开设在汉斯管理学院。虽然诸如 Stanford University 的大学开设在 EE，但是这并非是主流方向。

从整体的申请情况来看排名很难客观地体现 MIS 或者 IS 的实力，因为我们常用的 USNEWs 的排名主要是针对 Library Science 的，而非真正的 MIS 或 IS。一般比较反映 MIS 和 IS 实力的，还是 CS 和 IE 的排名。

MIS 的学生毕业后主要的就业方向是以 IT Professional 为主，这是一个笼统的说法。具体一点说，有的会去做软件外包，因为 MIS 里涉及很多软件开发，也就是软件工程的东西；有的去了银行等对数据安全要求非常高的机构（我们上面讲过，MIS 从广义上来说，需要做的事情是确保信息的安全性、有效性和及时性）；还有的去了一些咨询公司或者金融类机构去做后台的数据分析等工作，也就是做了金融工程毕业生所做的工作。当然这都是理想的情况。也有很多本专业的毕业生从业的方向与 CS 毕业生是一样的，做一些基础的 Programming，Coding 或者 Testing 的工作等。

（6）Systems 系统

这个专业用最简单的话来说就是主要培养学生学习当下先进的计算机系统技术，让学生可以设计出不断进步的计算机系统。它可能学到的课程如下：

- Multimedia Systems 多媒体系统
- Operating Systems Design 操作系统设计
- Real-Time Systems 实时系统
- Distributed Systems 分布式系统
- Communication Networks 通信网络
- Wireless Network 无线网络
- Computer Security 计算机安全
- Advanced Operating Systems 高级操作系统
- Advanced Distributed Systems 高级分布式系统
- Advanced Computer Networks 高级计算机网络
- Computer Systems Analysis 计算机系统分析
- Systems Modeling & Simulation 系统建模和系统模拟
- Advanced Computer Security 高级计算机安全
- Computer Networks 计算机网络

- Computability, Algorithms, and Complexity 计算、算法和复杂性原理
- Design and Implementation of Compilers 编译器的设计和实现
- High-Performance Computer Architecture 高性能计算机结构
- Advanced Internet Computing Systems and Applications 高级网络计算机系统和应用
- Internetworking Architectures and Protocols 网际交换结构和协议

它的一些受欢迎的研究方向包括 Information Theory and Coding（信息理论和代码）、Wireless and Sensor Networks（无线和传感器网络），Network Design and Analysis（网络设计与分析），Security（安全）以及 Distributed Systems 等。其中最热门的方向当属 Distributed Systems（分布式系统）了。

Systems 的毕业生将来可以到 IT 公司（如 IBM，HP）、咨询公司（如 SAP）、金融机构甚至是 CIA（中央情报局）工作，这是比较理想的情况。

在 CS 领域我们选取了一些分支，有些介绍得详细，有些介绍得简单。由于 CS 本身的分支错综复杂，本书并不能一一列出。例如比较活跃的研究领域 Programming Language（程序设计语言）的学生学的是计算机语言的设计和实现，目的是提高程序员的效率和程序的质量。该领域学生要学习的内容包括抽象的计算机语言理论，以及具体的对高级语言的应用和实现。该领域是所有 CS 相关分支的基础，因此也基本包含在了各个学校的各个分支的课程中。当然也有学校将其作为其中一个单独分支，例如 University of Illinois at Urbana Champaign。作为发明第一个可以显示图片的浏览器的大学，UIUC 在 CS 领域也算是全美的领头学校之一，它在 Programming Languages，Formal Systems 和 Software Engineering 领域有自己的实验中心，如 Universal Parallel Computing Research Center，Open Systems Laboratory，Formal Systems Laboratory 和 Software Architecture Group。另一方面，因为并不存在单一的通用的编程语言，因此掌握多种语言也是学习 CS 专业的一个特点，同时它也受影响于并影响着数学、软件工程和语言学等学科。其他学科也都有类似特点，几乎每一个分支学科都不是独立存在的，都是互相制约、互相影响的。这些同样适用于理工科的其他我们要介绍的专业，例如 EE 和 ME。

3. CS 的就业

根据美国劳工部的分类，CS 的主要就业方向包括：

1. Computer and Information Research Scientists 计算机和信息研究科学家

2. Computer Systems Analysts 计算机系统分析员

3. Computer Programmers 计算机编程员

4. Software Developers, Applications 软件开发与应用人员

5. Software Developers, Systems Software 系统软件开发人员

6. Database Administrators 数据库管理员

7. Network and Computer Systems Administrators 网络和计算机系统管理员

8. Computer Support Specialists 计算机支持专家

9. Information Security Analysts, Web Developers, and Computer Network Architects 信息

安全分析师；网页设计师和计算机网络架构师

10. Computer Occupations, All Other 计算机方面的其他职位

这些职位中，每个职位的薪水情况如下（统计中可能的误差不计入在内）：

职　位	就业岗位	平均时薪	平均年薪
1	25,160	$49.59	$103,160
2	487,740	$39.58	$82,320
3	320,100	$36.54	$76,010
4	539,880	$44.27	$92,080
5	387,050	$48.28	$100,420
6	108,500	$37.19	$77,350
7	341,800	$35.71	$74,270
8	632,490	$24.91	$51,820
9	272,670	$39.27	$81,670
10	177,630	$38.70	$80,500

在地理位置方面，CS 专业毕业生在下面这几个州的薪水是相对比较高的：加利福尼亚州、得克萨斯州、纽约州、弗吉尼亚州、宾夕法尼亚州、俄亥俄州、伊利诺伊州、马萨诸塞州、马里兰州。相应区域薪金比较高的原因在于相应区域的行业发展比较好。加利福尼亚州，我们就不用多说了，著名的硅谷就坐落在这里。而马萨诸塞州 IT 公司主要集中在波士顿区域。起薪与行业发展以及周边学校的学术研究是直接相关的。比如，加利福尼亚州的学校有: Stanford University，University of California-Berkeley；马萨诸塞州的学校有：MIT，UMass Amherst；得克萨斯州的 University of Texas-Austin；伊利诺伊州的 University of Illinois at Urbana-Champaign；宾尼法尼亚州的 Carnegie Mellon University；纽约州的 Cornell University 等。所以在选择学校时，可以侧重在这几个州内选择。

在这 10 个领域内，每个领域在 Industry 里的分布情况和排名情况如下：

（1）Computer and Information Research Scientists

① Industries with the highest levels of employment in this occupation（就业水平最高的行业）

Industry	就业岗位	平均时薪	平均年薪
Federal Executive Branch （OES Designation） 行政部门	6,380	$49.09	$102,110
Computer Systems Design and Related Services 计算机系统设计和相关业务	5,780	$48.64	$101,170
Scientific Research and Development Services 科研和开发	3,170	$52.98	$110,200

续前表

Industry	就业岗位	平均时薪	平均年薪
Colleges，Universities，and Professional Schools 大学和职业学校	2,530	$40.11	$83,420
Software Publishers 软件出版商	1,710	$56.87	$118,300

② Top paying industries for this occupation（薪水最高的行业）

Industry	就业岗位	平均时薪	平均年薪
Other Information Services 其他信息服务	610	$59.85	$124,490
Wired Telecommunications Carriers 有线电信运营商	N/A	$59.11	$122,960
Data Processing，Hosting，and Related Services 数据处理、托管和相关业务	260	$57.06	$118,690
Software Publishers 软件出版商	1,710	$56.87	$118,300
Management of Companies and Enterprises 公司和企业管理	170	$54.55	$113,470

（2）Computer Systems Analysts

① Industries with the highest levels of employment in this occupation（就业水平最高的行业）

Industry	就业岗位	平均时薪	平均年薪
Computer Systems Design and Related Services 计算机系统设计和相关业务	135,060	$41.78	$86,910
Management of Companies and Enterprises 公司和企业管理	38,750	$39.11	$81,350
Insurance Carriers 保险运营商	33,460	$37.73	$78,490
State Government（OES Designation）州政府	20,210	$33.74	$70,180
Management，Scientific，and Technical Consulting Services 管理、科研和技术咨询服务	17,010	$41.92	$87,200

② Top paying industries for this occupation（薪水最高的行业）

Industry	就业岗位	平均时薪	平均年薪
Animal Slaughtering and Processing 动物屠宰和加工	40	$60.46	$125,750
Support Activities for Mining 采矿支持	340	$59.96	$124,720

续前表

Industry	就业岗位	平均时薪	平均年薪
Oil and Gas Extraction 石油和天然气开采	2,120	$49.64	$103,250
Motion Picture and Video Industries 电影和视频行业	260	$46.11	$95,920
Scientific Research and Development Services 科研和开发	7,680	$44.99	$93,590

（3）Computer Programmers

① Industries with the highest levels of employment in this occupation（就业水平最高的行业）

Industry	就业岗位	平均时薪	平均年薪
Computer Systems Design and Related Services 计算机系统设计和相关业务	115,010	$36.92	$76,800
Software Publishers 软件出版商	15,770	$39.10	$81,330
Management of Companies and Enterprises 公司和企业管理	14,790	$36.46	$75,830
Employment Services 就业服务	13,790	$34.68	$72,140
Insurance Carriers 保险运营商	10,090	$36.33	$75,570

② Top paying industries for this occupation（薪水最高的行业）

Industry	就业岗位	平均时薪	平均年薪
Animal Slaughtering and Processing 动物屠宰和加工	80	$53.20	$110,660
Deep Sea，Coastal，and Great Lakes Water Transportation 深海洋、海岸和大湖区水上运输	50	$47.77	$99,360
Securities and Commodity Contracts Intermediation and Brokerage 证券及商品合约中介及经纪业务	2,540	$47.48	$98,770
Computer and Peripheral Equipment Manufacturing 计算机及外围设备制造	1,600	$46.41	$96,540
Other Financial Investment Activities 其他金融投资活动	1,340	$46.00	$95,670

（4）Software Developers，Applications

① Industries with the highest levels of employment in this occupation（就业水平最高的行业）

Industry	就业岗位	平均时薪	平均年薪
Computer Systems Design and Related Services 计算机系统设计和相关业务	182,170	$44.25	$92,050
Software Publishers 软件出版商	44,790	$47.17	$98,110
Management of Companies and Enterprises 公司和企业管理	28,610	$43.26	$89,980
Insurance Carriers 保险运营商	20,270	$41.46	$86,240
Management，Scientific，and Technical Consulting Services 管理、科研和技术咨询服务	18,670	$45.61	$94,870

② Top paying industries for this occupation（薪水最高的行业）

Industry	就业岗位	平均时薪	平均年薪
Animal Slaughtering and Processing 动物屠宰和加工	40	$72.34	$150,470
Metal and Mineral （except Petroleum） Merchant Wholesalers 金属和矿物商品批发商（石油除外）	60	$54.40	$113,150
Audio and Video Equipment Manufacturing 音频和视频设备制造	380	$53.15	$110,550
Computer and Peripheral Equipment Manufacturing 计算机及外围设备制造	14,830	$50.58	$105,210
Other Information Services 其他信息服务	9,780	$49.23	$102,410

（5）**Software Developers，Systems Software**

① Industries with the highest levels of employment in this occupation（就业水平最高的行业）

Industry	就业岗位	平均时薪	平均年薪
Computer Systems Design and Related Services 计算机系统设计和相关业务	124,280	$47.66	$99,140
Software Publishers 软件出版商	25,250	$49.77	$103,510
Navigational，Measuring，Electromedical，and Control Instruments Manufacturing 导航、测量、电子医疗和控制设备制造	22,590	$50.48	$105,000
Computer and Peripheral Equipment Manufacturing 计算机和外围设备制造	20,400	$52.87	$109,970
Architectural，Engineering，and Related Services 建筑、工程和相关业务	17,140	$49.01	$101,940

② Top paying industries for this occupation（薪水最高的行业）

Industry	就业岗位	平均时薪	平均年薪
Other Schools and Instruction 教育机构	50	$64.69	$134,560
Accounting，Tax Preparation，Bookkeeping，and Payroll Services 会计、税务筹划、簿记、薪资服务	730	$56.98	$118,520
Other Information Services 其他信息服务	3,130	$55.35	$115,120
Computer and Peripheral Equipment Manufacturing 计算机及外围设备制造	20,400	$52.87	$109,970
Bakeries and Tortilla Manufacturing 面包和墨西哥薄饼生产	80	$52.75	$109,710

（6）Database Administrators

① Industries with the highest levels of employment in this occupation（就业水平最高的行业）

Industry	就业岗位	平均时薪	平均年薪
Computer Systems Design and Related Services 计算机系统设计和相关业务	17,440	$40.32	$83,860
Management of Companies and Enterprises 公司和企业管理	8,930	$38.29	$79,650
Insurance Carriers 保险运营商	4,600	$39.22	$81,590
Management，Scientific，and Technical Consulting Services 管理、科研和技术咨询服务	4,360	$36.72	$76,370
Colleges，Universities，and Professional Schools 大学和职业学校	4,160	$32.80	$68,230

② Top paying industries for this occupation（薪水最高的行业）

Industry	就业岗位	平均时薪	平均年薪
Computer and Peripheral Equipment Manufacturing 计算机及外围设备制造	130	$48.95	$101,820
Other Personal Services 其他个人服务	60	$46.49	$96,700
Communications Equipment Manufacturing 通信设备制造	150	$46.12	$95,940
Automobile Dealers 汽车经销商	40	$45.41	$94,450
Natural Gas Distribution 天然气分销	120	$45.38	$94,400

（7）Network and Computer Systems Administrators

① Industries with the highest levels of employment in this occupation（就业水平最高的行业）

Industry	就业岗位	平均时薪	平均年薪
Computer Systems Design and Related Services 计算机系统设计和相关领域	51,960	$38.41	$79,890
Management of Companies and Enterprises 公司和企业管理	23,470	$36.59	$76,110
Colleges，Universities，and Professional Schools 大学和职业学校	15,590	$31.08	$64,650
Elementary and Secondary Schools 小学和中学	15,320	$30.11	$62,630
Wired Telecommunications Carriers 有线电信运营商	13,700	$37.86	$78,750

② Top paying industries for this occupation（薪水最高的行业）

Industry	就业岗位	平均时薪	平均年薪
Computer and Peripheral Equipment Manufacturing 计算机及外围设备制造	1,760	$45.49	$94,630
Insurance and Employee Benefit Funds 保险和职工福利基金	N/A	$44.79	$93,170
Postal Service 邮政	250	$43.51	$90,490
Other Financial Investment Activities 其他金融投资活动	2,270	$43.48	$90,440
Securities and Commodity Contracts Intermediation and Brokerage 证券及商品合约中介和经纪	2,010	$42.70	$88,820

（8）Computer Support Specialists

① Industries with the highest levels of employment in this occupation（就业水平最高的行业）

Industry	就业岗位	平均时薪	平均年薪
Computer Systems Design and Related Services 计算机系统设计和相关领域	122,990	$25.79	$53,630
Management of Companies and Enterprises 公司和企业管理	34,980	$25.25	$52,510
Elementary and Secondary Schools 小学和中学	34,760	$22.14	$46,040
Professional and Commercial Equipment and Supplies Merchant Wholesalers 专业和商业设备及用品批发商	29,380	$26.47	$55,050
Colleges，Universities，and Professional Schools 大学和职业学校	28,570	$23.05	$47,950

② Top paying industries for this occupation（薪水最高的行业）

Industry	就业岗位	平均时薪	平均年薪
Other Investment Pools and Funds 其他投资组合和基金	660	$34.94	$72,670
Postal Service 邮政	270	$33.52	$69,720
Amusement Parks and Arcades 游乐园及商场	120	$32.98	$68,590
Oil and Gas Extraction 石油和天然气开采	470	$31.92	$66,400
Natural Gas Distribution 天然气分销	410	$31.74	$66,020

（9）Information Security Analysts，Web Developers，and Computer Network Architects

① Industries with the highest levels of employment in this occupation（就业水平最高的行业）

Industry	就业岗位	平均时薪	平均年薪
Computer Systems Design and Related Services 计算机系统设计和相关领域	64,670	$41.07	$85,430
Management of Companies and Enterprises 公司和企业管理	17,600	$39.78	$82,750
Wired Telecommunications Carriers 有线电信运营商	17,000	$42.21	$87,800
Management，Scientific，and Technical Consulting Services 管理、科研和技术咨询服务	11,800	$41.64	$86,610
Data Processing，Hosting，and Related Services 技术处理、托管和相关领域	9,010	$39.72	$82,620

② Top paying industries for this occupation（薪水最高的行业）

Industry	就业岗位	平均时薪	平均年薪
Securities and Commodity Contracts Intermediation and Brokerage 证券及商品合约中介和经纪	2,820	$52.63	$109,480
Bakeries and Tortilla Manufacturing 面包和墨西哥薄饼生产	50	$49.78	$103,530
Rail Transportation 铁路交通	170	$48.59	$101,080
Household Appliance Manufacturing 家电制造	70	$48.59	$101,070

续前表

Industry	就业岗位	平均时薪	平均年薪
Semiconductor and Other Electronic Component Manufacturing 半导体和其他电子元件制造	1,440	$48.39	$100,660

（10）Computer Occupations，All Other

① Industries with the highest levels of employment in this occupation（就业水平最高的行业）

Industry	就业岗位	平均时薪	平均年薪
Federal Executive Branch （OES Designation） 联邦行政部门	72,370	$43.47	$90,420
Computer Systems Design and Related Services 计算机系统设计和相关领域	18,780	$34.81	$72,410
Management of Companies and Enterprises 公司和企业管理	8,290	$38.68	$80,460
Colleges，Universities，and Professional Schools 大学和职业学校	7,620	$32.37	$67,330
Insurance Carriers 保险运营商	5,650	$37.68	$78,380

② Top paying industries for this occupation（薪水最高的行业）

Industry	就业岗位	平均时薪	平均年薪
Petroleum and Coal Products Manufacturing 石油及煤产品制造	620	$50.44	$104,920
Other Investment Pools and Funds 其他投资组合和基金	N/A	$47.01	$97,780
Software Publishers 软件出版商	5,200	$44.37	$92,290
Wireless Telecommunications Carriers （except Satellite） 无线电信运营商（卫星除外）	740	$44.27	$92,080
Chemical and Allied Products Merchant Wholesalers 化工和相关产品批发商	60	$43.80	$91,100

（二）Electrical Engineering 电子工程

在 CS 篇章，我们说过，在美国的很多大学里，Electrical Engineering（EE）通常与 CE 或 CS 是合并在一起的，叫做 Electrical Engineering and Computer Engineering 或者 Electrical Engineering and Computer Science，这就体现了电子工程和计算机工程或计算机科学不分家、紧密相连的关系。EE 处理的是与电相关的设备和系统的设计、制造和运营，从无线电话到大型电力发动机等。在工程领域里，电子工程师比在其他领域有更多的工作机会。据美国劳工部统计，在加利福尼亚州、得克萨斯州、纽约和新泽西有将近 1/3 的机会是给 EE 的，因为这些地方有很多大型的电子公司。

1. 个例大学介绍

（1）Stanford University

斯坦福大学的电子工程系在 2008/2009 年度有 460 名 PhD 学生、395 名 MS 学生、189 名教职员工，是一个规模较大的系。在这个系里，申请 Master of Science in Electrical Engineering 的学生可以从下列领域里选择想要专攻的方向：

① Integrated Electronic Systems Technology 综合电子系统技术

MEMS，Sensors，Actuators

Circuits

Devices

② Bio-EE 生物电子工程

Instrumentation

Imaging

Analysis

③ Photonics/EM/Quantum 光子学 / 电磁学 / 量子学

Photonics

Nano

Quantum

Communication

Imaging

Radio

④ Information Systems 信息系统

Information Theory and Coding

Communications

Control & Optimization

Signal Processing

Stochastic Systems

⑤ Hardware/Software Systems 硬件 / 软件系统

Networking

Architecture/VLSI

Software

⑥ Energy/Environment 能源 / 环境

Distributed Control/Optimization

Environmental Monitoring

Devices

在申请要求上，虽然看起来有 TOEFL（89 分），GRE 和 GPA 硬件条件的本科生就能申请，实际上却远没有这么容易。"在学术领域的造诣及其绝佳的地理位置"使得它的录取门槛一年比一年高，若非有着深厚的学术或研究背景，即使有满分的硬件条件和绝佳的本科出身，都难以越过其门槛，成功拿到它的录取通知书。

（2）University of Illinois at Urbana–Champaign

在排名上，Illinois 的电子工程近几年一直名列前五名，其电子工程和计算机工程系（Department of Electrical and Computer Engineering）在 2011—2012 年度有 476 名研究生、1 746 名本科生、106 名教职员工，规模不容小觑。该系的研究领域包括：

① Biomedical Imaging, Bioengineering, and Acoustics 生物医学成像、生物工程和声学

ultrasound, bio sensors/photonics, imaging, MEMS

② Circuits and Signal Processing 电路和信号处理

VLSI, device modeling, reliability, circuit design, machine learning, speech processing, computed imaging systems

③ Communications and Control 通信和控制

information theory, optical communications, wireless systems, coding theory, vision-based control, game and decision theory

④ Computer Engineering 计算机工程

artificial intelligence, computer architecture, parallel processing, robotics, information trust

⑤ Electromagnetics, Optics, and Remote Sensing 电磁学、光学和遥感

antennas, coherent optics and imaging, electromagnetic compatibility, microwave and mm-wave sensing and devices, computational electromagnetics, atmospheric measurements, radar, LIDAR

⑥ Microelectronics and Photonics 微电子学和光子学

compound semiconductor nanostructures, high-speed transistors and lasers, plasma devices, sensors

⑦ Nanotechnology 纳米技术

NEMS, nano-photonics, spintronics, nano-electronics, nano-biosystems

⑧ Power and Energy Systems 电力系统和能源系统

power economics, alternative energy, operations and control of power systems

该大学在工程领域是享有盛誉的，这就造成了申请者的激烈竞争，在申请要求上，其电子工程系要求托福 102 分。在 "Top 100 World Universities in Engineering/Technology and Computer Sciences" 评比中，该大学的工程系排名第三。此外，SmartMoney 曾经评比出 50 所投资回报率最高的学校（附表格 SmartMoney College Rankings），该大学名列第五。

自 2001 年开始，美国大学的学费几乎涨了一倍，为了看一下学生的投资回报情况，SmartMoney 找了两类校友：最近毕业的（平均两年）和毕业大概 15 年的。payback 分数是取这些人现在收入的平均值。

SmartMoney College Rankings

Rank	School Type	School	Payback Ratio	Starting Tuition & Fees (4 yrs., class of 2009)	Median Pay (recent graduate)	Starting Tuition & Fees (4yrs., class of 1996)	Median Pay (mid-career graduate)
1	Public	Georgia Institute of Technology	221	$87, 810	$57, 300	$27, 867	$105, 000
2	Public	University of Texas, Austin	194	$91, 596	$49, 100	$26, 115	$87, 500
3	Public	University of Florida	191	$73, 476	$45, 200	$26, 221	$84, 300
4	Public	University of Georgia	186	$77, 957	$42, 100	$24, 676	$78, 400
5	Public	University of Illinois	184	$91, 382	$51, 500	$33, 808	$96, 500
6	Public	Clemson University	160	$85, 362	$47, 500	$31, 708	$83, 800
7	Public	Purdue University	152	$86, 538	$50, 700	$36, 730	$88, 000
8	Public	Colorado School of Mines	149	$90, 334	$61, 600	$49, 296	$113, 000
9	Public	Miami University (Ohio)	146	$93, 195	$45, 800	$37, 606	$91, 400
10	Public	University of California, Berkeley	146	$104, 815	$53, 100	$45, 304	$109, 000
11	Public	Indiana University	128	$87, 065	$43, 000	$38, 824	$79, 800
12	Public	Pennsylvania State University	126	$93, 108	$48, 600	$41, 848	$83, 900
13	Public	University of Rhode Island	123	$89, 164	$45, 200	$44, 244	$86, 200
14	Public	University Connecticut	121	$88, 824	$49, 500	$47, 128	$87, 700
15	Public	Michigan State University	119	$90, 372	$44, 200	$42, 639	$81, 000
16	Public	University of Virginia	117	$107, 395	$50, 500	$50, 140	$93, 900
17	Public	University of Colorado	114	$97, 918	$46, 200	$50, 510	$91, 600
18	Public	College of William & Mary	111	$103, 799	$46, 900	$51, 926	$91, 700
19	Ivy League	Princeton University	102	$131, 740	$58, 900	$77, 550	$123, 000
20	Public	University of New Hampshire	101	$93, 615	$44, 900	$49, 601	$76, 200
21	Ivy League	Dartmouth College	100	$137, 364	$54, 100	$76, 269	$123, 000
22	Ivy League	Harvard University	99	$136, 977	$57, 300	$77, 104	$121, 000
23	Private	Carnegie-Mellon University	99	$143, 540	$62, 400	$69, 860	$108, 000
24	Private	Bucknell University	99	$146, 576	$55, 800	$72, 420	$115, 000
25	Ivy League	University of Pennsylvania	97	$139, 962	$59, 600	$73, 430	$111, 000
26	Private	Colgate University	95	$145, 340	$48, 700	$76, 340	$119, 000
27	Private	University of Richmond	93	$147, 860	$48, 500	$56, 160	$86, 300
28	Ivy League	Cornell University	92	$135, 733	$57, 500	$74, 634	$106, 000
29	Public	University of Michigan	91	$121, 010	$50, 600	$64, 392	$90, 200
30	Ivy League	Yale University	91	$134, 320	$52, 600	$76, 970	$110, 000
31	Public	University of Vermont	88	$108, 862	$44, 700	$62, 673	$83, 800
32	Ivy League	Brown University	87	$141, 654	$49, 400	$78, 027	$109, 000
33	Private	Williams College	86	$138, 770	$49, 900	$77, 195	$106, 000
34	Ivy League	Columbia University	86	$144, 961	$54, 300	$74, 268	$99, 700
35	Private	Dickinson College	84	$139, 942	$45, 900	$73, 110	$99, 100
36	Private	Carleton College	84	$141, 109	$42, 300	$75, 357	$105, 000
37	Private	Bowdoin College	84	$142, 190	$45, 300	$75, 565	$103, 000
38	Private	George Washington University	83	$145, 600	$48, 500	$70, 270	$93, 500
39	Private	Hobart and William Smith Colleges	79	$143, 003	$42, 200	$75, 453	$97, 300
40	Private	Tufts University	78	$142, 891	$49, 900	$78, 903	$96, 400
41	Private	Wesleyan University (Conn.)	78	$143, 474	$46, 700	$77, 190	$96, 100
42	Private	Trinity College	77	$144, 354	$46, 500	$74, 070	$90, 600
43	Private	Tulane University	76	$143, 516	$45, 300	$76, 894	$92, 200
44	Private	Gettysburg College	73	$140, 060	$43, 200	$77, 408	$90, 100
45	Private	Vassar College	70	$148, 155	$43, 000	$75, 881	$83, 200
46	Private	Reed College	69	$141, 730	$38, 400	$78, 310	$86, 100
47	Private	Oberlin College	67	$141, 712	$40, 500	$77, 202	$80, 800
48	Private	Hamilton College	65	$143, 790	$45, 600	$76, 700	$75, 500
49	Private	Franklin & Marshall College	61	$142, 090	$47, 500	$92, 315	$82, 500
50	Private	Sarah Lawrence College	60	$148, 570	$38, 600	$76, 626	$72, 100

95

虽然该统计针对的是本科投资回报情况，但也可以帮助我们了解到一些实际的就业信息和投资回报率。

（3）University of Michigan-Ann Arbor

密歇根大学的电子工程和计算机科学系（Electrical Engineering and Computer Science Department）分为了两大类：一类是 CS，就是我们在前一章节所介绍的；第二大类就是 EE。而 EE 又分为了两个分支：传统的 EE 和 EE 系统。前者的研究重点偏传统，而 EE 系统则更前沿一些。详细的方向和分支如下：

Computer Science and Engineering（CSE）	Electrical Engineering（EE）	Electrical Engineering: Systems（EE:S）
Hardware Systems硬件系统 Intelligent Systems智能系统 Interactive Systems 交互系统 Software Systems软件系统 Theory of Computation计算理论 VLSI & CAD	Applied Electromagnetics应用电磁学 Energy Science & Eng.能源科学和能源工程 Integrated Circuits & VLSI集成电路和超大规模集成电路 MEMS & Microsystems微机电系统和微系统 Optics & Photonics光学和光子学基础 Plasma Science & Eng.等离子科学和等离子工程 Quantum Science & Devices量子科学和量子器件 Solid-State Devices&Nanotechnology固态设备和纳米技术	Communications通信 Control Systems控制系统 Power & Energy电力能源 Robotics & Computer Vision机器人和计算机视觉 Signal & Image Processing信号和图像处理

密歇根大学自我评价说，在当今竞争越来越激烈的就业市场上，取得了该校 EECS 的一个学位就意味着获得了一个安全的未来，毕业生未来有很多不错的选择。虽然听起来可能言过其实，但是也显示出了其极足的底气。该校的 EE 本科生有 326 名，EE 和 EE: Systems 共有 MSE 174 名、PhD 315 名、教师 62 人，专注于做研究的科学家 14 人，另外还有访问研究者 57 人。尽管它对托福只要求 84 分，可是如果没有雄厚的研究背景，也很难被录取，该校的申请难度较大。

（4）Cornell University

康奈尔大学的电子工程和计算机工程院系（School of Electrical and Computer Engineering）设有一个一年制的 Master of Engineering 项目，该项目的价值在于能给学生一份相对较高的薪水和有价值的职业。在美国，2007 年 ECE 本科毕业生的平均薪水为 55 746 美元，M. Eng 毕业生的平均薪水为 63 154 美元，康奈尔大学相应专业毕业生的平均薪水在该平均值之上（本科生为 64 139 美元，M. Eng 为 73 638 美元）。这组数据可以在某种程度上说明康奈尔大学这个一年制的项目值得投资。这一项目有如下这些方向：

- Bio-electrical engineering 生物电子工程
- Computer engineering and digital systems 计算机工程和数字化系统
- Information, systems, and networks 信息、系统和网络
- Solid-state devices, electronics, and photonics 固态设备、电子学和光子学
- Space science and plasma physics 空间科学和等离子物理

申请要求上，对托福有单项要求（写作：20 分，听力：15 分，阅读：20 分，口语：22 分），GRE 也是必需的，GPA：3.5/4.0。因为该项目是培养工程师走向成功的，是一个

professional 项目，所以在对于申请人的本科背景要求方面会略低。

（5）Princeton University

同 Cornell 一样，Princeton University 也设有一年制的 Master of Engineering 的项目，Princeton 的 EE 系规模相对较小，它有这么几个方向可以选择：

- Biological and Biomedical Engineering 生物工程和生物医学工程
- Computer Architecture and Integrated Circuits 计算机结构和集成电路
- Materials，Devices and Circuits 材料、设备和电路
- Optics and Photonics 光学和光子学
- Physics of Solid State Materials 固态材料物理
- Quantum Information and Computation 量子信息和计算
- Signal，Systems，and Communication 信号、系统和通信

（6）Purdue University

普渡大学的 ECE 系（School of Electrical and Computer Engineering）有 600 多名研究生，超过 2/3 的学生是在读 PhD，该系是电子工程院的大系，也是普渡大学的工程学院中最大的系。该系提供三种硕士学位，分别为：Master of Science in Electrical and Computer Engineering（MSECE），Master of Science in Engineering（MSE），Master of Science（MS）。学校会根据本科的背景决定授予何种学位。

MSECE 是授予满足了 ECE 的要求并满足了下面条件之一的学生：

① 本科学位是 EE，ECE 或 CE。

② 本科学位是 CS，只要学生的本科课程包括了中等或高等程度的下列课程：

- operating system 操作系统
- compiling 编译
- computer architecture 计算机结构

或者可以在进入普渡大学后补修这些课程。

③ 本科学位是其他学位者也可以拿到 MSECE 学位，只要满足了 7 门本科的电子工程和计算机工程的课程，可以通过以下方式实现：本科辅修这 7 门课程，并且考试成绩为 B 以上，在班级排名前 3%；修读相关的硕士课程，或者修读过同等的课程。这 7 门课程是：

- Linear Circuit Analysis Ⅰ 线性电路分析 Ⅰ
- Signals and Systems 信号与系统
- Probabilistic Methods in Electrical and Computer Engineering 电子工程和计算机工程中的概率方法
- 两门课程二选一：Semiconductor Device Fundamentals 半导体设备基础；Electric and Magnetic Fields 电场和磁场
- 四门课程选择两门：Electronic Circuit Analysis and Design 电子线路分析和设计；Introduction to Digital System Design 数字系统设计入门；Electromechanical Motion Devices 机电运动装置；Feedback Systems Analysis and Design 反馈系统分析和设计
- 三门课程三选一：Microprocessor System Design and Interfacing 微处理机系统设计和交互；Data Structures and Algorithms 数据结构和算法；Discrete Mathematics for

Computer Engineering 计算机工程离散数学

MSE 是授予满足了 ECE 的项目要求并且本科学位是工程（除了 EE 或 CE）而且没有满足上述 7 门课程要求的学生。

MS 学位是授予满足了 ECE 的项目要求并且本科学位为非工程类而且没有满足上述 7 门课程要求的学生。

这 7 门课程并非申请普渡大学的 ECE 的先行课强制要求，但是建议已经有这些基础。除此之外，托福最低要求 77 分（单项要求：写作 18 分、口语 18 分、听力 14 分、阅读 19 分）。录取者的 GRE 平均分数：533 分（Verbal）、780 分（Quantitative）、4.0 分（Analytical Writing）。虽然看起来托福分数要求很低，但是实际上被录取的申请者的分数都比 77 分高出许多。

（7）Ohio State University

俄亥俄州立大学的 Department of Electrical and Computer Engineering 目前有 410 名研究生，ECE 系提供了 master of science 学位，该校在工科领域也是一所享有盛誉的学校。该系毕业生的就业情况值得称赞，例如进入 Intel、罗氏制药以及进入大学做 professor 者即是一些比较成功的例子，硕士毕业生的平均起薪为 66 296 美元，学校的就业指导中心为学生提供了很多帮助。

该系为学生提供了很多大型的实验室，学生因此可以在自己专攻的领域获得一手的实践经验，这些领域有：光子学（photonics）、电能转换（electrical energy conversion）、高电压工程（high voltage engineering）、集成电路制造（integrated circuit fabrication）、微控制器（microcontrollers）、微处理器（microprocessors）、信号处理（signal processing）以及其他很多的领域。

在申请要求上，申请者需要有在 electrical 或 computer engineering 或相关领域的 BS 学位、GRE 成绩、TOEFL 成绩（92 分）、GPA（3.2/4.0），这些要素是学校做决定的重要参考数据。

2. EE 专业的申请大方向及分析

本书将选取如下几个 EE 方向来做进一步说明。

（1）Signal Processing 信号处理

信号处理是关于信息的生成、转化和编译的一门技术。以 UIUC 为例，它包括这么几个研究领域：Algorithms, Architectures, and Implementation（算法、结构和实现方法）；Analysis, Modeling, and Reconstruction（分析、建模和重构）；Image and Video Processing（图像与视频处理）；Speech Recognition and Audio Processing（语音识别与声音处理）；Imaging Systems（成像系统）；Communications & Signal Processing（通信和信号处理）。以 UC-Berkeley 为例，它包括三个研究课题：Theory and Algorithms（理论和算法）；Signal Processing Application（信号处理应用）；Signal Processing Systems（信号处理系统）。每个研究课题所包含的研究内容如下：

① Theory and Algorithms

adaptive signal processing, machine learning, and signal modeling（自适应信号处理、机

器学习和信号建模）；indexing, searching, and retrieval（改址、搜索和检索）；multirate and multi-channel processing（多速率和多通道处理）；restoration and enhancement（恢复和增强）；signal analysis, identification, spectral estimation, and understanding（信号分析、识别、光谱估计和认识）；signal representation, compression, coding, quantization and sampling（信号表示、压缩、编码、量化和采样）；statistical signal processing, detection, estimation, and classification（统计信号处理、检测、估计和分类）；watermarking, encryption, and data hiding（水印、加密和数据保密）；wavelets, filter banks, time frequency techniques（微波、滤波器组和时频技术）。

② Signal Processing Application

audio, speech, image, and video processing（声音、语音、图像和视频处理）；graphics, biological & biomedical signals（图形、生物和生物医学信号）；computer vision（计算机视觉）；radar and lidar（雷达和激光雷达）；geophysical signals（地球物理信号）；synthetic signals（合成信号）；astronomical signals（天文信号）。

③ Signal Processing Systems

VLSI architectures（VLSI 结构）；embedded and real-time software（嵌入式软件和实时软件）；capture, acquisition, and sensing（采集、获取、传感）；sensor networks（传感器网络）；imaging（成像）；auditory enhancement（听觉增强）。

这是一个比较大的研究方向，相对来说做这个方向研究的教授比较多，机会也比较多一些。从就业来说，EE 的特点就是应用范围比较广，无论是在民用、军用，还是特殊应用领域都有很广泛的应用。但是在信号处理领域，应用最广泛的还是通信和网络，就业最多的也是以相关方向为主。

（2）Optics & Photonics /Quantum 光学和光子学 / 量子学

光子学和量子学都属于新兴学科，是被普遍看好的快速发展的领域。在美国，单纯开设光子学专业的学校非常少。除了众人皆知的三大光学中心 University of Rochester, University of Central Florida, University of Arizona 之外，还有部分学校将该专业开设在物理系。很多学校将光子学方向开设在 EE 下，这点也比较容易理解。目前光子学处于快速发展期，人们对它的认识和利用尚不成熟，可是电子学是已经发展得非常成熟的领域，无论是在理论上还是在实际应用上都已经相当成熟，它已经深入家庭的方方面面。因此，现在的研究就急需将光子学的优越性与电子学的成熟性相结合，在电子学的推动下，光子学将获得更快的发展。

在美国，以 Stanford University 为例，该领域（光子学、电磁和量子学）是用光和电磁研究物理、材料、设备和系统，它们已经实际应用于遥感、成像、通信、能源、生物、医学、安全和信息处理等领域。研究领域有 Photonics（光子学），Nono（纳米技术），Communication（通信），Imaging（成像），Radio（无线电）。

这个方向所涉及的领域比较尖端一些，比如激光的研究和应用、光纤传输、太阳能发电、新显示技术等。这些领域的研究有很多涉及军工，所以申请这些方向的学生，在签证的过程中有可能会被行政审查，但是在申请的过程当中并没有太多障碍。这个大方向最难申请的地方在于开设的学校少。虽然 EE 下学习和研究光的会比较多，但是相比起 EE 下的其他方向，这个方向算是开设得少的了。所以申请时会遇到一些偶发状况，也就是说容易受招生政策的影响。

因为这个领域相对比较尖端和前沿，所以没有太多配套行业的支持，国内外都是如此。相对产业化一些的就是光伏发电及光纤传输（网络）领域。其他领域都太尖端，未来的发展方向就是做技术及研究了。

（3）Power 电力

Power 方向不是 EE 里的主流方向，已经是 EE 里的夕阳方向了，而且做的主要也是强电方向。现在做相关 Research 的学校不多了，学习和申请的人也比较少。通常情况下，Power 和 Energy 的关联性比较大，因此随着这几年的 Energy 方向逐渐热起来，Power 这个方向也焕发了第二春。Power 一般分为三个方向：Power Electronics，Electric Machinery，Power Systems。但是现在 Power 方向常见的子方向分为 Power Systems 和 Power Electronics。Power Systems 侧重电力系统及其自动化等，偏宏观一些；Power Electronics 侧重电力电子，偏向设备和微观层面一些，此外还包含家电的变电器等设备。

由于做传统强电方向的学校越来越少，所以也越来越难分辨出什么学校好、什么学校不好。在美国有一个机构，叫做 Power Systems Engineering Research Center（PSERC），中文名字为电力系统工程研究中心，参加这个 Center 的学校都是此方向发展不错的学校。这些学校如下：

Arizona State University

Carnegie Mellon University
○ Carnegie Mellon Electricity Industry Center
○ Electric Energy Systems Group

Colorado School of Mines
○ Power Electronics and Energy Systems

Cornell University
○ Engineering and Economics of Electricity Research Group

Georgia Institute of Technology
○ Electrical Energy Technical Interest Group

Howard University

Iowa State University
○ Electric Power and Energy Systems
○ Electric Power Research Center

Texas A&M University
○ Electric Power & Power Electronics Program
○ Electric Power & Power Electronics Institute

University of California at Berkeley
○ Energy Institute

University of Illinois at Urbana – Champaign
○ Power and Energy Systems
○ Trustworthy Cyber Infrastructure for the Power Grid

University of Wisconsin-Madison
○ Energy Institute
○ Wisconsin Electric Machines and Power Electronics Center

Washington State University
○ Energy and Power Systems

Wichita State University
○ Power Quality Lab

上面我们已经对 Power 分过类了。PSERC 的研究主要集中在三个方向：电力市场（偏经济学及商业）；System（主要做保护和辨识相关研究）；输配电。而这三个方向也是现在强电研究最热门的方向，其他都比较冷一些。

另外，如 Rensselaer Polytechnic Institute（Electric Power，Power Electronics，Plasma Science and Electromagnetics）和 Purdue University（Energy Sources and Systems）也开设了该方向。

在申请过程中，请大家尽量避开下列学校：Texas A&M University，University of Texas at Austin，University of Minnesota Twin Cities 和 University of Washington at Seattle。Texas A&M University 为此方向的大众情人校，所以竞争极其激烈。对于其他三所院校，申请人如果没有可以藐视一切竞争对手的研究背景，成功的难度也比较大。

这个申请方向，最显著的特点是"冷"，无论是在美国还是在中国都很"冷"。在中国"冷"就显得尤为可怕，因为项目少，学生可以接触到的研究少，在这样的情形之下，大部分我们国内的申请者都不具备一定的或者合格的研究经历。而研究生的申请，无论是 Master 还是 PhD，研究经历是王道，这就造成了我们国内的申请者申请结果比较惨烈。其实说到底并不是这个方向对申请人的要求高，而是相比弱电方向，学生能接触到项目的机会还比较少，致使研究背景欠缺，最终导致了申请结果较差。

在美国就业的话，相对来说 Power Systems 方向的毕业生更容易找工作一些，因为美国对这方面人才的需求比较大。而美国现在已经很少生产这种微观的设备了，没有工业企业作支撑，所以 Power Electronics 方向找工作的难度是可想而知的。但是 Power Systems 由于涉及国家安全问题，在就业的时候，会有一定的限制性。很多学生就退而求其次，选择了 Power Electronics 方向。在中国就业的话，前景要更广阔一些。中国这两年光伏产业、燃料电池及其他的电池类新能源产业发展非常迅猛，其中光伏发电已经步入了世界前列，像比亚迪这样的企业甚至都得到了巴菲特的青睐。这说明我们国内需要此方向大批量的尖端人才。

（4）Communications 通信

用最简单的一句话来说，通信关注的是通信过程中的信息传输和信号处理的原理和应用。详细一点来说，通信就是将信息从一处传输到另一处，或者存储信息用于日后的检索。通信系统有两个通信站 —— 一个发送站，一个接收站；通信网络是发送站和接收站的汇总地。通信系统在发送信息的过程中，有很多要素需要考虑。第一个要素是数据压缩；第二个要素是调制；第三个要素是差错控制编码。在通信网络中，经过一系列的中间站，从一个通信站发送信息到另外一个通信站时，中间也有很多要考虑的要素，较为关键的有两个，一个是介质访问控制（哪个通信站传输？应该在什么时候传输？）；另外一个是路由（哪些通信站应该被用做中间的中转站）。在这个项目中，申请者通常比较感兴趣的研究领域有蜂窝通信网络、传感器网络和光通信系统。

依然以 University of Michigan-Ann Arbor 为例，它的通信专业的研究领域包括：Channel Coding Theory and Applications（信道编码理论和应用）；Communication Networks and Multi-Agent Systems（通信网络和多用户系统）；Information Theory（信息论）；Optical Communications（光通信）；Random Processes（随机过程）；Wireless Communication Systems（无线通信系统）。

通信属于热门专业，未来的就业前景不错，可以在电信通信部门、电信通信设备制造企业和电信管理部门工作。在申请的时候竞争相对比较激烈。

3. EE 的就业

我们通过美国劳工部的统计就可以很清晰地看到 Electrical Engineers 在美国的薪水情况。

就业岗位	平均时薪	平均年薪
154,250	$42.88	$89,200

百分比	10%	25%	50%	75%	90%
时薪	$26.30	$32.70	$41.31	$51.87	$63.30
年薪	$54,710	$68,020	$85,920	$107,890	$131,660

另外，众多申请者还比较关心的一个问题是，哪个区域的薪水更高，从而可以在择校时重点选该地区的学校。如下是排名前五的州：

州	就业岗位	平均时薪	平均年薪
California 加利福尼亚州	20,620	$49.60	$103,160
Texas 得克萨斯州	11,360	$43.52	$90,530
New York 纽约州	8,300	$42.32	$88,030
Massachusetts 马萨诸塞州	7,410	$48.02	$99,890
Florida 佛罗里达州	7,180	$39.37	$81,900

除了这五个州之外，下面的这个图也可以比较直观地体现出其他州的情况（图表来源：美国劳工部）。

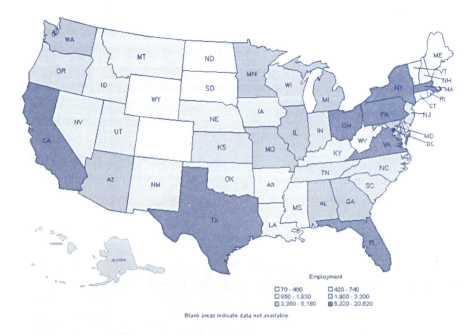

Employment of electrical engineers, by state, May 2011

Electrical Engineer 进入到 industry 的就业情况如下：

Industries with the highest levels of employment in this occupation（就业水平最高的行业）

Industry	就业岗位	在该行业中的比例	平均时薪	平均年薪
Architectural，Engineering，and Related Services 建筑、工程和相关领域	34,930	2.71	$43.17	$89,790
Electric Power Generation，Transmission and Distribution 发电、输电和配电	15,310	3.87	$41.12	$85,530
Navigational，Measuring，Electromedical，and Control Instruments Manufacturing 导航、测量、电子医疗和控制设备制造	14,480	3.56	$45.01	$93,620
Semiconductor and Other Electronic Component Manufacturing 半导体和其他电子元件制造	11,640	3.07	$46.40	$96,520
Aerospace Product and Parts Manufacturing 航天产品和零件制造	7,410	1.57	$46.80	$97,340

Industries with the highest concentration of employment in this occupation（从业人员最集中的行业）

Industry	就业岗位	在该行业中的比例	平均时薪	平均年薪
Communications Equipment Manufacturing 通信设备制造	4,860	4.30	$42.97	$89,370
Electric Power Generation，Transmission and Distribution 发电、输电和配电	15,310	3.87	$41.12	$85,530
Navigational，Measuring，Electromedical，and Control Instruments Manufacturing 导航、测量、电子医疗和控制设备制造	14,480	3.56	$45.01	$93,620
Semiconductor and Other Electronic Component Manufacturing 半导体和其他电子元件制造	11,640	3.07	$46.40	$96,520
Electrical Equipment Manufacturing 电气设备制造	3,820	2.79	$38.30	$79,670

Top paying industries for this occupation（薪水最高的行业）

Industry	就业岗位	在该行业中的比例	平均时薪	平均年薪
Other Chemical Product and Preparation Manufacturing 其他化工产品及制备制造	N/A	N/A	$67.40	$140,190
Oil and Gas Extraction 石油和天然气开采	220	0.13	$53.18	$110,610
Other Heavy and Civil Engineering Construction 其他重型和土木工程建筑	90	0.09	$48.75	$101,390

续前表

Industry	就业岗位	在该行业中的比例	平均时薪	平均年薪
Support Activities for Mining 采矿支持	320	0.10	$48.31	$100,490
Audio and Video Equipment Manufacturing 音频和视频设备制造	160	0.91	$48.04	$99,930

（三）Mechanical Engineering 机械工程

什么是机械工程师？机械工程师为人类创造和发明机械系统，凡是涉及力（force）、能量和运动（energy and motion），机械工程师都可以运用他们在设计、制造和操作系统方面的知识推动着我们周围的世界不断进步，同时还保证着整个社会的安全和经济的活力。机械工程师不仅帮助设计一切，从体育器械、医疗设备、电脑到空调、汽车发动机和电力发电厂等，他们还设计制造出来这一切的机器。因此，可以说机械工程遍布我们生活中的所有方面。ME 毕业生的就业领域也因此遍布全球各地的各个领域，例如航天领域、汽车领域、生物技术领域、化学领域、计算机领域、建筑领域、消费品领域、能源领域、电子领域、工程咨询领域、娱乐领域、政府部门、纳米技术、机器人领域等。还远不止这些，几乎在任何我们能想象到的企业和领域，都可能有 ME 毕业生从业的机会，从玩具厂、游戏设计公司、自行车制造厂到航天飞机制造基地，从手机到复杂的电影摄影机，从简单的吹风机到大型的为整个城市发电的发电厂——任何企业离开了机械工程，都极有可能无法生存下去。当然还有我们生活中普遍使用的空调和冰箱也都是由机械工程师发明和设计的。这就是 ME 专业受欢迎的原因，也是大家之所以都说 ME 是一个有着极高回报率的专业的原因。

1. 个例大学介绍

（1）Stanford University

斯坦福大学的 ME 的 MS 项目是一个 professional 项目，是为了培养想进入 industry 的人才而开设的学位。硕士项目中，ME 系开设了一个一般学位（Master of Science degree in Mechanical Engineering，简称 MSME）和两个专门学位（Master of Science in Engineering: Product Design 和 Master of Science in Engineering: Biomechanical Engineering）。斯坦福大学的 ME 项目开设的方向和分支非常广泛，包括：

- energy science and technology 能量科学和技术
- propulsion 推进
- sensing and control 传感和控制
- nano- and micro-mechanics design 纳米设计和微力学设计
- mechatronics 机电学
- computational simulation 计算机模拟
- solid and fluid dynamics 固体力学和流体力学

- microelectromechanical systems（MEMS）微机电系统
- biomechanical engineering 生物医学工程

据学校统计，斯坦福大学 ME 项目的就业率极高，在最近的调查中，凡是回馈了调查问卷的本科生都全部在毕业后一年内找到了工作。读硕士的学生多数进入了 industry 或继续攻读博士，进入 industry 的毕业生平均起始年薪为 77 319 美元。最近的调查显示最近毕业持有 MS 学位的校友的工作职位如：

- 产品设计工程师
- 机械工程师
- 分析师和咨询师
- 控制和系统工程师
- 研究与开发工程师、机器人工程师

（2）University of California – Berkeley

在工程领域，ME 可能是应用最广泛的学科了，Berkeley 的 ME 毕业生可以在航天工程、汽车设计、消费电子学、生物科技和生物工程、软件工程和商科领域找到属于自己的职业。它的主要应用领域和方向包括：

- Bioengineering 生物工程
- Controls 控制
- Design 设计
- Dynamics 力学
- Energy Science and Technology 能源科学和技术
- Fluids 流体
- Manufacturing 制造业
- Materials 材料
- Mechanics 机械
- MEMS/Nano 微机电系统 / 纳米
- Ocean Engineering 海洋工程

就目前而言，它的研究集中在五个领域：Biomechanical Engineering & Health（生物医学工程和健康），Controls & Dynamics of Complex Systems（复杂系统的控制和力学），Energy Science and Technology（能源科学和技术），Green and Sustainable Technologies（绿色和可持续技术），Micro and Nano Engineering（微型和纳米工程）。

Berkeley 的 ME 系开设了三个硕士学位项目：Master of Science（M.S.）（Plan Ⅰ），这一项目很少有学生申请；Professional Master of Science（M.S.）（Plan Ⅱ），这一项目申请者较多；Master of Engineering（M.Eng.）。前两个项目是在被录取到 MS 项目后才要进行选择的，而不是在申请时选择，多数学生选择 Plan Ⅱ，因为第一个项目主要是针对申请 PhD 没有申请上的学生，也就是 Pre-PhD 的课程，所以难度非常大。

在工科院校的申请中，UC 系统中 Berkeley 和 UCLA 均是申请难度相当大的学校，就 Berkeley 来说，成功申请者的 GRE 成绩多数都要高于满分的 90%，除了这些硬件条件外，其他方面也必须是佼佼者才有希望被学校录取。

（3）University of Michigan-Ann Arbor

密歇根大学 ME 的硕士学位 M.S.E. 有三个选择：coursework only；coursework with an individual research project；coursework with an M.S.E. thesis。

- 第一个选择是推荐给那些未来不想做研究者的、一年制的项目。
- 第二个选择是推荐给那些想在未来进入 industry，但是又想获得一些做独立研究或项目经验的学生，通常来说需要一年半到二年的时间完成该项目。
- 对工业研究和发展、教学或者对继续读 PhD 感兴趣的学生，学校建议选择第三个选项，学生需要自己选择自己的研究导师。

在申请要求上，GRE 要求在 80%～90% 之间，TOEFL 要求为 84 分，GPA 在 3.2～3.5 分之间，这是硬件；在软件方面，要求有高质量的推荐信和高质量的 PS。

（4）University of Illinois at Urbana–Champaign

Illinois 的 Department of Mechanical Science and Engineering 开设了两个硕士学位：Master of Science in Mechanical Engineering（MechSE）和 Master of Science in Theoretical and Applied Mechanics。现在该系有 315 名研究生，其中 54.7% 是博士生。如下为 MechSE 的主要研究方向：

- Fluid mechanics 流体力学
- Solid mechanics 固体力学
- Heat transfer and thermodynamics 热转移和热力学
- Dynamics and controls 动力学和控制
- Chemistry 化学
- Applied physics 应用物理
- Computation and applied mathematics 计算和应用数学

UIUC 将这七个领域的研究与社会需求融合到了一起，为了社会的需求而加强学生的基础知识，以便未来的研究或工作能在下面的这些社会需求领域得到有效的应用：

① Defense and security: the need for sophisticated and highly precise detection devices for chemical and biological toxins, as well as systems to remove contaminants from air and water. (防御和安全：检测化学和生物毒素所需要的精密和高度精确的检测装置，以及清除空气和水中的污染物所需要的系统。)

② Energy and transportation: the effective production, transportation and storage of hydrogen and other renewable fuels, and the need for greater understanding of fuel-cell powered engines. (能源和交通：氢和其他可再生能源的有效生产、运输和储藏，以及对燃料电池发动机更深入了解的需求。)

③ Environment: the need for environmentally friendly coolants for air conditioning and refrigeration applications, alternative sources of energy, and controlling the environmental impact of power generation. (环境：空调和冷冻设备的环保冷冻剂需求，替代能源的需求，控制发电对环境影响的需求。)

④ Health and biological engineering: the potential to identify and treat diseases at the cellular level, and to create new materials and technologies that will repair and replace injured or missing bones and skin using the body's own regenerative powers.[卫生和生物工程：挖掘通过细胞学检查检测病情和治疗疾病的潜力，以及发明新材料和新技术用来修复和替换受伤的或缺损的骨头和皮肤（运用身体自身的再生能力）的潜力。]

⑤ Manufacturing: nanomanufacturing systems that will create new molecular-level structures and materials，which will facilitate advancements in health，security，energy and transportation and other areas.（制造业：可发明新的分子层次的结构和材料的纳米制造业系统，将促进卫生、安全、能源和交通以及其他领域的快速发展。）

在申请要求上，对本科背景方面的要求是 BS degree in Mechanical Engineering（或者相关领域），对硬件的要求是托福最低 103 分。如果学生具备非常强的学术能力和研究背景，学校提供了一种类似于条件录取的方案。这种方案要求托福最低 90 分，录取后需要在到校后前两个学期每个学期学习一门英语课程（English as a Second Language）。最近几年，UIUC 的 ME 系每年平均有 325 名学生，大概有 54.7% 的学生是博士生，只有 10% 的学生是女生（于是学校强烈建议女生申请）。2009 年秋季入学的学生本科期间的 GPA 平均分是 3.69/4.0，GRE 成绩平均处于前 87%。

在申请这方面，我们要额外说的是学校的审核程序，Mechanical Science and Engineering 系的录取委员在每年的 9 月中旬开始定期碰面，在每次碰面会议上他们会对所有的材料已经齐全的学生做出录取或拒绝的决定，每次碰面后的 1 到 2 天内学生就可以收到自己的结果通知。于是这里也再次印证了较早提交申请对自己的申请结果的重要性。

UIUC 的工科学生在就业方面一直是比较不错的，该系的 MS 毕业生工作后平均起薪为 63 487 美元，是一个比较可观的数字。

2. ME 专业的申请大方向及分析

总体来说，ME 的申请者需要有良好的工科背景，如非常扎实的数学和物理学基础；需要具备良好的动手能力，如参加过各种竞赛（比如比较泛滥的机器人大赛），这是动手能力的体现；需要具备良好的计算机专业背景，例如编程能力。中国高校的专业设置同美国高校是有些差异的，中国是小专业，美国是大专业。比如 ME 相关专业，中国就有机械工程、车辆工程、自动化等。如果再细分，还会有很多。但是美国多数学校，就是只有一个 ME 专业，而我们高校细分的那些方向变成了这个专业下的 concentration。这个 concentration 则凭借个人兴趣和爱好去选择。

ME 领域非常多样化，甚至每个机械工程师可能与他同事做的事情都有不一样的地方。本书把 ME 分为以下三大类进行说明。

（1）Energy 能量类

Energy 是 ME 和物理学的基础领域。Energy 的形式包括热能、辐射能、动力学、电气、化学、核能等。该方向主要是侧重于研究从一种能量转化为另一种更有用的能量。能量的来源既有可再利用的（例如太阳能、风能、流体动力、地热和生物能量），也有不可再利用的（例如石油、天然气、煤和铀）。

以 University of Michigan 为例，Energy 的研究领域大概包括：IC engines and engine systems design（内燃机和发动机系统设计）；Combustion（燃烧）；Pollutant formation（污

染物质的形成）；Simulation of vehicle systems（车载系统仿真）；Computational methods for reacting flows（反应流的计算方法）；Microscale power generators（微型电力发动机）；Self-assembled nanostructures for energy applications（用自组装纳米结构实现能源利用）；Nanostructured energy conversion devices（纳米结构能量转换装置）；Concentrated solar power system（集中式太阳能发电系统）；Laser techniques for combustion diagnostics（用激光技术进行燃烧诊断）；Materials and systems for energy storage（能量储存的材料和系统）。

我们上面说了，Energy 方向涉及能源的方方面面，于是就会与其他专业有很多的交叉。比如说 EE 也涉及能源，Chemical Engineering 也涉及能源，核物理或工程也涉及能源。那么它们之间有什么差异呢？这是很多申请者关心的问题。其实这点说起来非常简单，ME 专业更加偏向于对设备的研究和学习，EE 专业的侧重点则是能源的存储和传输方面的研究和学习（电能），其他专业那些交叉部分更多的是原理层面的研究和学习。在这里我们要特别再说一下 EE 下的 Energy。EE 里的 Energy 一般指的是强电。按传统的分法，EE 分为强电和弱电两个方向。而 EE 下的 Energy 主要指的是电力的传输和存储。我们知道，电能在传输的过程中是有损耗的，而这个损耗是由于传输材料本身的电阻产生的，所以现在很热门的传输研究都是与材料，尤其是超导材料（与 Material Science 相交叉）有关的。而电力的存储也是变相的材料问题，这也是与 Material Science 交叉的部分。

整个 ME 都需要申请者有比较深厚的物理知识，Energy 也不例外，这是就申请而言。从就业来说，机械工程师关注的是能量机械学——能量如何产生、储存和运动。很多机械工程师是在 industry 里就业，从事与电能、天然气和石油相关的职业；还有很多机械工程师在从事太阳能、风能和地热系统的开发，期待着这些能源能为传统燃料做补充甚至成为替代燃料。机械工程师还关注能源的利用，包括发明更多燃料消耗低的汽车、发动机和其他装置。另外，还有不少机械工程师在关注热能对系统和机器的影响。

如下的一些数据希望对于不确定要选择专攻哪个领域的学生有所帮助。

Power Plants：美国近一半的电是靠燃烧煤转换而来的，仅有大概 1/5 来自 nuclear fission（核裂变），剩下的多数都是靠天然气和石油发电。可再生资源的拥护者相信有一天太阳能和风能可以替代大部分现有的发电厂，而未来主义者相信的则是氢和核能。不知道我们的申请者相信的是什么？

Fossil Power：美国大概有 3/4 的能源来自于矿物燃料（fossil fuel），剩下的来自核反应堆、水力发电、太阳能和风能。而矿物燃料产生的二氧化碳、氮和氧化物以及氧化硫给美国的空气污染做出了很大的"贡献"。

Renewable Energy：人人都知道可再生资源的好处，可是发展却没有人们预期的那么迅猛，因为科学家也好，工程师也罢，他们的研究需要巨额费用，而这些费用通常需要政府来买单，所以其发展实质上还受着政府对这方面的关注度的影响。目前美国电力只有 18% 的来源是可再生能源，而且多数是水力发电。另外乙醇(Ethanol)和生物柴油(biodiesel)也为美国 18% 的车用燃料提供了来源。

Nuclear Power：核能工厂运营相对成本较低，但是要建立起来并且取得营业执照则需要巨额的资金。核能现在占全世界 13% 的发电来源。

（2）Manufacturing 制造类

为了不断提高操作效率，机械工程师会设计和制造一系列的机器与系统。空气污染控制、自动化、物料搬运和设备运转技术都是专注于制造类的工程师所专注的领域。

依然以 University of Michigan 为例进行说明，该校在 Manufacturing 方面的研究领域包括：Nanotube structures and devices（纳米管结构和设备）；Mass customization and systems（大规模定制系统）；Laser welding and joining（fabrication and modeling）（激光焊接和连接）（制造和建模）；Reconfigurable manufacturing（可重构制造）；Laser micromachining（激光微加工）；Precision manufacturing（精密制造）；Biomedical devices（生物医学设备）；Metal ultra high speed cutting（金属超高速切削）；Global health design（全球卫生设计）；Affordable medical device design（负担得起的医疗设备设计）；Sustainable machining processes and systems design（可持续的机器加工和系统设计）。

这个大方向不仅仅涉及物理方面的知识，还有很多知识是和计算机相交叉的。比如说在这个大方向下的自动化，不仅仅涉及 ME 的知识，还涉及 EE 和 CS 的知识。IE 的发展是来源于 ME 的，是为了解决大规模生产时候的问题。（这又在某种程度上说明了工科的交叉性，当然这也是现代学科发展的一个趋势）。一般来说，这个方向的学生都会学习机械原理、固体力学等课程。因为这个专业方向有个特点，即新兴方向非常依赖计算机工具，比如在设计东西的时候，需要计算机辅助设计，因此它的很多知识与计算机相交叉。从申请方面来说，由于美国的大专业制，国内大部分 ME 的、自动化和车辆工程等大 ME 类的学生以及部分学习物理的学生，都适合选择这个方向。

（3）Design Mechanics 机械设计类

该领域主要是设计消费者和工业界所需的设备。家用电器、汽车、计算机硬件、生产设备、宇宙飞船、飞机等，所有这些需要机械运动的东西，都是由该领域的工程师来设计的。当然很多时候是与其他领域的设计师一起完成的，比如说计算机硬件设计，不仅仅要考虑到工程特性的设计，如耐用性等，也需要考虑到外观设计，而这就需要和计算机领域的专业人士一起来完成。其中一个越来越受机械设计工程师关注的领域是医学生物技术，该技术多数是用来制造一些生物医疗器械，而这个方向又与材料科学、EE 和 CS 相交叉了。

在 University of Michigan 的 Design 领域，它有这些研究方向：Micro and nano precision systems（微型和纳米精度系统）；Smart structures and materials（智能结构和材料）；Nanoscale systems（纳米系统）；Compliant mechanisms（柔性结构）；Multidisciplinary design optimization（多学科设计优化）；Assembly, disassembly and supply chains（组装、拆卸和供应链）；Medical device design（医学设备设计）；Global health design（全球卫生设计）；Sustainable design of products, processes, and policies（可持续的产品、流程和政策的设计）。

好的设计工程师要求对客户需求、服务环境、工业标准、材料、生产过程和公差有一个深入的了解。为了使设计工程顺利进行，CAD 通常是必备工具，比如计算、建模和模拟。该领域的申请者对 CAD 不会陌生，几乎所有的物理产品和工具都是利用 CAD 设计出来的。

在申请的时候，申请人需要具有扎实的力学相关知识，以及机械理论方面的基础知识

（分为整体制造和流程理论两大分支）。这里又会与工业设计有一些交叉，但其与工业设计还是不一样的。工业设计是偏向于艺术类的专业，需要申请者有很强的艺术功底，在申请过程中需要提交作品集。而在 ME 里的设计并不需要这些条件。因为他们所做的更多的是可行性的设计，比如设计一款手机的外壳，使用一种材料，是否可以达到一定的强度以起到保护手机的作用，同时厚度又不会太厚。而外观设计则是工业设计所关注的。

3. ME 的就业

同样，根据美国劳工部的统计，我们大概来看一下 Mechanical Engineers 在美国的薪水的大致情况：

就业岗位	平均时薪	平均年薪
238,260	$ 40.17	$ 83,550

百分比	10%	25%	50%	75%	90%
时薪	$24.68	$30.52	$38.09	$47.39	$57.67
年薪	$51,340	$63,470	$79,230	$98,580	$119,950

如下是排名前五的州的情况：

州	就业岗位	每千人就业率	所占份额	平均时薪	平均年薪
Michigan 密歇根州	31,330	8.18	4.41	$41.63	$86,590
California 加利福尼亚州	21,940	1.56	0.84	$44.83	$93,250
Texas 得克萨斯州	16,070	1.56	0.84	$43.68	$90,860
Illinois 伊利诺伊州	11,370	2.04	1.10	$42.19	$87,760
Pennsylvania 宾夕法尼亚州	11,360	2.05	1.10	$38.12	$79,300

Mechanical Engineer 进入 Industry 的就业情况如下：

Industries with the highest levels of employment in this occupation（就业水平最高的行业）

Industry	就业岗位	在该行业中的比例	平均时薪	平均年薪
Architectural, Engineering, and Related Services 建筑、工程和相关领域	52,660	4.08	$43.03	$89,500
Federal Executive Branch（OES Designation）美国联邦行政部门	11,870	0.58	$44.32	$92,190
Aerospace Product and Parts Manufacturing 航天产品和零件制造	11,800	2.49	$42.97	$89,390
Navigational, Measuring, Electromedical, and Control Instruments Manufacturing 导航、测量、电子医疗和控制设备制造	10,940	2.69	$41.83	$87,000
Scientific Research and Development Services 科研和开发	10,930	1.73	$42.75	$88,930

Industries with the highest concentration of employment in this occupation（就业人员最集中的行业）

Industry	就业岗位	在该行业中的比例	平均时薪	平均年薪
Engine, Turbine, and Power Transmission Equipment Manufacturing 发动机、涡轮、动力传动设备制造	4,580	4.81	$37.98	$78,990
Industrial Machinery Manufacturing 工业机器制造	4,430	4.37	$34.99	$72,770
Motor Vehicle Manufacturing 汽车制造	6,440	4.20	$45.71	$95,080
Architectural, Engineering, and Related Services 建筑、工程和相关领域	52,660	4.08	$43.03	$89,500
Railroad Rolling Stock Manufacturing 铁路机车车辆制造	730	3.82	$35.15	$73,110

Top paying industries for this occupation（薪水最高的行业）

Industry	就业岗位	在该行业中的比例	平均时薪	平均年薪
Lessors of Real Estate 房地产租赁	N/A	N/A	$57.39	$119,380
Oil and Gas Extraction 石油和天然气开采	300	0.19	$52.17	$108,520
Bakeries and Tortilla Manufacturing 面包和玉米饼生产	N/A	N/A	$49.94	$103,880
Other Professional, Scientific, and Technical Services 其他专业性、科研和技术服务	180	0.03	$49.41	$102,770
Spectator Sports 观赏性运动	270	0.22	$49.21	$102,360

小结：理工科申请的一些不得不知的要点

看过了以上三个专业之后，我们可以发现理工科申请的一些特点。

在本科背景方面，有两种情况：第一种情况是要求本科是学习相关专业和取得相关学位的，例如 OSU 的 EE 专业即要求本科需要有在 Electrical or Computer Engineering 或相关领域的 BS 学位；UIUC 的 ME 专业要求申请人有 ME（或者相关领域）的 BS 学位；Cornell 的 CS 专业要求申请人有 CS 或相关领域里的 BA/BS/BE 学位，要求申请人学习过编程、离散结构和操作系统等课程。第二种情况是很多学校并不要求申请人必须是学相关领域的，例如 Columbia University 的 EE 专业，学校的要求非常清楚：在任何硕士学位的项目中，都没有先行课的要求，学生与他们的导师设计他们自己的项目，选择他们专攻的 EE 领域。尽管如此，我们还是建议申请人本科学习期间已经有了相关的专业基础（事实上大部分学校也是如此建议的）。这是非常容易理解的，让一个学习文科的学生在硕士阶段转学工科，就算能被录取，那么也需要额外修读许多基础课程，这对文科生来说，几乎是难如登天的，所以从文科转入理工科几乎没有可能。但是在理工科内部转，比如本科学

111

CS 的去学习 EE，或者本科学 ME 的去学习 EE，这都是有可能的。只要已经学习了学校建议的先行课，那么这种情况甚至都算不上是转专业，更准确的说法或许应该是换个方向学习而已。因此，无论是这两种情形中的哪一种，对于申请工科的学生来说，无论是我们上述所列的三大专业，还是未列出来的环境工程、土木工程、生物工程、化学工程等，本科期间修读过相关领域的相关专业，取得相关领域的相关学位，几乎是申请中最大的优势之一了。如不能满足这一条件，则要慎重考虑后再做决定。

很多学生说，申请工科对于托福的要求没有那么高。这句话说得没错，确实总体来说，申请工科对于托福的要求略低。但这并不是一个通用的定律，因为像我们前面提到的 Cornell University 对托福就有单项分的要求，再比如 Carnegie Mellon University 也是一样，对各项最低分的要求分别是：阅读 22 分，听力 22 分，口语 18 分，写作 22 分。

在理工科的申请中，有一项能力或者潜力是学校非常看重的（几乎可以说是最看重的），那就是 research 的能力或潜力。例如，申请 Carnegie Mellon University 的 CS 的 PhD，学校要求 GPA 是 3.3，可是每年录取者的平均 GPA 是 3.8，当然学校也会录取一些 GPA 低于 3.0 的学生，因为他们的研究背景异常丰富。我想，这足以说明，研究能力在理工科申请中的重要性。

关于方向 / 分支：我们在每个专业下都列出了一些方向的介绍，但是事实上对于申请硕士的申请者来说，在申请的时候是统一申请大专业的。我们前面说过，美国是大专业制，不像中国专业开设得如此细，在申请美国学校的时候，通常来说更多的是这样的方式，以 CS 为例：选择申请 CS，然后在填写网申时和写文书时点明自己感兴趣的方向，而这一点是学校非常重视的——对自己专业领域的认知和对自己研究方向的明确。在很多学校的申请表格中，很多学校都要求学生提交一个自己 research 领域的方向。由此也印证了工科院校更看重学生的下列素质：愿意做 research，有能力做 research 或者有做 research 的潜力；对于自己感兴趣的方向或分支或领域有一个明确的目标。虽然在任何专业领域，都应该在了解了自己在未来想从事的方向之后才能确定所申请的专业或方向，可是在理工科领域尤其如此，因为毕竟很多理工科的毕业生未来从事的很多是技术性甚至是研究性的工作，这些都非常需要"专注"精神。曾经有申请者花了两三年的时间在实验室和社会的实际工作中到处冲撞、碰壁，并不断进步，目的就是为了搞清楚两件事情：自己喜欢什么？这个社会真正需要什么？相信即使前辈们可以告诉你这个社会真正需要什么，也没有人能告诉你自己究竟喜欢什么。等到弄清楚了这两个问题之后，收获到的才是最珍贵的结果。然而即使我们在这里苦口婆心，在你没有经历过之前，怕也是白白浪费一片苦心罢了。我们并不期待我们的再三强调可以影响到每个人，但是至少，如果它影响到了在读这本书的读者，那么我们的目的也算是达到了。再次强调上述两个要点：申请人要证明的就是专注于你所申请的领域和方向，做好研究，而且充满激情。

理工科专业通常都有很多跨学科研究，像 CS 里就有很多跨学科领域，比如 Bioinformatics（生物信息学）和 computational biology（计算机生物学）就是将 CS 与生物学联系了起来，digital media design（数字媒体设计）则是将 CS 与艺术和传媒做了良好的嫁接。值得一提的是目前中国的数字媒体营销这一职位事实上就是将计算机和设计以及传媒营销做到了结合后应运而生的比较新潮的就业方向。

学习工科的学生都需要具有非常强的数理能力和逻辑思维，无论是在学习中还是在工作中。

在推荐信的选择上，对于工科学生有一点要额外提及：对于已经工作过或者已经工作了好几年的学生，有的时候可能很难找到学校的教授或任课老师来写推荐信，这种情况下，学校是否接受工作单位的推荐信？我们不妨摘取其中一所学校（University of Michigan–Ann Arbor）在这个问题上的回答：In a case like this, we usually suggest that you submit at least one letter from a faculty member who knew you well—perhaps your undergraduate thesis supervisor. The other two letters can be from employers. When in doubt, remember that our Admissions Committee wants to know about your ability to do independent research. Character references do not carry weight.（这种情况下我们建议你至少提交一封了解你的教师写的推荐信——比如可以是本科的毕业论文导师。其他两封可以由你的上司来写。如果你有疑惑，记住一点：录取委员会想了解的是你做独立研究的能力，品德方面的推荐不重要。）不仅这一所学校如此，事实上包括斯坦福大学在内的很多学校在该问题上所持的态度是一致的。这就再次印证了理工科对于研究能力的重视。

相比较起来，美国现在工科的就业形势比其他专业更好，据 NACE（National Association of Colleges and Employers）的统计，美国大学毕业生毕业后的起薪排在前五名的专业为下面五个专业，其中左边指的是专业，右边指的是毕业后的平均起薪：

1. Petroleum Engineering—$80,849
2. Chemical Engineering—$65,618
3. Computer Engineering—$64,499
4. Mining & Mineral Engineering（including geological）—$63,969
5. Computer Science—$63,402

这个统计让我们比较直观地看到了工科在美国喜人的就业形势。在工科的所有专业中，我们举其中一个例子：Software Engineer（软件工程师）被美国的 Jobs Rated 评为 2011 年最好的工作（参考了五个标准：工作环境、体力需求、前景、收入、压力）。

以往几年，精算师、数学家和会计师都被评为过最受欢迎的工作，但是在 2011 年，随着特定技术的发展，产生了大批新公司，使得最佳工作不仅需要对数字敏感，还需要对计算机有着足够的了解。Software Engineer 的工作是关于软件的设计和创作的，无论是操作系统软件，还是手机应用程序，又或者是互动游戏软件。

那么是什么让 Software Engineer 斩获了美国 2011 年最好工作的头衔呢？这要归功于两类新近涌现出来的企业：网络应用（web applications）和云计算（cloud computing）。由于为智能手机和平板电脑等制造应用程序的公司和开发云软件的公司的数量激增，使得 Software Engineer 的就业市场变得一片繁荣并且多姿多彩。

现如今，美国的就业有这样的一个趋势，大部分在工作环境、未来发展前景、收入及承受的压力这四方面平均胜出的职业普遍需要具备这样的素质：数学、理科或技术（math，science or technology）。所有这些胜出的职业都要求有比其他从业人员更高一点的教育经历或者接受过专门的培训，而这些正是读理工科硕士的学生的优势所在，他们几乎满足了所有的条件（数学基础、理科优势、工科技术、硕士研究生的教育经历、美国学校提供的专门的训练）。这种情况也印证了我们在就业章节所说的理工科专业在美国的就业现状。

然而，但凡是吃香的职业，就存在着一群狼争吃一块肉的情形。一方面，因为就业形势良好，导致了 Software Engineering（SE）方向的竞争激烈；另一方面，现在 IT 行业发展迅速，于是就诞生了无数的软件工程师，所以在申请的时候，本科刚毕业的学生就面临着有工作经验的申请者的冲击，已经参加过工作的申请者具备了一定的实际工作经验，在某种程度上就更受青睐。在这种情况下，我们前面所列的工科申请中学校看重的素质，就是我们要拼尽全力去发展的。

对于理工科，除了这三大专业外，下面我们再介绍两个专业：生物和工业工程。

（四）生物学类

1. 生物学概况和申请要求

在理工科研究生申请的大军中，一直以来都有三大主力：Biology（生物），CS（Computer Science 计算机科学），EE（Electrical Engineering 电子工程）。这三大专业在国内大学中就读的学生最多，潜在申请基础最大。相对来说，CS 和 EE 这样的工科专业比 Biology 的情况相对简单：第一，知识内容设计没有 Biology 复杂；第二，开设的学位相对较多，多数学校不仅有 PhD 和 MS，还有 ME 这样的硕士学位；第三，申请人群相对固定。而在众多的 Biology 申请者当中，大部分人主要以申请 PhD 为主，这让 Biology 的申请有一种不成功便成仁的悲壮。

PhD 申请有种种不可预知性，PhD 的申请在任何专业中都非常惨烈，主要是因为 PhD 的招生规模有限，即使是在那种比较大的院系中，一年的 PhD 招生一般也不会超过 20 人；小的 department 可能两到三年才会招生一次，一次仅招五人。而什么时候招生多什么时候招生少，又具有很大的不可预知性。比如说，一位博士生导师和企业谈好了，拿到一大笔资金，那么他很有可能急需人手，那么可能相关院系就会在短期内招收多名学生。切记：我们所说的全部都是全球招生的规模，而不是只针对国内申请者而言。一些专业内优势学校，比如北京大学、中国农业大学、中国科技大学、武汉大学等学生物的学生，在申请的时候具有巨大的优势。比如，以往几年，中国农业大学每年都会有多位成功申请到 Cornell University（康奈尔大学）全奖 PhD 的学生。这些学校的学生成功申请到优秀大学的原因主要如下：首先，自身学校拥有专业优势，在全球化的今天，信息流通的速度相当快，拉近了距离，也促进了大家的相互了解；其次，这些学校的一些院系都有着悠久的出国传统，于是国外大学对这些学校的学生质量更加有信心；再次，这些学校与国外顶尖专业机构的交流越来越频繁，而且还有很多从这些学校毕业的校友就在海外任教，并已经成为行业翘楚。那么，是不是说其他学校的学生就没有希望了呢？当然不是这样的。

无论什么专业的申请，都要提前做好规划，在每个节点控制好时间和质量，包括文件的包装、时间的把控、套磁工作的开展。这些都会让从普通学校出来的学生在众多申请者当中脱颖而出。要做好规划，就需要提前了解学校对申请者的要求，一般来说，Biology 大方向的申请除了我们熟悉的 TOEFL、GRE、成绩单、推荐信、个人陈述、简历之外，还需要有 GRE Subject 的要求（通常在 PhD 申请当中需要）。涉及生物领域的 GRE Subject 有两个方向，一个是 Biology，一个是 Biochemistry，具体 GRE Subject 需要什么科目取决于申请方向。在这里，一定要注意明确一下时间的规划，PhD 的申请不同于其他学位的申请，一般很多学校的 PhD 申请或者奖学金的申请截止日期都在 12 月 1 日，所以致力于申请 Biology PhD 的同学，需要在 12 月 1 日之前就完成申请。

　　Biology 的申请从 2000 年黄金期过后就一直处于一个低谷期。20 世纪中期，大型生物制药或生物技术公司开始逐渐出现破产。后来 2008 年金融危机的到来则直接把这个行业推入了最低谷。也正是从 2008 年开始，越来越多的院系由于资金的需要，开设了 Biology 硕士学位，大量招收自费学生，以缓解经济压力。比如 University of Iowa（爱荷华大学）便在 2008 年首次正式招收 Biology 硕士学生。

申请 Tips：

TOEFL

GRE

GPA

GRE Subject

Deadline：December 1st

2. 什么人能申请，什么人不能申请

　　前面我们已经说过了，生物是一个庞杂的专业，涉及的知识和领域之广，是其他专业所不能比拟的。首先从申请者的角度来说，申请者可能包含学 Biology 的、学医学的、学基础医学的，还有部分学公共卫生（Public Health）的。

　　在这里要澄清一个误区，有很多人说生物是很好申请的一个专业，这种说法是不严谨的。真正适合申请 Biology 的，一方面是学习 Biology [包括 cell（细胞），molecular（分子），biochemistry（生物化学）以及免疫等] 的学生，一方面是学习 biomedical（生物医学）或者 basic medical（基础医学）的学生（这两个专业一般设置在医学院里，但是主要从事的是基础研究，本质上所做的东西与生物并无二致）。国内读医学的学生在申请生物这个方向的时候并不占优势，因为我国的医学教育与国外有很大的差异。我们的学生，上了本科直接就去读医科，在医科的学习中很多基础东西并没有学习，很多基础课程是有缺失的。在美国，我们可以看到，每所大型医院都会有相应的医学研究中心或实验室，这个研究中

心主要就是从事医学基础研究的。国内相应的医学专业则并不重视医学基础研究，美国的医学院与其他职业学院，如法学院一样，并没有开设本科学位，仅仅在很多大学当中开设一些 Pre Med（医学预科）课程。在美国大学的申请中，基础课程的重要性，与专业背景一样，是左右最终申请结果的两大客观因素之一。

那么公共卫生呢？实际上，大部分公共卫生专业的学生，并不适合申请生物专业，比如 Nursing（护理），这些专业很类似于文科专业，一些基础的生物学知识学习得非常少，比如说做糖尿病的研究，更多的是通过分析患病人群的饮食习惯、生活习惯，来分析为什么发病，或者怎样预防。这与生物学或者医学的研究有些不一样。对生物的研究已经进入到一个很微观的层面了，比如说研究某基因对于发病的影响等。当然有一些公共卫生的专业是具备申请生物学的可能性的，即以 research（研究）为基础的一些专业。但是这些专业的学生，同样面临与国内医科学生一样的问题，就是基础课的缺失。不要小瞧基础课缺失的劣势，如果学过相关的基础课，美国人就会认为申请者可以在很短的时间内就能捡起这些以前所学过的知识，但是如果没有学过，他们就会认为申请者还需要培训，还需要时间，不能那么快上手。所以，学公共卫生的学生，如果有人告诉你，生物好申请，那么需要谨慎对待。因为极有可能虽然被录取了，但是由于基础知识的缺失，读起来会很痛苦。当然，学公共卫生的学生也不能申请医学，但是学医学的学生，倒是能申请公卫。

生物学里面还有一类专业要额外提一下，即生物统计专业。生物统计专业有很多的名称，如 biostatistics, bio-system, bioinformatics 等，一般设置在数学系、CS、生物系、医学院、公共卫生下面。设置在数学和 CS 下的更加注重数学的方式方法的学习。设在生物下的和医学院下的会有一些相似，但是设在医学院下的会更难申请一些。而设在公共卫生下的，研究的对象会有些不一样。虽然各个专业的名字相近，但是对申请者的基础条件的要求还是会有不同的侧重点。在申请的时候，切记不要看名字去申请，而是要看具体的要求。而具体的要求无非两点：基础课的要求和申请背景的要求。

3. 生物学就业

无论是在哪里，生物专业都是被戏称为毕业即失业的专业，无论是在中国还是在美国。但是不是就没有办法就业了呢？当然不是，生物专业的毕业生大部分都去了研究机构、大学等。进入学校工作就是任教，而到研究所工作则有些不一样。一般研究所都是依托于某大型的生物产业公司，或者直接就是这些公司的研究中心。所以在选择学校的时候，在同等前提之下，我们应该更加注重地理位置因素，去选择那些产业相对发达区域的院校。

许多州的经济都高度依赖于生物制药产业，包括：新泽西州（NJ）、马萨诸塞州（MA）、印第安纳州（IN）、北卡罗来纳州（NC）、康涅狄格州（CT）、宾夕法尼亚州（PA）、加利福尼亚州（CA）、犹他州（UT）、马里兰州（MD）、纽约州（NY）、罗得岛州（RI）、华盛顿州（DC）。

对于可预见的发展潜力来说，在内华达州（NV）、佛蒙特州（VT）、亚拉巴马州（AL）、新罕布什尔州（NH）、佛罗里达州（FL）和西弗吉尼亚州（WV）等州，生物制药业是拉动其经济增长的主要力量。

当前，生物制药业的研发和制造集中在美国少数几个地区。传统的美国制药业倾向于集群式发展，主要集中在新泽西州（New Jersey）—纽约州（New York）—宾夕法尼亚州（Pennsylvania）地带。处于起步阶段的生物技术公司大数集聚于生物技术领域研究水平领先的大学附近，如旧金山湾区（San Francisco）、圣地亚哥（San Diego）、纽约（New York）、波士顿（Boston）、罗利（Raleigh）、德罕（Durham）、教堂山（Chapel Hill）、西雅图（Seattle）。当然，许多其他地区也在积极促进其生物制药业的发展。

生物制药创新环境指数包含四方面内容：生物制药研发资金、生物制药业风险投资资金、生物制药人才、生物制药创新成果。基本的计算方法为，比较上述四个指标各州的人均值的相对值。例如：新泽西州（很多世界级的生物制药公司的研发中心都在这里）的人均生物制药研发经费为全美最高，我们取其值为 100，再将其他各州的人均值与其比较得出各州的相对值。前 10 位的州有 7 个位于东部地区，而这 7 个中又有 6 个位于或接壤于该产业的集聚区新英格兰地区和大西洋地区中部。前 10 位的另外 3 个西部州中有 2 个位于太平洋地区，1 个位于大山地区。

新英格兰地区的马萨诸塞州和康涅狄格州（分别为 85.8 和 81.2）、大西洋地区南部的马里兰州（82.3）的指数值高于 80。东部地区位于前 10 位的其他各州指数值均高于 70：新泽西州 79.8、宾夕法尼亚州 75.4、北卡罗来纳州 75.0。位列第 10 的纽约州指数值为 66.5。比例较少的西部各州中，加利福尼亚州位列第 6（75.3），其后为太平洋地区的华盛顿州（70.9），大山地区的科罗拉多州（70.5）。

指数值介于 60~80 的州中，新泽西州居首（79.8）。该组共有 15 个州：新泽西州、宾夕法尼亚州、加利福尼亚州、北卡罗来纳州、华盛顿州、科罗拉多州、纽约州、犹他州、伊利诺伊州、特拉华州、明尼苏达州、密苏里州、罗得岛州、威斯康星州、密歇根州。除新泽西州外，具有世界一流生物制药创新能力的州包括：东北地区的宾夕法尼亚州和纽约州、大西洋地区南部的北卡罗来纳州、中西部地区的伊利诺伊州和明尼苏达州、西部的加利福尼亚州和犹他州。

在了解了各州的情况之后，于是想申请生物学相关专业的学生可以首选在这些地区附近选择学校。

4. 申请难度分析

申请难度是一个相对概念，一方面是申请者自己的条件，最基础的条件如下：申请者的基础课、标准考试成绩、研究经历、有无发表论文、PS 写得是否出彩、是否找到了合适的人写推荐信等。排除了这些因素之外，还有一些其他因素，这就是我们现在要讨论的问题。

专业的定位肯定是要服从专业的匹配度的。如果没有专业匹配度，那么相对再好申请的专业申请了都不会有好结果，或者说是得到好结果的概率非常小。无论是研究生也好，还是本科生也好，在申请准备之初，都需要有一个专业方向的选择。学校对于本科生的考察，更多的是考察申请者是否有发展潜力，是否有可塑性。对于研究生的要求就要实际得多，无论是谁，如果没有任何研究经历，申请结果都将会是失败。另外，申请的准备工作不是要到了截止日期之前才去准备，而是要从大一一入学就开始，从大一入学就去探寻自己喜欢的方向。明确方向之后，再在这个专业领域做更多的事情以做积累，比如说，参加 summer research program（暑期研究项目）等。

对于本科生来说，我们所做的这些都是为了让学校看到我们在所学专业领域的兴趣，以及为了自己的兴趣做了哪些努力，取得了什么样的结果，发现了什么问题，怎么去解决问题，以及长期目标，去读 PhD 或硕士怎么实现自己的价值等；让学校看到，你是个努力的学生，是一个有计划的学生，是一个在专业领域有热情的学生，是一个对专业有一定认识的学生，以此让学校看到你是个值得培养的学生。

而对于研究生，同样要突出的是对专业的热情，但是更为重要的是，学校想知道你已经会做什么了，你有什么样的技术，你具有什么样的经历，你的技术和经历能如何帮助你的导师。就像找工作，看你之前的工作经历能怎么有益于现有的工作，以及你在现有工作岗位上有怎样的发展。

总而言之，什么是影响申请难度的因素呢？专业是否匹配。如果非要排除一些外部因素去给专业做个难易度的排名，那么如下顺序可做参考。

分子 / 生化：相对是最好申请的，因为无论是分子也好还是生化也好，都是一种技术性的东西，在各个方面都会涉及和用到。并且分子和生化的实验多数都是依托一种疾病或载体来进行研究，所以一般这个院系或者专业都非常大，并且研究经费相对充足，由于研究的特殊性几乎年年都在招生。这个方向相对是最好申请的。

细胞：这个方向一般都会和分子在一起，相对来说这个方向是美国人比较重视的传统方向。有一种惯性思维在里面，似乎做基础研究的人都会想要做这个。这个方向竞争非常激烈。如果不是专业非常匹配的话不建议申请。一般来说，最好先套磁看看，视结果而定。

免疫：这个方向很多时候都涉及了一些临床知识。但凡是涉及临床的没有好申请的，难度都非常大，竞争激烈并且提供的机会少。想要申请，没有别的，就是看教授，套磁。如果这个工作进展得不好的话，很难申请。

病理：同上，在申请的时候就是看教授，看套磁。

生理：同上。

由上可知，几个研究方向的相对申请难度排序如下：

Easy ——————————————————————————————→ Difficult

分子/生化　　　　　细胞　　　　　免疫　　　　　生理　　　　　病理

（五）Industrial Engineering 工业工程

1. IE 专业概括

IE 一直都是工程类里比较热门的专业。不仅仅是学 IE 本专业的人，连一些学其他工程类专业的学生也都来凑热闹（比如 CS，EE 等）。造成这种现象的原因有两个：一方面，大家错误地认为这个专业偏重于管理而不是技术，认为对自己未来的发展有积极的影响；另外一方面，这个专业对于学生的背景并没有太多的要求，比如 University of Michigan at Ann Arbor 要求学生学过两年（四个学期）的 Calculus、两年的 Science 课程（包括 Chemistry，Physics 或者 Biology）、概率论、统计、线性代数、计算机编程（必须会编程语言）。而可以满足这样条件的学生，从 Physics，Biology，Chemistry 到 EE，CS，ME 等涵盖了基本上全部的理工科专业。

那么，什么是 IE 呢？简单点说，就是让生产流程、产品或系统变得更好的一个专业。其他的工程师是在创造东西，如何使得其他工程师创造东西时的系统和流程优化，就是工业工程师的职责，即创造或改善系统和流程。IE 是工程领域里最人性化的专业。工业工程师这一职业现在已经得到了广泛认可。在 20 世纪初，两名 IE 的奠基者 Frank 和 Lillian Gilbreth 帮助医院提出了一个做手术和培训医生、护士和技术员的方法，结果，做手术的时间大幅缩短，存活率得到了提升，这足以体现工业工程师在实际应用中的价值。在寻求优化流程的过程中，IE 的目的就是帮助减少或消除各个领域的浪费，尤其是时间、金钱、材料和能源的浪费。

从大方向来讲，IE 可以分为 Human Factor（人因学），Manufacturing（制造业），Operation Research（运筹学），Production（生产）这四个大方向。

其中 Human Factor 和 Operation Research 属于新兴方向，专业都比较年轻。Operation Research 起源于第二次世界大战时对物资的分配和统筹，数理含量非常高，不仅仅在 IE 下有相关方向，在有些数学系下设专业也有相关的研究。Operation Research 还可以延伸出 Financial Engineering（我们在关于金融的部分中会有更详细的说明），Project Management（项目管理），Engineering Management（工程管理：在一些学校该专业已经独立出来了，比如 Stanford University 和 George Washington University）等方向。Human Factor 不仅仅在 IE 下有，在 CS 下也有相关的方向。事实上，这也说明了工科的特点：各个专业之间的交叉。

Manufacturing 和 Production 可以算是传统方向。Manufacturing 是有关制造方面的，非常偏工厂端，与 Mechanical Engineering 的交叉比较多；Production 可以说是 Distributed Control（分散控制），Supply Chain（供应链），Analysis and Modeling（分析和模拟）、Transportation（运输），Logistics（物流），Stock Theory（存货理论），Queuing Theory（排队理论）以及 Game Theory（博弈论）等的应用。

如果细分的话，我们可以把 IE 分为以下诸多方向：

• Project Management 项目管理
• Manufacturing, Production and Distribution 制造、生产和分销
• Supply Chain Management 供应链管理
• Productivity, Methods and Process Engineering 生产率、方法和过程工程
• Quality Measurement and Improvement 质量检测与改进
• Program Management 项目管理
• Ergonomics/Human Factors 人因学
• Technology Development and Transfer 技术开发和转让
• Strategic Planning 战略规划
• Management of Change 变革管理
• Financial Engineering 金融工程

这 11 个大的方向下又有很多小的分支：

（1）Project Management 项目管理

• Develop the detailed work breakdown structure of complex activities and form them into an integrated plan 规划复杂活动的详细任务分解结构，形成整合计划

- Provide time-based schedules and resource allocations for complex plans or implementations 为复杂计划或实施方案提供时间进度表以及资源分配策略
- Use project management techniques to perform Industrial Engineering analyses and investigations 利用项目管理技术进行工业工程分析和调查
- Conduct facility planning and facility layout development of new and revised production plants and office buildings 对新的以及改造过的生产厂房和办公楼进行设备规划与布局
- Form and direct both small and large teams that work towards a defined objective, scope & deliverables 组建和指导朝着特定目标、范围和可交付成果而努力的小型和大型团队
- Perform risk analysis of various project options and outcomes 对各种项目选项和成果进行风险分析

（2）Manufacturing, Production and Distribution 制造、生产和分销

- Participate in design reviews to ensure manufacturability of the product 参与设计评审以确保产品的可生产性
- Determine methods and procedures for production distribution activity 为产品分销活动确定方法和流程
- Create documentation and work instructions for production and distribution 为生产和分销创建工作文件和工作说明
- Manage resources and maintain schedule requirements to meet required production and distribution schedules 管理资源、确保进度要求以实现规定的生产和分销进程
- Process Optimization utilizing simulation tools（Arena，etc）利用模拟分析工具（例如 Arena 等）实现过程优化
- Facilitate and lead process improvement teams 协助和领导流程改进团队

（3）Supply Chain Management 供应链管理

- Manage supplier relationships 管理供应商关系
- Manage and report on company supplier cost/ performance indices to management 管理、汇报公司供应商成本 / 性能指标
- Audit suppliers and ensure supplier processes and procedures are being followed 审核供应商，确保供方遵循流程
- Travel to suppliers to resolve issues 到供应商处商谈以解决问题
- Coordinate first article inspections 协调首件产品的检测
- Work with outsource manufacturers to ensure product quality, delivery and cost, is maintained 维持与外包商合作以保证产品质量、顺利交付和成本

（4）Productivity, Methods and Process Engineering 生产率、方法和过程工程

- Define proper work methods for tasks 确定合适的任务完成方法
- Define appropriate processes for work flow activities 确定合理的工作流程

- Define key production measures 确定关键的生产措施
- Define goals and data capture/analysis for key measures 确定核心措施的目标和数据获取／分析
- Perform root cause analysis to improve poor performing processes 进行根本原因分析以改进较差的操作流程
- Develop appropriate incentive plans for work tasks 为工作任务制定适宜的激励计划
- Determine capacity requirements and subsequent investment options 确定能力需求以及相应的投资选择

（5）**Quality Measurement and Improvement 质量检测与改进**

- Resolve quality-related issues in all aspects of the business 解决企业各方面所有与质量相关的问题
- Work with design and production teams and outsource manufacturers to ensure product quality is maintained during the design and production phases 在设计和生产阶段，与设计和生产团队、外包制造商合作以确保产品质量
- Audit defined processes and procedures to ensure that they are being followed 审核规定的程序和流程以确保它们按照规定进行
- Coordinate and facilitate 3rd party quality audits 协调和促进第三方质量审核
- Provide refresher training on procedures for company personnel on quality and process-related issues, including the use of analytical tools and techniques such as SPC, Six Sigma, etc. 在质量和流程相关问题上，对公司员工提供生产进修培训，包括利用分析工具和技术，例如 SPC, Six Sigma 等
- Manage and resolve issues with incoming material through the receiving process 在接收过程，管理并解决与来料相关的问题

（6）**Program Management 项目管理**

- Develop proposals for new programs 对新项目制订方案
- Manage program/project teams to ensure program stays on schedule, on budget, and meets performance expectations 管理项目团队，以确保项目按照原定计划和预算进行，并达到预期效果。
- Coordinate a matrix of team member across departments within an organization to ensure completion of project tasks 在一个机构里，协调不同部门的不同团队成员以确保项目任务的完成

（7）**Ergonomics/Human Factors 人因学**

- Ensure Human Factors Engineering is utilized in New Product Design 确保人因学工程在新产品设计上的使用
- Ensure Human Factors Engineering disciplines are utilized in production setup and configuration 确保人因学工程在产品安装和配置方面的使用
- Ensure company Ergonomics policies are defined to minimize causes of employee injury and discomfort 确保公司人因学政策的确定，以最小化引起雇员受伤和不适的成因

（8）Technology Development and Transfer 技术开发和转让

- Identify basic business problems requiring analysis 识别需要分析的基本业务问题
- Determine if technology or process-based solution best 确定以技术或流程为基础的解决方案是否是最好的
- Characterize problem, identify prospective providers/bidders and submit requests for proposals 定性问题，确定潜在的供应商／投标商，并且提交征询方案
- Evaluate bid responses, select successful bidder（s）and establish technical feasibility 评估投标反馈，选择成功的投标商，确定技术可行性
- Conduct small scale/medium scale tests to determine operational feasibility, implementation methods and training requirements 进行小规模／中等规模的测试来确定操作的可行性、实施方法和培训要求
- Conduct enterprise-wide implementation 企业范围内实施
- Transition support activities/responsibilities to long term business and technology owners 为长期业务伙伴和技术所有者提供转让支持的活动和责任

（9）Strategic Planning 战略规划

- Develop long range planning models, typically 5—10 years in scope 制定长期规划，一般是 5—10 年规划
- Model all areas affected by operation 为操作会影响到的各个方面做模型
- Identify anticipated investment in plant, capacity, network, etc 确定在工厂、生产能力、网络等方面的预期投资
- Tie to preliminary production cost, operational cost, sales forecasts 绑定初步的生产成本、经营成本、销售预测
- Develop preliminary financial impacts, including profitability and ROI 明确初步的财务影响因素，包括利润率和投资回报率

（10）Management of Change 变革管理

- Ensure that change programs are coordinated, support one another and move along the critical path 确保协调好变革项目，使它们互相支持并且沿着正轨前进
- Create and maintain the imperative for the change, establish priorities and provide visible sponsorship for the change 建立并确保满足变革的必要要求，确定优先事项，并为变革提供有形的支持
- Provide the skills, knowledge, processes, organization structure and tools required to deliver the change 提供推动变革所需的技能、知识、流程、组织结构和工具
- Ensure that the individuals involved buy into the change, actively support it and adopt their behavior accordingly 确保每个相关人员融入变革、积极支持变革并采取相应的行动

（11）Financial Engineering 金融工程

- Determine production costs using specific cost-based methodology 采用具体的基于成本的方法来确定生产成本

- Develop budgets, forecasts for operating cost centers 为运营成本中心确定预算和预测
- Measure actual performance vs budget goals and investigate variance 测算实际表现和预算目标，调研差异
- Develop capital and expense budgets for capacity expansion 为扩大生产能力确定资本开支和费用预算
- Perform cost analysis/justification for capital and expense expenditures 对资本开支和费用预算进行成本分析和调整
- Perform make vs buy vs lease analyses 进行制造、购买与租赁分析

2. IE 专业的申请概括

大部分开设 IE 的院系，都比较"穷"。这点很容易理解：因为无论是 CS 还是 EE，都是做研发的，研发成功能直接转化成产品，而 IE 是做方式方法的，见效慢并且还有很多其他方面的因素影响着最终结果。所以，想从企业里拿到资金，就一个字，难。就算拿到资金，量也不太大。这就造成了申请 IE 专业的奖学金难上加难。也正由于这个原因，很多顶级的 IE 院系争相开设 Financial Engineering，收取相对较高的学费（金融工程学费通常都很高，当然这另一方面也源于许多人都在做着的金融梦，这是后话了）。下面我们简单介绍一下七所典型的开设 IE 的学校。

(1) Georgia Institute of Technology

做的主要是传统方向，院系规模大，专业方向开设相对全一些，主要以 Optimization（优化）为主。一般来说，做传统方向的学校奖学金申请起来难度较大。如下是该校的工业工程学院（H. Milton Stewart School of Industrial and Systems Engineering）开设的专业：

- Master of Science in Industrial Engineering 工业工程理学硕士（MSIE）
- Master of Science in Supply Chain Engineering 供应链工程理学硕士
- Master of Science in Operations Research 运筹学理学硕士（MSOR）
- Master of Science in Statistics 统计学理学硕士（MSStat）
- Master of Science in Health Systems 医疗卫生体系理学硕士（MSHS）
- Master of Science in Quantitative and Computational Finance 计量金融理学硕士（MSQCF）
- Master of Science in Computational Science and Engineering 计算机科学和工程理学硕士
- Executive Master of Science in International Logistics 国际物流理学管理硕士（EMIL）

(2) Pennsylvania State University

全世界第一所开设 IE 的学校，偏重传统的 Manufacturing。

(3) Purdue University

School of Industrial Engineering 是美国历史最悠久的 IE 系之一，做的方向也是比较偏重于传统方向，不过该校的 Human Factor 做得也有声有色，相对来说发展更加均衡。同时该校喜欢招收不同背景的学生，比如说来自于 EE, ME, Math 等专业的学生。

(4) University of Michigan-Ann Arbor

Department of Industrial and Operations Engineering 的特点是各个领域发展均衡，没有最好的，但是都比较强。一般来说，录取相对容易，但奖学金不好争取，而且它的学费是

州立学校里最贵的学校之一。

（5）University of California Berkeley

院系规模小而精，无论是录取，还是申请奖学金都非常难。

（6）Stanford University

该校的系比较特殊，名字叫作 Management Science and Engineering，所做的方向偏向于 Operations Research，与传统的 IE 还不太一样，也是最早开设 Management Engineering 的学校之一，申请难度非常大。

（7）Columbia University

整个系依托于 Operations Research，不仅开设了 Financial Engineering，还开设了 Management Engineering。Financial Engineering 申请难度较大，Operations Research 和 Management Engineering 申请起来相对容易。其中 Operations Research 的招生规模最大。其 Department of Industrial Engineering & Operations Research 开设的专业和学位如下：

- Master of Science in Management Science and Engineering 管理科学和工程学理学硕士
- Master of Science in Financial Engineering 金融工程理学硕士
- PhD in Industrial Engineering and Operations Research 工业工程和运筹学博士
- Master of Science in Operations Research 运筹学理学硕士

备注：以上七所学校的录取难易度比较均指 2012 年以前。

IE 申请 Tips：

- GRE
- TOEFL
- GPA
- 理工类专业背景

3. IE 专业就业之路

上面我们说过，很多学生在选择 IE 专业的时候都存在一些误区，认为这个专业是偏管理的专业，而且认为这个专业的就业前景好。客观来说，IE 专业确实是就业广泛的专业，可以从事的行业非常多，但可从事行业多不代表就业率高。相对来说，IE 专业毕业生在工程类专业毕业生里平均起薪是最低的。这与这个行业的技术含量相对低一些有关系。在美国，技术含量高的专业，就业一般都比较好，起薪也比较高。另外就业也与行业发展有关系。IE 的传统方向主要面对工厂以及传统工业（汽车制造等），而这些行业在美国已经步入黄昏，很多工厂外迁，好不容易有几家工厂在国内，还不景气。在这样的情况之下，就业便变得不那么容易。但是新兴方向的就业相对会好很多，比如 Human Factor，Operations Research，Financial Engineering 等。

我们上面说了，IE 的就业面非常广，下面是 IE 的学生可能就业的领域：

- Aerospace & Airplanes 航天业
- Aluminum & Steel 铝业和钢铁业
- Banking 银行业
- Ceramics 制陶业

- Construction 建筑业
- Consulting 咨询
- Electronics Assembly 电子装配
- Energy 能源
- Entertainment 娱乐
- Forestry & Logging 林业和采伐业
- Insurance 保险
- Materials Testing 材料检测
- Medical Services 医疗服务
- Military 军事
- Mining 矿业
- Oil & Gas 油气业
- Plastics & Forming 塑料成型业
- Retail 零售业
- Shipbuilding 造船业
- Transportation 运输

IE 常用技术：

- Benchmarking 基准测试
- Design of Experiments 实验设计
- Employee Involvement 员工参与体系
- Equipment Utilization 设备使用
- Flow Diagramming 流程图
- Information & Data Flow Diagramming 信息与数据流程制表
- Lean Manufacturing 精益生产（一种以减少废品为目的的制造方法）
- Modeling & Testing 建模和测试
- Operations Auditing 运营审计
- Organizational Analysis 组织分析
- Pilot Programs 试点计划
- Plant & Equipment Layout 厂房和设备布置
- Project Management 项目管理
- Simulation 模拟
- Six Sigma Projects 六西格玛项目
- Statistical Analysis 统计分析
- Strategic Planning 战略规划
- Theory of Constraints 限制理论
- Time Studies 工时定额研究
- Work Sampling 工作抽样

IE 常用网址：http://www.iienet.org

（六）金融专业

　　金融专业在中国已经是一个相对泛滥的专业，于是催生了大批申请金融专业的学生。而中国国内的金融热，又使得很多其他专业的学生加入到金融专业申请的大军中。比如，经济学专业的学生、数学专业的学生和会计学专业的学生等，甚至有若干学生在还不知道"金融"为何物的情况下也毅然决然地加入了该队伍之中。这也造成了金融申请者的庞大队伍与美国开设金融专业硕士学位的学校数量屈指可数的强烈对比。这种现象所引发的另外一个问题就是：去美国读金融，到底值得还是不值得？申请人本来可以在国内保研，保研后的前景是可以预见的，是光明的，那么多从美国读完金融专业的学长，他们的就业也不见得多么光鲜亮丽。

　　鉴于这些问题，本文从以下几个方面来介绍这一专业，希望对想出国、要出国、待出国、犹豫是否要出国的学生有所帮助。

1. 金融专业的申请方向

　　总体来说，金融专业的申请分为三个大方面：MBA 金融方向、普通型金融硕士、广义金融工程专业。我们在这里主要讨论金融普通型硕士及广义金融工程专业。

（1）MBA 金融方向

　　作为 MBA 的申请者，更重要的是工作背景及经验。而这样的申请并不适合广大在校学生，这一点从很多方面都可以得到印证。大部分的申请者在入学时已经具备一定的工作经验了。比如 University of Virginia 在 2010 年录取的学生，在入学时平均具有四年左右的工作经验，而这对于大部分在校学生来说是不可能的。同样，在申请过程当中，之前的教育背景，如学过什么样的课程、做过什么样的研究项目或课题，对于申请人在 MBA 阶段的申请中已经起不到特别大的影响了。大部分读 MBA 的人是理工科背景而非商科或经济相关学科背景。而 MBA 的金融方向从本质上来说，更多的是基础理论知识的学习，因为很多入学者本身并不具备很强的专业知识背景，同时在学习的过程中有大量的案例分析。而普通型硕士更加专业化一些，更加技术一些。我们在这里对 MBA 的申请不进行过多的赘述。

（2）普通型金融硕士

　　普通型金融硕士学位一般开设在商学院当中，但是美国商学院的课程设置不同于我们对此的传统认识。美国商学院主要以 MBA 教育为主，所以开设普通型金融硕士学位的学校是非常少的。但是，普通型金融硕士已经在商学院里的普通硕士里是除普通型会计硕士外第二多的学位了。排名前 30 的大学里仅有五所左右的学校开设此学位，排名前 100 的大学中也仅仅有二三十所学校开设此专业，这可能远远超出很多学生的意料。在金融如此发达的美国，居然只有这么少的学校开设金融专业！而排名前 100 的学校一共又能招收多少学生呢？首先我们从概率的角度来看，假使我们认定平均每所学校每年招收 10 名中国大陆学生，满打满算排名前 100 的总招生人数也不会超过 300 名中国学生。这还仅仅是理论上的数字，而在我们中国又有多少学生在准备 GMAT 考试？作为申请者的你可以看看你身边有多少同学在准备申请相关专业，从中就可以了解竞争到底有多激烈。

在这里我们一开始就讲竞争是如何激烈，并不是为了吓跑申请人。真正的目的是要告诉你，不是像你想象得那么简单。那么到底应该如何面对申请，如何准备申请？首先，我们肯定需要知道申请人到底符不符合申请金融专业的基本条件。什么是基本条件？就是学过什么样的课程。有的人会说，我本身学的就是金融，那么我申请金融肯定没有问题的。这样的说法不能说不对，但至少是不严谨的。美国本科金融专业设置的数理课程是非常丰富的，而我们中国大部分大学的金融专业的数学含量较少。所以在申请普通型金融硕士的时候，很多学校对申请人所学的数学课有一定的要求，比如有些学校会要求学生一共修过五门与数学相关的课程，并在填写网申表格的时候就罗列出所学数学课的名称。我们知道金融是个赚钱的行业，所以很多学生都削尖了脑袋往里钻。那么对数学课程的要求比较高，是不是学数学的人申请商科类金融硕士就非常有优势了呢？其实也是不对的。比如说Washington University in St. Louis 要求学生学过 Principles of Microeconomics，如果你是学数学的，但是你又没有学相应的课程，你被录取的概率有多大呢？竞争是你必须要了解的概念。在中国有多少申请者具备这样的条件呢？如果你不具备，凭什么你会被录取呢？我相信在众多申请者中符合条件的申请者绝对数量很大，那么凭什么会录取不符合条件的你而不是那些符合条件的呢？很多人都在讲留学申请要早准备，那准备什么？专业背景怎么加强？加强什么？

第一，申请人必须要加强自己的学术背景，多看看学校的要求，至少要在课程上符合学校的要求。如果不符合，那么你的申请就非常危险了。

第二，提高自己的分数，首先是 TOEFL 和 GMAT 分数。分数是什么？起到多大的作用？分数是门槛，是敲门砖。比如 MIT 的 MFin 项目，平均 TOEFL 分数为 107 分，GMAT 平均分数为 731 分。那么一般来说，国际学生 TOEFL 要达到 100 分，而 GMAT 至少要达到 700 分。而且这个分数每年都是浮动的。原因在于美国学校的招生和录取制度。负责招生的委员会大都是在职的教授和学生。而他们的工作与学习压力都非常大，都仅仅利用自己的业余时间去处理与申请相关的事宜。而申请的人数逐年增多，早已多到超出他们所能承受的极限了。在这样的情况之下只能依靠分数去进行第一步的筛选。一般来说，学校会用分数做一个排名，卡人的话会有一个比例，而这个分数通常会根据当年申请者的情况而浮动。所以，有一个有竞争力的分数，是确保学校审理你材料的前提。

注意：在商学院的申请中，有工作经验和没有工作经验的差异非常大。与有工作经验的申请者相比，没有工作经验的申请者 GMAT 多考几十分都很难被录取。比如在University of Rochester 的官网上可以看到该校的 GMAT 平均分是 662 分，但是没有工作经验本科生申请者的分数在 700 分以下被录取的情况很少见。而学校官方提供的统计资料都是包含有工作经验的申请者的数据。所以有的时候需要理性地看待这些数据。

第三，加强自己的专业背景。我们刚刚所讲的一切，都是确保申请人有机会进入到审理材料的阶段，让申请人有机会与其他人一起竞争。而真正竞争的时候就是刺刀见红的时候。申请人的软实力即将发挥重要作用。每个申请人都知道去证券公司或去银行等金融机构实习。你的竞争对手都有类似的经历。不同人只是去了不同的机构，没有什么本质的区别。那什么是本质的区别？就是你的想法，你的收获，你在实习中对专业知识理解的升华。这些东西就是最终需要落实到申请文件上的东西。

以下是几所大学的个案分析：

Princeton University: 招收中国申请者人数很少的学校，每年招收一名都不能保证。该校学术化氛围很浓，数学课含量非常高，更多的是侧重数学及计算机技能在金融领域的应用。该校的课程本质上是我们在下面将要讲的广义金融工程。该校每年招收 25 人左右。

MIT：2011 年录取的中国学生相对多了一些，录取生源主要集中在中国的一些名校。也就是说在申请该校的时候，你的学校出身是比较重要的，同时你在校的 GPA 也非常重要。2011 年国际学生比例大幅上升至 85%。

Vanderbilt University: 该校应该是五所排名前 30 的学校里相对容易申请的学校，但是仅仅是相对比较容易。2011 年招生 38 人，国际学生比例是 32%。

Washington University in St. Louis：该校招收的学生，很多样化，没有特别倾向录取哪所学校的学生。如果申请人有一定的工作经验，在申请的时候会占非常大的优势。分数是申请人申请的一个很重要的门槛。2011 年 GMAT 平均分数为 722 分，有工作经验的学生的比例为 39%。

Johns Hopkins University：该校对工作经验的要求非常高。授课主要以晚上及周六日为主。在该校的硕士项目中 Part Time 的学生占了很大比重。同时请注意，该校的 Finance 教学以 Part Time 为主，在申请的时候你只能申请 Part Time。但是该校会为国际学生作 I-20 表格以方便他们签证。需要特别说明的是该校在 2013 年新开设了一个 Full time 的 MS in Finance 项目。另外，该校要求申请人在申请的时候做 WES 的成绩单认证，且不能不做。

（3）广义金融工程

开设金融工程专业的学校主要分为两类：一类是工程类，比如 Columbia University 的 IEOR (Industrial Engineering and Operation Research) 下有 Financial Engineering，而 Cornell University 的 Financial Engineering 设 在 ORIE (Operation Research and Information Engineering) 下。另一类是数学类，比如说同样是 Columbia University, Mathematics Finance 设在 Mathematics 下面, New York University 的 Mathematics Finance 也是设在 Mathematics 下面。当然也会有一些特例，比如说 Carnegie Mellon University（CMU）的 Computational Finance 设在商学院，但是属于工程类。而像 Boston University 下的 Mathematics Finance 又是设在商学院，但从学科设置及分类上来看属于数学类。

很多网站（包括美国的网站）会把这两类金融工程划为一类，这在很多时候会让申请人产生误解。申请人会错误地认为这两类金融工程在招生时的标准是完全相似的。虽然它们的要求大部分都是类似的，但是会有一些不同的偏向性。例如，我们可以看到 CMU 的 Computational Finance 和 Columbia University 的 Mathematics Finance 都对 Calculus 和 C ++ Programming 有要求，但是 Columbia University 的要求会更多一些，例如在数学方面的要求有 Elementary Differential Equations。而从这样的细节可以看出，他们所学的东西更加偏数学一些，而 CMU 更偏重 Programming。总体上，类似于 Financial Time Series Analysis, Stochastic Calculus for Finance 这样的课程基本上都会开设。虽然差异并不大，但是具体细节上的差异性最终还是造成了对于申请背景要求的不同。Columbia 对数学的要求会更多，CMU 对 Programming 的能力要求更多一点。

Financial Engineering 既然有 Engineering 的字眼，我们就要明确了解 Engineering 的概念。往大的方面说，就是解决方案。比如说，NYU Poly（Polytechnic Institute of New York University）的 Financial Engineering 虽然不是最好的，但是也极具特色。比如该校做出了 ATM（自动提款机）、纳斯达克自动报价系统等。由此我们可以看出工程是什么概念，工程不仅仅是数学建模，不仅仅是编程，是系统解决方案，其中涵盖了硬件、软件以及人员培训。

从学校的要求来看，实际上这两种金融工程项目，都非常适合数学背景强、有很强编程能力的人。比如说 Stanford University 的 Financial Mathematics 专业的学生，基本上为 Computer Science 或 Mathematics 专业毕业的学生。又比如说在 Stanford University 专业这个项目中有一名北京大学的学生虽然专业是 Finance，但是他的双学位拿的是 Math and Applied Math。我们说了这么多，其实要表达的意思很简单：广义金融工程类的申请对申请者的数学及计算机背景要求非常高。除此之外，有相关的工作经验对申请人的申请会有很多的帮助。当然，除了在课上所学的知识外，申请人在学校的时候做过什么样的项目，尤其是能反映申请人的数理能力和编程能力的项目，也会在申请的时候起到很重要的作用，比如，去参加一个数学建模的项目，去参加一个调研活动（使用 SPSS，Matlab 或 SAS 等工具分析数据的项目）或参加一个使用 C++ 的项目。

对于申请者的背景，实际上无论什么学科都是两点要求：第一，学过的课程；第二，研究或专业背景。硬性的标准化考试，主要是要求 GRE 成绩。申请者如果主要考虑金融工程类的申请，那么要计划好你的时间。虽然有一些学校的 Mathematical Finance 开设在商学院（比如 Boston University），但也是接受 GRE 成绩的。

判断开设广义金融工程学校的好坏有很多标准，其中以 *Advanced Trading* 和 *Quant Network* 这两家更为权威和公正一些。*Advanced Trading* 并没有作出具体的排名，但是列出了最受认可的 10 所学校，分别为：

Carnegie Mellon University

Columbia University

Cornell University

New York University

Princeton University

Rutgers University

Stanford University

University of California at Berkeley

University of Chicago

University of Michigan

129

Quant Network 则作出了相应的排名：

1-5

Carnegie Mellon University MS, Computational Finance

Columbia University MS, Financial Engineering

Princeton University MS, Finance

Stanford University MS, Financial Mathematics

University of Chicago MS, Financial Mathematics

6-10

Baruch College, City University of New York MS, Financial Engineering

Columbia University MA, Mathematics of Finance

Cornell University MEng, FE concentration

New York University MS, Mathematics in Finance

University of California at Berkeley MS, Financial Engineering

11-15

Boston University MS, Mathematical Finance

Georgia Institute of Technology MS, Quantitative and Computational Finance

North Carolina State University MS, Financial Mathematics

University of Illinois at Urbana-Champaign MS, Finance

University of Michigan MS, Financial Engineering

16-20

Claremont Graduate School MS, Financial Engineering

Rutgers University MS, Mathematical Finance

Rutgers University MS, Quantitative Finance

University of Southern California MS, Mathematical Finance

University of Toronto MS, Mathematical Finance

21-23

Florida State University MS, Financial Mathematics

Kent State University MS, Financial Engineering

Purdue University MS, Specialization in Computational Finance

　　排名仅仅是一个参考因素，由于不同的排名会有很多不同的参考因素，所以各家的排名都有自己的局限性。如果真想要了解详细信息，最好到学校的网站了解学校的具体信息。

　　申请 Tips：

• 微积分

• 线性代数

• 微分方程

• 概率论

- 统计学
- 数学分析
- 编程能力：C，C++，C#，Visual Basic，Matlab，SPSS，SAS 或 Fortran 等
- GRE

（4）金融与金融工程的对比分析

① 关于考试

金融专业多数学校接受的是 GMAT 成绩；而金融工程专业多数学校接受的则是 GRE 成绩，现在的趋势是这两个专业越来越可以既接受 GRE，又接受 GMAT。如下我们列出 29 所学校对 GRE 和 GMAT 的要求（2013 年的要求），希望可以帮助申请者作出决定。

NO.1 Princeton University

项目名称：Master in Finance

要求：GRE 或 GMAT 均可。

NO.2 Columbia University

项目名称 1：Master of Science in Financial Economics (MSFE)

要求：GRE 或 GMAT 均可。

项目名称 2：M.S. Financial Engineering

要求：GRE

NO.3 Massachusetts Institute of Technology

项目名称：Master of Finance

要求：GRE 或 GMAT 均可。

NO.4 Washington University in St. Louis

项目名称：Master of Science in finance

要求：GRE 或 GMAT 均可。

NO.5 Vanderbilt University

项目名称：MS Finance

要求：GRE 或 GMAT 均可。

NO.6 University of California—Berkeley

项目名称：Master of Financial Engineering

要求：GRE 或 GMAT 均可。

NO.7 Carnegie Mellon University

项目名称：Master of Science in Computational Finance

要求：GRE 或 GMAT 均可。

NO.8 University of California—Los Angeles

项目名称：Master of Financial Engineering

要求：GRE 或 GMAT 均可。

NO.9 Boston College

项目名称：Master of Science in Finance

要求：GRE 或 GMAT 均可。

NO.10 New York University

项目名称：Master of Science in Global Finance

要求：GMAT。

NO.11 Brandeis University

项目名称1：Master of Science in Finance

要求：GRE 或 GMAT 均可。

项目名称2：Master of Arts in International Economics and Finance

要求：GRE 或 GMAT 均可。

NO.12 Lehigh University

项目名称：Masters in Analytical Finance

要求：GRE 或 GMAT 均可。

NO.13 University of Rochester

项目名称：MS Finance

要求：GRE 或 GMAT 均可。

NO.14 Case Western Reserve University

项目名称：Master of Science in Management-Finance (MS Finance)

要求：GRE 或 GMAT 均可。

NO.15 Rensselaer Polytechnic Institute

项目名称：MS in Financial Engineering & Risk Analytics

要求：GRE 或 GMAT（preferred）均可。

NO.16 University of Texas—Austin

项目名称：MSF—Master of Science in Finance

要求：GRE 或 GMAT 均可。

NO.17 University of Wisconsin—Madison

项目名称：Quantitative Master in Finance (MS)

要求：GMAT。

NO.18 University of Illinois—Urbana-Champaign

项目名称：Master of Science in Finance

要求：GRE 或 GMAT 均可。

NO.19 George Washington University

项目名称：Master of Science in Finance

要求：GRE 或 GMAT 均可。

NO.20 Tulane University

项目名称：The New Orleans-Master of Science in Finance

要求：GRE 或 GMAT 均可。

NO.21 Pepperdine University

项目名称：Master of Science in Applied Finance

要求：GRE 或 GMAT 均可。

NO.22 University of Florida

项目名称：Master of Science in Finance (MSF)

要求：GMAT。

NO.23 Syracuse University

项目名称：MS in Finance

要求：GMAT。

NO.24 Boston University

项目名称：MS in Mathematical Finance

要求：GRE 或 GMAT 均可。

NO.25 Fordham University

项目名称：Master of Science in Global Finance (MSGF)

要求：GMAT。

NO.26 Ohio State University— Columbus

项目名称：Specialized Masters—Finance

要求：GMAT。

NO.27. Purdue University—West Lafayette

项目名称：Master of Science Degree (Finance)

要求：GRE 和 GMAT 均可。

NO.28 University of Maryland—College Park

项目名称：MS in Business: Finance

要求：GRE 或 GMAT 均可。

NO.29 Rutgers, the State University of New Jersey—New Brunswick

项目名称：Master of Quantitative Finance Program

要求：GRE 和 GMAT 均可。

② 关于对本科课程的要求

通常来说，金融和金融工程专业同样都要求学习过如下课程：微积分、线性代数和统计学。区别在于，金融工程专业除此之外，还要求修过其他课程，例如 Programming 的能力和附加的数学课程（数学分析）。同样，金融专业也会有一些其他的课程要求：如 Macroeconomics 等。

③ 关于申请难度

无论是金融专业也好，还是金融工程专业也好，现在都是非常热门的专业。现在大量的申请者都在削尖了脑袋往里钻。最终的结果就是申请形势极其恶化，并且是无序和不可预知的恶化。这两个专业在申请难度上来说都是所有专业中最难申请的专业之一。

④ 选择金融还是金融工程

如果具有一定的经济学理论知识和数学知识，并且有很强的专业背景，那么可以尝试申请金融专业。如果有很强的计算机背景及数学背景，能熟练使用各种统计软件及 C++ 这类语言，Programming 能力优秀，那么可以尝试金融工程方面的申请。

⑤ 其他

金融专业基本上都是开设在商学院，而金融工程多数是开设在数学或者工程下面，所以在授课方式上也会有一些不一样的地方。商学院的课程有大量的案例分析，而工程或数学下设的金融工程的学习更注重方式方法的学习。

2. 出国读金融还是在国内读金融

每年，在庞大的申请队伍中，除了坚决要出国的学生外，还有若干咨询者想要知道的并不是如何申请才能取得最大限度的成功，而是究竟是不是此时此刻要出国？

问题有两个：

出国是最有利于自己的发展吗？

此刻出国是最佳时机吗？

相比较坚决准备出国的人，该类人的问题会更加难以回答。因为这不仅仅是学习规划，还是职业规划，与其让别人做你的职业规划师，不如自己踏实下来做足调研，等到调研成功结束后，相信你会是你自己最好的职业规划师。

在这个苦恼的队伍中，金融专业的学生可能格外茫然的原因在于：

第一，开设金融专业的学校数量相对太少；

第二，难以释怀的名校情结；

第三，难以预见的就业前景。

解决这个问题，我们可以从以下问题逐步入手：

什么是你心中的名校？

这些名校是否开设金融专业？

这些专业的录取 profile，TOEFL，GRE，GMAT 的平均成绩是多少？ TOEFL，GRE，GMAT 的最低成绩是多少？

对于如上问题，进入学校网站调研。调研完成后，对于自己的规划是不是明确了呢？

什么是名校？在遥远对岸的我们，看待大洋彼岸的学校，由于不了解，所以就必须要有量化的东西在里面。我们很多学生很容易说出排名前 50 是名校，又或者排名前 30 是名校等。有量化衡量的东西是好的，因为名校的概念不能仅仅立足于抽象概念。但是这种量化结果会有很多不足的地方。比如 University of California-Berkeley 在很多世界排名上都高居排名前 10，但是到了 USNews（美国大学排名）上就一下掉到了 20 多名，可同样是 USNews 的世界排名，Berkeley 又升了上去。这说明什么呢？排名是按照一定的规则去做的，是规则就有它的局限性。排名不能反映这个学校的全部实力。现在很多美国人看是否是名校，一般是看这个学校是不是 AAU（Associate of American Universities）的成员。现在这个机构的成员有 61 所大学（两所为加拿大的大学，这些大学的名字详见附录 1）。关于该机构的具体介绍，详见附录 1。一般来说，在这个机构里的学校都是美国人公认的名校。

这些名校有几所开设了你想申请的专业呢？而这些学校的要求分数在什么范围内呢？如果你对这个分数望尘莫及，可是你又非这些学校不认为是名校，那么最好的选择无非两个：不怕将来后悔，大可放弃出国；尽全力尝试申请。申请和留学都是一次心灵的洗礼，是一个重新认识自己的过程。我们希望每个人，每位同学在申请之初就能树立一个正确的目标，清楚你自己的需求是什么，想要的是什么。

有的人真的是对金融这个行业非常感兴趣，那么我认为这种人去一个什么样的学校都可以，因为他们是去学习的。美国有研究生院的大学多达 1 700 多所，即使是排名前 100 的大学，从比例上看也是非常优秀的大学。所以，在这里你肯定能学到知识，学到你想要的知识。那么如果你仅仅就是想要一个出国的背景，好学校的背景，那么我奉劝你不要选择金融这个专业，因为很有可能激烈的竞争会让你失望。

我们知道，现在的社会，并不会因为你是从某某名校回来的，就会让你在顷刻之间找到一份月薪过万的工作，即使是找到一份月薪 5 000 元的工作也不是那么得容易。现在的用人单位越来越注重个人能力，处理实际工作的能力。而你从美国取得一个学位，哪怕是名校的学位，它们赋予你的也仅仅是一个知名大学硕士的名头，仅仅会保证你有很大的面试机会，而并没有办法保证你能得到一份工作。接下来你一样要与别人在一起竞争，经历面试、笔试等。成功与否更多的是由你的个人能力及专业知识所决定的，而不是学校的名头决定的。留学对于个人来说是一次洗礼。为什么是洗礼？在这个过程你会吃很多的苦头，可能对于那些没出国的人来说是一辈子都没有吃过的。要知道在美国的学习，不是上上课，考考试，然后就可以了。但美国大学里的分数也非常重要，只是他们计算分数的方式和方法更加科学，更加能反映你是否学到了东西，你的能力是否有提升。而在这样的过程当中你学会了如何面对未知的困难，学会了独自面对问题，真正学会了如何学习。这些能力给你带来的是在工作当中更大的发展潜力，让你能更快速地突破职业发展的瓶颈。但是这些都不一定能帮助你直接拿到高工资、高职位——这些往往都是要你通过你后续的努力和奋斗得到的。

我想，如此一来，是出国读金融还是在国内读金融，我们已经说得够清楚了。

3. 金融专业的相关问题（FAQ）

Q：我学心理学的，但是想要读金融，我修金融的第二学位有帮助吗？

A：修第二学位肯定对你有帮助。建议你在接下来的学习中，尽量多学习一些数学课。很多学校对数学课程有要求，比如说 Washington University in St. Louis。

Q：工程学院下的金融工程主要要求编程能力吗？

A：是对编程能力有要求的，一般需要会 C++。

Q：数学学院下的金融工程主要是理论方向吗？

A：不一定。这个要看具体的学校了，Stanford University 和 University of chicago 理论学习多一些，Columbia University 和 New York University 则少一些。

（七）会计专业

在广大的出国队伍中，会计专业一直与金融专业一样保持着同样的热度，原因也几近相似：中国有大批学习会计专业的学生（不管当初选择会计是因为家庭的影响，还是对会计的片面理解，抑或是真的了解会计），该类学生选择出国读会计是必然的选择。然而除此之外，有另外的一些学生，让人"又爱又恨又无可奈何"，且此类人不在少数，与其无

135

数次的沟通后，对于"什么是会计"得出的结论是"它是一门技术，学了后至少手上会有一门技术，不会流落街头、流离失所而找不到工作"，而对于自己在本科阶段所学专业完全不加考虑，不管本科学的是英语专业、中文专业、农学专业、园艺专业还是其他各种与会计完全不沾边儿的专业。除了这两种极端的学生之外，第三类学生是本科虽然不读会计专业，可是要么修了一个第二学位是会计专业，要么本科期间有意识地修过相关课程（而这些课程恰恰是申请美国会计硕士所需要的），相比较第二类，第三类看起来反而是早就做足了准备。

无论你属于哪一种，希望本文所述能为你的选择和申请助一臂之力。

1. 开设会计专业硕士学位院校之分析

正如我们在金融专业部分所说，美国商学院主要以 MBA 教育为主，所以开设会计硕士学位的学校并不是很多，而在商学院下面开设会计专业的学校在美国是数量最多的。尽管如此，按照 USNEWS 2011 年的排名，排名前 20 的学校也仅有两所学校开设；排名 20~30 的学校仅有五所学校开设，这两个数字在近五年来几乎没有变化。相对来说，50 名到 200 名之间的学校单独开设会计硕士学位的会多一些。

这说明了什么问题呢？对于一定要申请排名前 50，甚至排名前 30 的学生来说，这是一个非常糟糕的消息。很多已经考出高分（比如 TOEFL：110+；GMAT：770+；GPA：3.5+）的学生叫嚣着非前 30 名学校不去的时候，很多人或许是还没有去调研美国的高校情况吧。我们刚刚说了，前 30 名的美国大学仅仅有七所学校开设单独的会计专业，那么这些学校又能招收多少中国学生呢？以 University of Southern California 为例，2011 年度招生 110 人，其中国际学生仅占 23%，换句话说，国际学生也就是 25 个人左右。那么，中国学生在里面能占多少呢？最多五个人就了不得了。其实大部分学校都大同小异。比如说 University of Michigan at Ann Arbor 的 MAcc Program 只有 46% 的学生不是 UMich 本校的学生。而国际学生大部分应该集中在这 46% 里，而国际学生在这 46% 里又能占到多少的比例呢？其实一半也已经够多了，也就是说 25% 左右的比例。University of Michigan at Ann Arbor 2011 年仅招生 69 人，按比例算，国际学生也就是 15 个人左右。总体而言，这七所学校又能招收多少中国学生呢？我想通过我们上面的分析，大家已经有了自己的答案了，该冷静下来思考一些问题了。

自己想要的是什么？自己已经有的是什么？什么学校才是名校？哪些学校可以满足自己对未来的期许？

所有的问题考虑清楚后，相信你会变成你自己最好的前程规划师。

当然我们需要在此先了解一下关于美国会计硕士学位的开设情况。一般来说，美国的会计硕士可分为三类：

第一类，需要申请者在美国读本科且专业为会计；

第二类，对申请者本科专业背景没有太多要求；

第三类，Taxation（税务）类的硕士。

有一些学校会同时开设第一类和第二类的硕士学位项目。比如 University of Illinois at Urbana Champaign 开设 Master of Accounting in Science（MAS）和 Master of Science in

Accountancy（MSA），而 MAS 就属于第一类，MSA 就属于第二类。由于客观原因，我们中国的学生只能申请 UIUC 的 MSA 而不能申请 UIUC 的 MAS。它们的区别主要在于授课方式：MAS 更加注重案例分析，而 MSA 更加注重授课。两者毕业后的起薪有一定区别，MAS 要高出 MSA 很多。这并不是由教学质量导致的，更多的是因为 MAS 的生源质量要远远高于 MSA 的生源质量。而第三类学位，比如 Master of Science in Taxation，一般只有在学校的单独会计硕士项目主要以审计为主要方向时，才会出现这样的单独的税务方面的专业，因为一般来说，会计在美国主要的工作就分为审计和税务两个方面。现在开设 Taxation 类硕士学位的学校也越来越多，比如 University of Southern California 就分别开设了 Master of Accounting 和 Master of Business in Taxation。

2. 申请会计专业硕士的要求
（1）本科专业的要求

所谓对本科专业的要求通常来说有两个要素：一是对本科学位的要求；二是对本科所修课程的要求。

对于学位的要求，通常来说，美国大学并不需要必须取得会计专业学士学位，而是只要求是本科学位，基本所有大学都能接受，甚至有学校也可以接受专科学位。大部分申请会计单独硕士的人，主要以 Business 的本科背景为主，而且大部分学校的会计硕士允许本科专业与会计毫无关系的学生申请（但是要注意，有些学校是非常特殊的，我们会在下面关于课程的部分详细讲解）。

尽管对于学生本科毕业后所持学位以及本科专业的限制较小，但对于本科期间所修读的课程，每个学校却基本都有自己的规定。一般情况下，很多学校要求学生在本科期间修读过如下课程（我们称之为先行课）：

- 中级会计
- 审计
- 财务会计学
- 统计
- 微观 / 宏观经济学
- 联邦税法 / 美国税法（通常这门课是允许中国学生到美国后补修的）
- 成本会计
- 会计原理
- 财务管理或者金融管理
- 中级 / 高级财务报告
- 会计原则管理
- 定量分析等
- 有部分的学校需要具备一定的计算机技能（比如 Virginia Tech）

以上科目理论上要求在大学期间修读完成，实际操作中可以在申请后到开学前这段时间内完成，也可以到学校之后与本科生一起修这些还没有修过的课程。但是这并不是定规，有些学校并非如此，比如 Southern Methodist University（SMU），该校要求申请者必须在申请时已经具有它们所要求的先行课，否则很难被录取。无独有偶，有一些学校更为特殊，比如 University of North Carolina at Chapel Hill，该校严格要求申请者的专业背景，但与 SMU 相反，如果申请人所学过的会计课超过 12 个学分，那么就不能被录取。

申请人在了解了上述情况后，一般还有下列一些经常会问的问题：

- 问题一：我没有修读过这些课程，有什么办法可以弥补吗？
- 问题二：我没有修读过任何学校要求的课程，可以申请会计专业吗？
- 问题三：我没有修读过这些课程，可以申请排名前 100 名的学校吗？
- 问题四：我没有修读过任何课程，但是想先自己学习并了解一下相关的信息，该从何处下手？

问题一：这个问题基本会涉及转专业申请，就会计专业来说，弥补的办法大致有两类：

A. 提高 GMAT 成绩；

B. 增加与会计相关的实习经历、工作经验或者研究经历 —— 这是为写 PS（个人陈述），Essay 以及推荐信做足功课。

问题二：可以，具备了问题一中的 A 和 B 素质后，申请成功的概率还是很大的。因为我们知道大部分学校是允许学生到学校之后去补修这些课的，但是需要做好交更多学费的准备。

问题三：可以，具备了问题一中的 A 和 B 素质后，还是可以申请到不错的学校；但是如果 GMAT 成绩比较低，比如 500-，TOEFL 成绩 80-，那么考虑学校的范围需要加大，比如从排名 100 到 200 的学校都可以列入考虑范围。

问题四：大致有这么两种途径：

A. 其实最好的办法之一，就是根据美国学校的要求，在国内的大学里加修一些课程，一来可以节省到美国学习的时间和金钱成本；二来，也可以使申请人接触到有用的知识。

B. 调研目标学校对于本科所修课程的要求，按照要求去买相关的书籍进行学习。

（2）TOEFL，GMAT 及 GPA 等相关要求

经常会被问到这种问题："TOEFL，GMAT 和 GPA 考多少分才够用呢？"答案并不是很简单的"越高越好"。之前在金融的部分我们就讲过，GMAT/TOEFL/GPA 最大的作用，是保证让你可以与其他的申请者有机会在一起竞争。美国高校的会计硕士申请，对于 TOEFL 成绩的要求相对较高。如果非要给一个界定的标准，TOEFL 的如下成绩可供参考：

100+ 是目标分；90+ 是 60% 跛脚分；80+ 是边缘分。

意思是显而易见的：考到 100+ 的分数，多数学校就可以考虑申请了，因为此时大部分的学校不会由于你的 TOEFL 分数就不去审理你的材料；考到 90 分到 100 分，需要去除很多学校，但是依然有很多学校可以申请；而 80 到 89 分则是一个危险的分数，大批学校的要求达不到，不过好处在于，也有不少学校的分数要求是 79+，该种学校就是可以考虑的。然而人往高处走，水才往低处流，在申请中，最好还是将命运这张牌多多掌握在自己的手中比较踏实。仅仅考到 80 分左右，就意味着你的命运有很大一部分是要靠别人去决定的，命运掌握在别人手中的时候会不会多一份提心吊胆呢？并且如果仅仅有 80 分的 TOEFL 成

绩，又没有工作经验的话，依照我们的经验来看，大部分人申请的结果都是排名 100 以后的学校了。这对于看重排名的申请者来说是个坏消息。

对于 GMAT 和 GPA 的要求，自然也是一样的。尽全力将命运多掌握在自己的手中，为的是将来不会后悔曾经的付出不够。当然这里我们需要和申请金融专业一样理性地看待 GMAT 的成绩，比如说我们上面提到过的 University of Southern California，GMAT 的平均分是 650 分，区间段为 550~770 分。那么这是不是就意味着你没有工作经验，GMAT 650 分就可以拿到这个学校的录取通知了呢？当然不是。要知道一个人有工作经验和一个人没有工作经验，在申请的过程当中是有天壤之别的。有工作经验的人的优势是没有工作经验的人完全没有办法比拟的，即使那个有工作经验的人的 GMAT 只有 600 多分，而你的 GMAT 有 770 分。所以，你的 GMAT 分数高，仅仅是在与那些同样没有工作经验的人去竞争时才会有优势。你的 Essay 写得好，也同样仅仅是与那些没有工作经验的人相比才会有优势。而那些有工作经验的，哪怕 Essay 写得不如你，GMAT 分数比你低很多，同样可能拿到比你好的结果。所以，对于这种重实践的专业，工作经验的缺失，是没有办法弥补的硬伤。

3. 在美国考注册会计师（Certified Public Accountant）的情况

对于去美国读会计的学生来说，仅仅是为了一个会计的学位，或者是镀镀金，那么花费大笔的学费就不值了。大部分美国的会计硕士都是针对 CPA 所做的教育培训，因为要考取 CPA，那么你就需要在承认的学校里读一些必要的课程。而这些课程通常由于所在州的不同，州与州之间法律的不同而有所不同。换句话说，在不同的州去考取 CPA 的话，考试的内容也会有所不同。因为会计与法律结合得非常紧密，各个州有不同的审计法，有不同的税收政策和法律。大部分州都允许国际学生参加相应的 CPA 考试，但是随着金融危机的爆发，美国有一些州也开始对审计法作出了一些改变，限制国际学生去考 CPA，比如有的州要求参考人有工作经验，例如在 Pennsylvania 报名考 CPA 的人必须要有一年的工作经验。

以上所说的 CPA 是美国的注册会计师考试。那么有很多人就会问了，我考取了这个 CPA 对回国工作有哪些帮助呢？如果我不想留在美国，是不是就没有必要考这个了呢？其实不然，随着中美两国间的贸易越来越频繁，摩擦也越来越多，这就需要有人了解美国那边的法律及相应的税收政策，并给中国的公司提供咨询及解决方案；同样，有越来越多的中国公司到美国上市，它们需要有外部审计，而审计人员需要有相应的从业资质，而从业资质就是这个 CPA。因此如果你取得 CPA，在中国的就业并非像大家想的那样糟糕。

考取 CPA 后，对于毕业生来说，就算是留在美国的话，也有就业上的优势。我们说会计很累，很枯燥，这个确实是事实。但是如果你没有 CPA，没有相应的资质的话，你可能永远都是从事最底层的工作，永远都不可能摆脱底层工作而往上走。但是如果你有了这个资质，那么你的工作属性就有可能发生巨大的改变。

4. 在美国读大学毕业后的就业前景

学有所成后归国，是否能有个光鲜亮丽的工作和美好的前程，基本上是每个要出国的学生最关心的问题。然而把自己的未来都押在留学这几年上，则委实是强加给了美国和美国大学太大的莫须有的压力。美国的大学没有责任和义务为它的学生的将来买单，谁的未来谁自己负责，而不是旁人。出国者也一样，你要自己为将来买单，而不是指望美国大学为你的将来买单。并且你可以、你能够、你有能力为自己买单！这与你选择什么样的大学读书并不成正比，可是与你的努力程度必然成正比。

只有你努力了，才有可能进入你的 dream school。对申请会计专业的学生来说，不论你的 dream school 是前 20 名还是后 200 名，有个事实是毋庸置疑的，即但凡开设会计专业硕士的学校，它就不会是一无是处的。甚至可以说，只要开设了会计专业硕士，它在某种程度上就是值得去读的。你需要考虑的反而是你有没有具备它要求的条件，你有没有被录取的可能。所以在你的 TOEFL 和 GMAT 成绩出来之前，停止纠结是去名校还是一般院校，孤注一掷，考出高分才是王道。

等到高分出来后，再回过头来看一下这些学校的就业情况吧。

University of Notre Dame（圣母大学），综合排名前 20。从 2009 年该校的统计数据来看，该校会计专业硕士毕业生 65% 在国际四大会计事务所（简称四大，包括 KPMG 毕马威，PwC 普华永道，DTT 德勤和 E&Y 安永）中就职，8% 的学生也都在别的会计公司就职。

University of Texas at Austin（得克萨斯大学奥斯汀校区），会计硕士专业在全美排名第一。从旧金山到纽约的许多著名企业都招收该校该专业的毕业生，许多毕业生在国际领先企业中工作。这些企业遍布全球，有上海的，也有伦敦的、墨西哥的。许多著名企业都为该校该专业毕业生提供就业机会。绝大多数毕业生在毕业前几个月便已经收到来自各个企业的 offer 了。该校近三年就业数据显示，超过 85% 的毕业生在专业的会计公司，例如四大会计师事务所、中型和区域型事务所工作，另外的大概 15% 的毕业生在工业企业、投资银行和金融机构、咨询行业和政府部门就职。

University of Michigan-Ann Arbor（密歇根大学安娜堡校区），该校会计专业得到国际认可，毕业生多在管理咨询、投资银行等机构就职。罗斯就业办公室会给学员提供在国家机构中实习的机会；值得一提的是在入学之前学校便已经给学生提供了暑期实习机会，让学生提早接触企业文化，规划自身的职业方向。2009 年就业数据显示，82.1% 的毕业生在三个月内接到了企业 offer，就业率很高。实习经验填补了高校毕业生没有工作经验的缺失，让学生毕业后不会因为工作经验缺失而与很多好工作失之交臂。

Boston College（波士顿大学），美国国内主要的工业企业、会计类公司都优先考虑波士顿大学的会计硕士毕业生，波士顿大学每年都为学生举办涉及范围广泛的招聘会，为学生找工作提供支持。每年都有超过 200 家相关的企业和机构来学校对本专业硕士毕业生进行面试，在公共会计、会计咨询和产业领域给学生提供优越的职位。该校 50% 的学生会接到工作邀请。此外，学院教职工与校外相关专业公司人员的关系良好，他们也乐意与本校的学生交流市场信息。但是该校存在一个非常大的问题，就是不提供 Curricula Practical Training（CPT：算学分的带薪实习，"就业篇"会有详细说明）的机会，这非常不利于国际学生找工作。通常情况下，如果你能在某个学校拿到 CPT，那么只要你的表现还说得过去，那么很大程度上你就找到了工作，很有可能在毕业后转成了 Optional Practical Training（OPT：毕业后的带薪实习），而 OPT 是你即将要在美国取得工作签证最重要的一步。

以上几所高校的会计硕士专业知名度大，会计专业证书和学位得到业内和国际大公司的普遍认可，就业率都很高，但同时这些学校要求的 TOEFL 和 GMAT 分数都非常高。其他学校也是一样，凡是就业率高的学校，入学的条件也相对要高。

总的来说，会计硕士研究生毕业后多数会投身到与会计相关的工作中去，专业性比较强，主要集中在公共会计、会计咨询和产业等领域。在商业高速发展的今天，会计学是一个热门专业。作为国际留学生，很多人可能没有机会在国外长期工作，不过即便回到国内，也能找到很不错的工作，毕竟中国近几年经济发展如此迅猛，对这方面的人才需求量是非常大的。

（八）Human Resources Management/Industrial Relations 人力资源管理

1. 人力资源管理专业概况

大家为什么想学 HR 专业呢？不是因为《杜拉拉升职记》或者其他的一些电影或电视剧吧？在影视作品里，HR 常常都非常光鲜亮丽，高高在上，具有典型的白领的优越感。可是那只是在艺术作品里，艺术虽然源于生活，但显然是高于生活的。

凡是与雇佣关系相关的话题，凡是直接影响着每个人的工作的话题，就是 HR 专业学习的内容。HR 的最大现实价值之一在于优化雇佣关系、工作环境、公司运营和组织等，这是美国优秀的 HR 专业所致力实现的，因为美国对于相关的从业人员要求也较高。比如 UIUC 的 School of Labor and Employment Relations（LER）在给未来的学生的话里是这样说的：在今天的社会中，任何单位的成功都取决于它所雇用的人的质量，而 HR 的目的就是最有效率地成功管理一个单位最关键的资源——人。

这是在美国。

现在，中国的很多单位，HR 发挥的作用远远低于美国大学开设相关专业的期待值。HR 有时候更像是鸡肋，而非必不可少，说得更明白一点，就是说人力资源部门换一个名字，

141

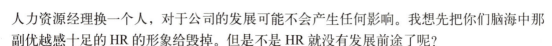
人力资源经理换一个人，对于公司的发展可能不会产生任何影响。我想先把你们脑海中那副优越感十足的 HR 的形象给毁掉。但是不是 HR 就没有发展前途了呢？

恰恰不是。

国内这种发展不健全的 HR 现状正好从反面预示了真正的 HR 专门人才在未来的很长一段时间内都是急需的，当然这就从另一方面催生了 HR 的申请热潮。以上是 HR 在中国的现状。

HR 学习的内容通常包括人力资源规划、员工招聘与配置、培训与开发、绩效管理、薪酬管理、劳动关系管理。这也是传统意义上 HR 的六大模块（当然每个学校的课程设置会有略微不同），这六大模块对应着的相应的 HR 主要工作范畴为制度建设与管理、人事管理、机构管理、培训发展管理、薪酬福利管理等。与 HR 相关的工作职位有人力资源经理、人力资源专员、企业编制协调人、劳资关系协调人、技术招聘人员、猎头顾问等。

HR 在美国的称法大致分为两种：一种是 Industrial Relations（IR）；另外一种是 Human Resources Management（HR）。对其课程设置我们列举几所学校来说明：

（1）University of Minnesota–Twin Cities，Master of Arts in Human Resources and Industrial Relations（Master of Arts in HRIR）

- Staffing，training，and development 人员配置、培训与开发
- Compensation and benefits 薪酬福利
- Labor relations and collective bargaining 劳资关系和集体谈判

（2）University of Illinois at Urbana – Champaign，Master of Human Resources and International Relations（M.H.R.I.R.）

- Human Resource Management and Organizational Behavior 人力资源管理和组织行为学
- Union Management and Labor Relations Policy 工会管理和劳资关系政策
- Labor Markets and Employment 劳动力市场与雇佣
- International Human Resource Management 国际人力资源管理

（3）Michigan State University，Master of Human Resources and Labor Relations

- Labor Markets 劳动力市场
- Organizational Behavior in Labor and Industrial Relations 劳资关系中的组织行为学
- Human Resource Strategies and Decisions 人力资源战略和决策
- Compensation and Benefits Systems 薪酬福利体制
- Data Sources in Labor and Industrial Relations 劳资关系中的数据源
- Collective Bargaining 集体谈判
- Law of Labor Management Relations 劳资关系法

在以上三所学校的课程设置中我们可以看到，HR/IR 除了偏重于劳资关系、集体谈判、薪酬福利管理等人力资源的核心课程之外，还有一门课程是组织行为学（OB）。部分学校（如上面的三所学校）将 OB 作为一门课程设置在 HR/IR 之下，部分学校有单独的 OB 相关专业。例如 Cornell University 的 Industrial and Labor Relations 学院下面就开设了独立的 OB 院系，而 OB 院系下面的 OB 硕士学位则又归类到了 Masters in Human Resource Studies，

成为了 HR 的一个分支，只是在 OB 院系下面的 PhD. OB 为 OB 院系下的独立学位，这有点类似于 Michigan State University（MSU）。在 MSU，除了我们上面列出来的学校开设了硕士学位的 HR/IR 专业之外，还开设了博士学位的 OB 专业（Organizational Behavior—Human Resource Management）。也就是说，OB 之类的专业，在硕士阶段，通常来说并没有从 HR/IR 中独立出来，但是到了博士阶段，则有些学校会将其独立出来。

2. 人力资源管理专业申请情况

在全美排名前 100 名的学校中开设 HR 专业硕士学位的学校不到 20 所，总招生人数有限，可是 HR 专业在美国比在中国更受欢迎，本土申请人数较多，另外，正如前面所说，HR 也开始在中国变得受欢迎，申请人数开始急剧增加，于是这就造成了 HR 的申请难度加大。

有些学校的 HR 专业开设在商学院（例如 Ohio State University 和 University of Minnesota–Twin Cities），有些学校直接有独立的人力资源和／或劳资关系学院（例如 Cornell University），另外还有部分学校的 HR 专业开设在文学院（例如 Penn State University）。从这样不统一的专业开设情况来看，我们也可以了解到 HR 专业在申请条件中关于是需要 GRE 还是 GMAT 的问题。答案是多数学校是两者均接受，此为问题一。紧接着是问题二：学校更喜欢 GRE 还是 GMAT？在回答这个问题的时候要先思考的是你能考什么？考哪一个能考出来更理想的分数？比如对于学文科的学生，去考 GMAT 未必有能力考出来理想的分数。排除掉申请者自身的能力因素，单纯地考虑学校的喜好的话，我们可以假想开设在文学院的更喜欢 GRE，开设在商学院的更喜欢 GMAT，因为各自接触的主要是与自身专业领域相对应的考试，对另外一个标准化考试可能没有什么概念。然而这仅仅是推测，并没有任何学校非常直接地这样回答过。

同其他商科专业类似，HR 专业的申请非常看重工作经验，例如在 University of Illinois at Urbana–Champaign 的申请要求中就明确说："Although prior work experience in human resources and industrial relations is not required, we encourage you to gain some work experience before you enroll.（尽管不要求有在人力资源和工业关系领域的相关工作经验，但是我们鼓励你能在入学之前有一定的工作经验。）"因此在这里我们给出的建议是，尽最大努力抓紧一切时间积累工作经验，无论是兼职还是全职，抑或是实习。

HR 专业在申请要求中对于本科所学专业通常没有严格的限制，也就是说不是本科期间必须学人力资源的学生才能申请 HR，但是对申请人也有一定的先行课要求。美国高校的 HR 专业因为开设在不同的学院，所以对于先行课的要求也不尽相同。如下几个学校的先行课的要求分别为：

- University of Illinois at Urbana–Champaign：统计学的基础课，不是必须，而且在读研时可以补修，但是强烈建议在本科时已经修读过。
- Michigan State University：微观经济学、行为学、统计学。
- University of Minnesota at Twin Cities：在入学之前必须修读了微观经济学；而宏观经济学、心理学概论以及统计虽不作强制要求，但是建议学生具备相关知识。

所以在决定出国之时，在决定申请 HR 专业之前，就需要首先去调研开设 HR 专业的学校，弄清楚分别要求什么先行课，为自己的出国读研做好充分准备。

143

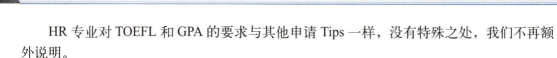

HR 专业对 TOEFL 和 GPA 的要求与其他申请 Tips 一样，没有特殊之处，我们不再额外说明。

3. 人力资源管理专业就业之路

在 HR 专业的开篇我们已说过 HR 在中国可能的就业潜力，那么在 HR 专业的就业情况这部分我们换一种方式来呈现。凡是打算申请 HR 专业的学生，大抵可以在网络上看到如下信息，这是美国大学的教授们写给中国学生的信，这些信件的价值在于它的客观性（虽然未必严谨），我在此摘录出来供广大的中国申请者参考。

（1）Director of Graduate Studies & Professor from University of Minnesota

I don't know a lot about Cleveland State's HR program. It's not as good as Minnesota or Rutgers but it is probably comparable to Georgia State. The salary situation you noted is generally similar for Chinese graduates of our MA HRIR program. Visa restrictions make for significantly reduced employment opportunities, so students sometimes take any job they can find, even if the salary is very low. The best way to improve your changes of employment opportunities in the US is to get more corporate work experience in China before attending graduate school. (参考译文：明尼苏达大学研究生院主任和教授：我对 Cleveland State 的 HR 专业不是很了解，我只是知道它不如 Minnesota 或 Rutgers 的 HR 专业好，但是可能可以和 Georgia State 的 HR 专业相媲美。你所提到的薪资状况大概和就读于本校 HRIR 专业的中国硕士研究生的薪资相仿。签证限制使工作机会大幅减少，所以一般情况下，学生会接受他们能找到的任何工作，即使这份工作的工资很低。提高在美国就业机会的最好办法是申请研究生之前，在中国积累了更多的工作经验。）

（2）Professor from Rutgers, The State University of New Jersey

Usually, HR graduates from institutions like Cornell, Rutgers and UIUC are extremely competitive while pursuing senior positions in global labor market. However, as what you supposed, international students from non-English speaking countries will be very likely to encounter cultural conflicts or communication problems while finding a job in US. I don't know where you get the employment information, but I can tell you that your friends were telling you the truth. If you do not have distinguished work experience before taking our graduate program, it will be difficult for you to find internship opportunity during the program or get a decent job here after graduation. (参考译文：新泽西州立大学罗格斯大学教授：一般来说，Cornell，Rutgers，UIUC 的 HR 研究生在国际劳务市场寻求高级职位的时候很有竞争力。然而，正如你所提到的，来自英语不是其母语国家的国际学生在美国找工作的时候，往往会遇到文化冲突或沟通问题。我不知道你是从哪里得到的有关就业的信息，但是我可以告诉你的是你朋友所说的是正确的。如果你在就读研究生之前没有很有分量的工作经验的话，这将不利于你在研究生阶段找到实习机会，同时也不利于毕业之后获得一份体面工作。）

（3）Associate Professor from Georgia State University

Yes, there are huge job opportunities here in Atlanta. However, US companies are always reluctant to hire Asian students, though they often prefer students from India and Singapore. You may get internship offers during the program, but it can not guarantee you be employed finally (mostly because of the Visa things). I wish I could share you with more good news, but this is all I could tell you at this moment. I'm sorry about that. And I sincerely hope this does not mean you will not choose our program. （参考译文：佐治亚州立大学副教授：是的，在亚特兰大有很多工作机会。但是美国公司通常不愿意雇用亚洲学生，尽管美国公司喜欢来自印度和新加坡的学生。你在这个项目里可以得到实习机会，但是不能保证你最终会被雇用，多数是因为签证的问题。我多么希望我可以和你分享一些好的消息，但这是现在所有我能告诉你的。我很抱歉并且也很真诚地希望这不会让你放弃我们学校。）

（4）**Associate Professor from Marquette University**

Job offers here in Wisconsin are not as much as what you can find in either western or eastern coast. And situation is even harder for international students lacking in local cultural background. So, if you plan to find a job in US after graduation, I strongly recommend you get more work experience before starting our program. We would like to help you defer your admission up to 4 semesters if you like. （参考译文：马凯特大学副教授：比起东、西海岸的一些州，威斯康星州所能提供的工作机会相对没有那么多。对于缺乏当地文化背景的国际学生来讲，就业形势就更为严峻。所以，如果你想毕业之后在美国找工作，我强烈建议你在开始在本校就读之前，积累更多的工作经验。如果你愿意我们可以把对你的录取推迟四个学期以供你积累工作经验。）

（5）**Assistant Professor from New York Institute of Technology**

It depends. In your case, I would suggest you earn as much experience as you can if you would like to find a job in NY after completing our program. As far as I know, the HRIR program offered by University of Minnesota ranks top 3 among all related master programs you could probably find in USA. Carlson has kinds of links with famous enterprises around the world. That's what NYIT cannot make itself paralleled to. But, I'd tell you that international students may not benefit from those links as much as American residents do. Many international HR graduates from all over the US have to go back to serve their country. It's not merely because of the US embassy restrictions on H1 Visa. Actually companies just find excuses to reject you during the interview, while the true problem is always that you may not arm yourself well with sufficient knowledge on the local labor law or you may not hold the language freely as you can. （参考译文：纽约理工学院副教授：这要视具体情况而定。对你来说，如果你打算毕业之后在纽约找工作的话，我建议你积累尽可能多的工作经验。据我所知，Minnesota 的 HRIR 专业在所有你能在美国找到的相关硕士中位列前三名。Carlson 则和很多知名企业有联系。这些都是 NYIT 所不能比的。然而，我可以告诉你，这些联系上的优势更适用于美国本土学生，而非国际学生。很多国际学生学成之后，都会回到本国工作。这不仅仅是因为 H1 签证的限制。事实上，面试的时候，公司会以各种理由拒绝录用国际学生，真正的原因是国际学生对当地的劳动法缺乏深入了解或者不能自如地使用英语。）

（6）**Associate Professor from Texas A&M University**

I don't know for sure whether you will be competitive. But I can tell you that most of our international students always try very hard to find a job after graduation. And their salary is always some 20, or 30 perhaps, percent lower than that of American residents. It is normal all over the States, not just in Texas. I hope this could be helpful.（参考译文：得克萨斯 A&M 大学副教授：我不确定你在找工作的时候是否具有竞争力。但是我可以告诉你本校的国际学生在毕业之后找工作都很困难，他们的工资可能会比美国本地学生低百分之二三十。这种情况不仅仅是在得克萨斯州，而是在整个美国都很常见。希望这些回答能够帮到你。）

（7）Assistant Professor from University of New Haven

Visa restrictions is the key. That is why most companies are always not intended to give job offers to international students even if they are proved to be outstanding ones during the internship. Given that international students finally find a job here in US, the salary will be likely to differ a lot from locals. I'm not sure the difference would be $10 000 to $15 000 per year. But it sounds reasonable. I hope you can understand that. I think you will easily find a job while back to China. You should schedule yourself before you make any further steps.（参考译文：纽黑文大学的副教授：签证限制是主要原因。这也是为什么大部分美国公司不给国际学生工作机会的原因，即使国际学生在实习阶段表现得很出众。退一步讲，即使国际学生在美国找到一份工作，他们的薪资和美国本地学生的薪资还是有很大差别的。我不确定是不是比本地学生每年少 10 000 美元到 15 000 美元，但是这个数字是合理的。希望你能够理解这一点。我认为如果你回中国的话，就业前景会非常好。你应该对自己的未来有一个很好的规划。）

从中我们大抵可以看出来 HR 毕业生在美国的就业情形，总体来说，不容乐观。我们可以权且将最主要的原因归咎于工作签证的难以取得（在后面的就业部分，我们会更详细地说明工作签证问题），但是抛开这个客观上的罪魁祸首不谈，我们通过抽丝剥茧可以看出教授们的反馈大抵有这么几点：

第一，本身亚洲人在美国找工作就很困难。这与工作签证一样，是一个客观的无法改变的事实。（当然我们可以悲愤地批评这是种族歧视，但是现实依然是残酷的。）

第二，无论是想实习还是找全职工作，公司都更喜欢有工作经验者，但是这对于应届毕业生来说望尘莫及，甚至 Marquette University 为了帮助学生积累更多的工作经验都主动提出来帮学生推迟入学。于是在此我们建议有志于此的申请者在大学期间就开始积累一些工作经验，如果时间不允许，也要多积累一些实习经历，它的重要性当然不仅仅体现在申请环节，更重要的是会体现在未来的就业环节。

第三，美国的大学意识到了中国学生希望留在美国工作的愿望（事实上早就意识到了），也在努力地为学生提供各种机会，不管是实习机会还是全职工作信息。比如我们可以到美国大学的官方网站上看看它们是怎么说的，其中有个学校的说法和上述教授们所说的一样，非常客观，即前面提到的 University of Illinois at Urbana–Champaign 的 LER。它说，对于美国当地人来说，该校的 LER 毕业生很抢手，许多人在毕业前都能拿到好几个公司的录用通知，然后他们会选择其中一个公司入职。虽然他们不能保证 100% 的就业率（事实上没有哪个学校敢保证），但是他们会为学生提供各种资源、渠道和机会来帮助他们拿到更高的工资，找到更满意的工作。这与我们上面看到的教授们的来信一致。然而，对于国际学生，其中有句话是这样说的：

"Some international students are ultimately successful in obtaining internships and full-time employment with U.S. companies, but many are not."

我想这句话足以概括 HR 在美国的就业现状了：部分人留下了，许多人没能留下。然而也不必非要留在美国吧？回到中国来，说不定就是晴空万里了，快速发展的中国市场现在正需要 HR 的专门人才。

4. 开设人力资源相关硕士学位的学校名单

以下附上美国开设人力资源相关硕士学位的学校，按照学位（MA, MS 和 MBA）的不同来分类。该名单摘自人力资源管理协会（Society for Human Resource Management）网站（网址：www.shrm.org）。该清单所列学校均是 SHRM 认可的学校，但是 SHRM 不认可的学校，并不一定代表学校质量不好。美国并没有统一的权威部门去认证学校开设的项目。这些协会与学校的关系是双向选择，协会可能不接受学校加入的申请，也有可能是学校不屑于加入协会。在众多的美国学校中，每所学校都有自己的个性。所以该清单仅供申请者参考。

备注：Traditional 即为传统的我们中国学生申请的学校类型 —— 在校内上课的学校；online/blended 的意思是全部网络授课或者网络授课与校内授课同时进行。

Master of Arts Degree Programs（更新于 2012 年 4 月 27 日）

1. American Public University
Master of Arts in Management with a Concentration in Human Resource Management
Charles Town, WV
Online/Blended

2. Briar Cliff University
Master of Arts in Human Resource Management
Sioux City, IA
Traditional

3. Concordia University—St. Paul
Master of Arts in Human Resource Management
St. Paul, MN
Traditional

4. Hawaii Pacific University
Masters of Art in Human Resource Management
Honolulu, HI
Traditional

5. Marygrove College
Master of Arts in Human Resource Management
Detroit, MI
Online/Blended

6. Marymount University
Master of Arts in Human Resource Management
Arlington，VA
Traditional

7. National University
Master of Arts in Human Resource Management
La Jolla，CA
Online/Blended

Master of Arts in Human Resource Management
La Jolla，CA
Traditional

8. Ottawa University
Master of Arts in Human Resources Program–Adult，Professional and Online Studies （*APOS*）
Chandler，AZ
Traditional and Online/Blended

9. Saint Mary's University of Minnesota
Master of Arts in Human Resource Management
Minneapolis，MN
Traditional

10. The Chicago School of Professional Psychology
Master of Arts in Industrial and Organizational Psychology
Chicago，IL
Traditional

11. University of Houston Clear Lake
Master of Arts in Human Resource Management
Houston，TX
Online/Blended

12. University of Minnesota
Master of Arts in Human Resource Management and Industrial Relations
Minneapolis，MN
Traditional

Master of Science Degree Programs（更新于 **2012** 年 **4** 月 **26** 日）

1. Argosy University
Master of Science in Human Resource Management
San Diego，CA
Online/Blended
2. Brandman University
Master of Science in Human Resources
Irvine，CA
Online/Blended

3. Capella University
Master of Science in Human Resource Management with a Specialization in General HR Management
Minneapolis，MN
Online/Blended

4. Colorado State University—Global Campus
Master of Science in Management with a Specialization in Human Resource Management
Greenwood Villiage，CO
Traditional

5. Columbus State University
Master of Science in Organizational Leadership with a Concentration in Human Resource Management
Columbus，GA
Traditional

6. DePaul University
Master of Science in Human Resource Management
Chicago，IL
Traditional

7. Eastern Michigan University
Master of Science in Human Resources and Organizational Development
Ypsilanti，MI
Traditional

8. Golden Gate University
Master of Science in Human Resource Management
San Francisco，CA
Traditional

9. Holy Family University
Master of Science in Human Resource Management
Philadelphia，PA
Traditional

10. La Salle University
Master of Science in Human Capital Development
Newtown，PA
Online/Blended

11. Long Island University
Masters of Science in Human Resources
Brooklyn，NY
Traditional

12. Loyola University—Chicago
Master of Science in Human Resources
Chicago，IL
Traditional

13. McDaniel College
Master of Science in Human Resource Management
Westminster，MD
Traditional and Online/Blended

14. Mercy College
Master of Science in Human Resource Management
Dobbs Ferry，NY

Traditional

15. Moravian College
Master of Science in Human Resource Management with a Concentration in Leadership
Bethlehem，PA
Traditional and Online/Blended

16. Moravian College
Master of Science in Human Resource Management with a Concentration in Learning and Performance Management
Bethlehem，PA
Traditional and Online/Blended

17. New York University
Master of Science in Human Resource Management and Development
New York，NY
Traditional

18. North Carolina A&T
Master of Science in Human Resources
Greensboro，NC
Traditional

19. Polytechnic Institute of NYC
Master of Science in Organizational Behavior—Human Resource Management Concentration
Brooklyn，NY
Traditional

20. Purdue University
Master of Science in Human Resource Management
West Lafayette，IN
Traditional

21. Regis University—College of Professional Studies
Master of Science in Strategic Human Resource Management
Denver，CO
Traditional

Master of Science in Organizational Behavior Leadership with a Specialization in Human Resource Management
Denver，CO
Traditional and Online/Blended

22. Saint Joseph's University
Master of Science in Human Resource Management
Philadelphia，PA
Traditional

23. St. Joseph's College
Master of Science in Human Resource Management
Patchogue，NY
Traditional

24. Strayer University
Master of Science in Human Resource Management
Washington，DC
Traditional and Online/Blended

25. Sullivan University
Master of Science in Human Resource Management
Louisville，KY
Online/Blended

26. Tarleton State University
Master of Science in Human Resource Management
Stephenville，TX
Traditional

27. Texas A&M University
Master of Science in Human Resource Management
College Station，TX
Traditional

28. Thomas Edison State College
Master of Science in Human Resource Management
Trenton，NJ
Traditional

29. Towson University
Master of Science in Human Resource Development
Towson，MD
Traditional and Online/Blended

30. Troy University
Master of Science in Human Resource Management
Troy，AL
Traditional and Online/Blended

31. University of Colorado—Denver
Master of Science in Management with a Specialization in Human Resource Management
Denver，CO
Traditional

32. University of Maryland University College
Master of Science in Management with a Specialization in Human Resource Management
Adelphi，MD
Online/Blended

33. University of Rhode Island
Masters of Science in Labor Relations and Human Resource Management
Kingston，RI
Traditional

34. University of Tennessee—Knoxville
Master of Science in Human Resource Management
Knoxville，TN
Traditional

35. University of Texas at Arlington
Master of Science in Human Resource Management
Arlington，TX
Traditional

36. Utah State University

Master of Science in Human Resource Management

Logan，UT
Online/Blended

37. Walden University， College of Management and Technology
Master of Science in Human Resource Management with a Functional Specialization
Baltimore，MD
Online/Blended

Master of Science in Human Resource Management Integrating Functional and Strategic Human Resource Management
Baltimore，MD
Online/Blended

Master of Science in Human Resource Management Organizational Strategy Specialization
Baltimore，MD
Online/Blended

38. West Virginia University
Master of Science of Human Resource/Industrial Relations
Morgantown，WV
Traditional

39. Western Carolina University
Master of Science in Human Resource Management
Cullowhee，NC
Online/Blended

Master of Business Administration（MBA）Degree Programs（更新于 2012 年 4 月 27 日）

1. Baker College—Flint
Master of Business Administration with a Concentration in Human Resource Management
Flint，MI
Traditional

2. Baldwin-Wallace College
Master of Business Administration with a Concentration in Human Resource Management
Berea，OH
Traditional

3. Brandman University
Master of Business Administration with an Emphasis in Human Resources
Irvine，CA
Online/Blended

4. Brigham Young University
Master of Business Administration in Organizational Behavior & Human Resource Management
Provo，UT
Traditional

5. Capella University

Masters of Business Administration with Specialization in Human Resource Management

Minneapolis，MN

Online/Blended

6. Davenport University

Master of Business Administration with Strategic HR Concentration

Grand Rapids，MI

Traditional

7. DePaul University

Master of Business Administration with Human Resource Concentration

Chicago，IL

Traditional

8. Empire State College

Masters in Business Administration Human Resource Management Concentration

Saratoga Springs，NY

Online/Blended

9. Franklin Pierce University

Master of Business Administration in Leadership with a Human Resource Management Track

Manchester，NH

Traditional and Online/Blended

10. George Fox University

Master of Business Administration with a Concentration in Strategic Human Resource Management

Portland，OR

Traditional

11. Goldey-Beacom College

Master of Business Administration with a Concentration in Human Resource Management

Wilmington，DE

Traditional

12. Grand Canyon University

Master of Business Administration with an Emphasis in Strategic Human Resource Management

Phoenix，AZ

Online/Blended

13. Iona College

Master's Degree in Business Administration（MBA）in Human Resource Management

New Rochelle，NY

Traditional and Online/Blended

14. McKendree University

Master of Business Administration with a Concentration in Human Resource Management

Lebanon，IL

Traditional and Online/Blended

15. North Greenville University

Master of Business Administration with Human Resources Concentration

Greer，SC

Online/Blended

16. Northcentral University

Master of Business Administration with a Specialization in Human Resources Management

Prescott，AZ

Online/Blended

17. Robert Morris University

Master of Business Administration in Human Resources

Chicago，IN

Traditional

18. Southwest Baptist University

Master of Business Administration in Human Resources Concentration

Bolivar，MO

Online/Blended

19. St. Francis University

Masters of Business Administration with a Concentration in Human Resource Management

Loretto，PA

Traditional

20. Strayer University

Master of Business Administration in Human Resource Management

Washington，DC

Traditional and Online/Blended

21. SUNY—The University at Albany

Master of Business Administration with a Specialization in Human Resource Management

Albany，NY

Traditional

22. Thomas College

Masters of Business Administration in Human Resource Management

Waterville，ME

Traditional

23. University of Colorado—Denver

Masters of Business Adminstration with a Specialization in Human Resource Management

Denver，CO

Traditional

24. University of North Texas

Master of Business Administration with a Professional Field in Organizational Behavior and Human Resource

Management

Denton，TX

Traditional

25. Upper Iowa University

Masters of Business Administration—Human Resource Management

Milwaukee，WI

Traditional and Online/Blended

Other Masters Degree Programs with a Concentration in Human Resources（更新于 **2012 年 5 月 14 日**）

1. Cleveland State University

Master of Labor Relations and Human Resources

Cleveland, OH

Traditional

2. DeVry University

Master of Human Resource Management

Phoenix，AZ

Traditional and Online/Blended

3. Lipscomb University

Master of Human Resources

Nashville，TN

Traditional

4. Michigan State University

Master of Human Resources and Labor Relations

East Lansing，MI

Traditional

5. Ohio State University

Master of Labor and Human Resources

Columbus, OH

Traditional

6. Rutgers University

Masters of Human Resource Management

Piscataway, NJ

Traditional

7. St. Francis University

Master of Human Resource Management

Loretto, PA

Traditional and Online/Blended

8. The Pennsylvania State University

Masters of Professional Studies in Human Resource Management and Labor Relations with a Concentration in Staffing, Training & Development

University Park, PA

Online/Blended

Masters of Professional Studies in Human Resource Management and Labor Relations with a Concentration in Employment & Labor Law

University Park, PA

Online/Blended

Masters of Professional Studies in Human Resource Management and Labor Relations with a Concentration in Labor & Collective Bargaining

University Park, PA

Online/Blended

Masters of Professional Studies in Human Resource Management and Labor Relations with a Concentration in Benefits & Compensation

University Park, PA

Online/Blended

9. University of Hawaii at Manoa

Master of Human Resource Management

Honolulu, HI

Traditional and Online/Blended

HR 有用的网址：www.shrm.org

（九）Supply Chain Management（供应链管理）/Logistics（物流）/Operations Research（运筹学）等相关专业

1. SCM 相关专业简介

Supply Chain Management（SCM）就是指对整个供应链系统进行计划、协调、操作、控制和优化的各种活动和过程，其目标是要将顾客所需的正确的产品（Right Product）能够在正确的时间（Right Time），按照正确的数量（Right Quantity）、正确的质量（Right Quality）和正确的状态（Right Status）送到正确的地点（Right Place），并使总成本达到最佳化。这个概括足以从宏观的角度解释该专业。

物流就是物资流通。物流专业的学生学习研究的就是物资流通过程的知识。物流是企业供应链管理方面一个不可或缺的环节。

Operations Research（OR）就是运用科学的数量方法对人力、物力进行合理规划和运用，寻求科学的综合性解决方法的交叉学科。

这样的概括让非专业人士看了自然是云里雾里，可是对于该领域的学生又实在是多余，所以究竟如何解释这些专业委实不是本文的目的，至于这三者之间的关系这个问题实在是算不上专业。我想用这么几个词就可以概括它们之间的关系：相互交叉，你中有我，我中有你，但是目标一致。

2. 美国大学专业开设情况

回归到正题，关于在美国该方向的专业开设情况，在前面的 IE 专业中我们已有所涉及，于是我们显然可以知道，一部分该专业会开设在工程学院。比如：

- Georgia Institute of Technology 在工业工程学院 H. Milton Stewart School of Industrial and Systems Engineering 开设的 Master of Science in Supply Chain Engineering（供应链工程理学硕士）和 Master of Science in Operations Research [运筹学理学硕士（MSOR）]；
- Columbia University 在工业工程和运筹学系（Department of Industrial Engineering and Operations Research）开设的 Master of Science in Operations Research [运筹学理学硕士（MSOR）]。

开设在工程学院的该专业的申请说明在 IE 专业部分已经有非常详细的说明，请直接查阅本书 IE 部分，这里不再重点叙述。

以上为第一种开设情况。该专业的第二种开设情况是作为 MBA 的一个分支。正如前面的章节所述，美国的商学院以 MBA 教育为主，所以在 MBA 方向下就开设了许多分支方向，也就意味着 MBA 方向下的物流相关专业的申请需参考 MBA 的申请要求。因此，此类专业开设情况也不在本文讨论之列。

第三种开设情况是开设在商学院的专门的物流和供应链管理相关专业，这也是本文要探讨的重点。例如如下学校：

Michigan State University：MS in Supply Chain Management

Ohio State University：Master of Business Logistics Engineering

University of Michigan–Ann Arbor：Master of Supply Chain Management（MSCM）

University of Maryland–College Park：MS in Business: Supply Chain Management

Washington University in St. Louis：Master of Science in Supply Chain Management

Worcester Polytechnic Institute：MS in Operations Design & Leadership

......

该领域专业的学习通常需要一年到一年半的时间。对于学习的课程，我们分别列举如下四所学校的核心课程设置来做分析：

（1）Michigan State University

该校开设有四个分支，分别为：

- Logistics Management 物流管理
- Operations Management 运营管理
- Supply Management 供应管理
- Railway Management 铁路管理

（2）Ohio State University（必修课）

学校有15门必修课，分别为：

- Strategic Logistics Management 战略物流管理
- Logistics Decisions & Control 物流决策和控制
- Logistics Analytics 物流分析
- Transportation Management 运输管理
- Logistics Technology & Application 物流技术和应用
- Field Problems in Logistics 物流实际应用中的问题
- Supply Chain Management 供应链管理
- Organizational Behavior 组织行为学
- Teams and Leadership 团队合作和领导力
- Linear Optimization 线性规划
- Operations Research and Models 运筹学和模型
- Performance Modeling & Simulation 性能建模与性能模拟
- Warehouse & Facility Design 仓库和设备设计
- Lean Sigma Foundations 精益六西格玛基础
- Engineering Seminars 工程类讲座

（3）University of Michigan–Ann Arbor（核心课程）

- Manufacturing and Supply Chain Operations 制造和供应链运作
- Supply Chain Analytics 供应链分析
- Logistics 物流
- Strategic Sourcing and Procurement Management 战略采购和采购管理
- Project Management 项目管理
- Supply Chain Management 供应链管理

- Information Technology in Supply Chain and Logistics 供应链和物流的信息技术
- Topics in Global Operations 全球运筹学探讨
- Topics in Supply Chain Management 供应链管理探讨
- Manufacturing Strategies 制造策略

（4）University of Maryland（必修课程）

- Transportation Management 运输管理
- Global Sourcing and Innovation Strategy 全球采购与创新策略
- Data Models and Decisions 数据模型和决策
- Global Trade Logistics 全球贸易物流
- Global Supply Chain Resources Planning 全球供应链资源规划
- Global Economic Environment 全球经济环境
- Global Supply Chain Management 全球供应链管理
- Global Business 国际商务
- Negotiations in Supply Chain Management 供应链管理中的谈判
- The Green Supply Chain 绿色供应链
- Operations Management 运营管理
- Executives in Supply Chain Management 供应链管理中的管理者
- Assessing and Managing Supply Chain Risks 供应链风险评估和管理
- Supply Chain Strategy 供应链策略

从这些学校的课程设置中，我们可以看到：与 IE 的侧重技术相比，商学院下的该领域专业更侧重分析和管理。但是需要明确的是，商学院下设的该专业与 IE 下设的该专业是殊途同归的，最终的目的都一样。一个是以技术为主配合经验（IE 下设专业），一个是以经验为主配合技术（商学院下设专业）。方式方法有所不同，但所要达到的目的都是一样的。美国的教育是灵活的，每个院系都会依托于自身的优势去做一些东西。比如 MIT 的 MBA 就是以数据分析擅长，因为 MIT 的理工科极佳；Wharton 商学院就以传统的案例分析见长，因为它有多年的积累；Carnegie Mellon University 大部分的专业都需要去学习一定的 Computer Science 相关课程。由此可见，不同的学校不同的院系，都会依托于自己的优势去开展相关的专业。FE 最好的学校之一是 Carnegie Mellon University，原因在于该校是依托于 Computer Science 的优势去建设的这一专业。而在 Carnegie Mellon 里还有很多千奇百怪的专业都是依托于 Computer Science 去发展的，比如 Entertainment Technology Center。所以由此也可以理解它们不同的侧重点了。

3. SCM 相关专业的申请要求

在上述学校中，我们选取如下几所学校，就其申请要求进行分析。

（1）Michigan State University

标准化考试：TOEFL，GMAT

本科背景：无要求

工作经验：两年

其他：GPA、文书

（2）Ohio State University

标准化考试：TOEFL，GMAT/GRE

本科背景：无要求

工作经验：无要求

其他：GPA、文书

该校 2011 年有 44 名学生入学，平均的 GMAT 成绩为 700 分；GRE 的 Quantitative 部分平均成绩为 790 分；平均的 TOEFL 成绩为 100 分；平均的 GPA 为 3.47/4.0。女生比例高达 53%，入学者的平均年龄为 23 岁。入学人群的本科专业背景非常多样，包括：international relations（国际关系），management（管理），economics（经济学），engineering（工程学），finance（金融）和 computer science & technology（计算机科学和技术）。其专业比例如下：本科为 Logistics Management（物流管理类）专业的学生占了入学群体的 34%；Business（商科类）占了 18%；Engineering（工程类）占了 11%。

（3）University of Michigan–Ann Arbor

标准化考试：TOEFL，GMAT/ GRE

本科背景：无要求，但工科、理科和数学背景非常重要

工作经验：非硬性要求，但是强烈建议

其他：GPA、文书

该校 2012 届的入学情况如下：共有 21 名学生入学，其中包括 3 名美国本土学生、1 名墨西哥人、1 名印度尼西亚人、2 名中国人，另外还有 14 名印度人（占了大部分）。美国本土学生只占了 14.3%。录取者平均有 4.8 年的工作经验。录取人群中，平均的 GMAT 分数为 681 分，平均的 GRE 分数为 1 329 分，平均 GPA 为 3.22/4.0。

在本科的专业背景方面，有高达 60% 的学生为工科背景，17% 的学生为商科背景，13% 的学生为文理科背景，这一比例与 2009 年的入学情况没有本质的区别。2009 年录取的学生中，商科背景的占 28.5%，工科背景的占 57.2%，经济学背景的占 14.3%。另外，入学者的平均年龄为 28 岁，有 22% 的申请该校 MSCM 的学生本身已经是研究生学历。

（4）University of Maryland

标准化考试：TOEFL，GMAT/GRE

本科背景：无要求

工作经验：无要求

其他：GPA、文书

之前录取学生的分数情况为：GMAT 600+，GRE 75%，TOEFL 100+，GPA 3.3+/4.0。

（5）Washington University in St. Louis

标准化考试：TOEFL，GMAT/GRE

本科背景：无要求

工作经验：无要求

其他：GPA、文书

该校 Class of 2013 的 profile 如下：

MS/SCM CLASS OF 2013 PROFILE

Total number of full-time students	18
Median age	23
Average GMAT	717
Average GPA	3.57
Female students	50%
International students	67%
Students with previous full-time work experience	28%
Part-time students***	12

同样，开设该专业的学校也是少之又少，通过我们选取的如上五所学校的申请要求可以看出如下端倪来：

第一，工作经验的重要性直观地体现在了 GMAT/GRE 的分数标准上。以 GMAT 为例，Ohio State University 相对招生人数还算多，然而它录取的学生的平均 GMAT 分数为 700 分；University of Michigan–Ann Arbor 招生人数仅为前者的一半，可是它录取的学生的 GMAT 平均分数为 681 分，这仅仅是因为后者的录取学生群体中本身就具备了多年的工作经验。所以对于刚毕业的大学生，甚至在校大学生，没有工作经验与其他人竞争时，本身的竞争力就弱化了很多，要补救的办法就是抓紧利用寒暑假多做一些与专业相关的实习和兼职。

第二，对本科的专业背景无硬性要求：同申请 IE 不同的是，申请商学院下设的该专业对于本科的专业背景没有硬性规定，所以我们可以看到，录取人群中既有本科期间就学习相关专业的，也有学习非相关专业的，例如理科、工科、文科等。但这并不意味着学校没有一些必修的基础课程，比如 Washington University in St. Louis 就有三门先行课要求，这三门课是 Introduction to Finance（金融学入门），Introduction to Financial Accounting（财会入门），Operations Management Foundations（运营管理基础）。如果本科期间没有修过，那么学校会安排在入学后补修。再比如 Michigan State University 也一样，如果学生没有提前修过基础课程，学校也会要求学生到校后补修会计、金融和市场相关课程。相对来说，该专业对于先行课的要求会宽松许多，多数都允许到校后补修。

第三，竞争"惨不忍睹"：从学校的招生人数上我们就可以看到，以上五所学校每年仅招收 15~40 人左右，中国学生能占到 2~3 人左右，可是看看周围有多少申请者？在僧多粥少的情况下如果铁了心肠就要申请该专业，那么在上面所提及的申请要求中的每一项都要竭尽所能地做到最好，方能胜出。

4. 答疑解惑

FAQ：

1. 学商科的学生是否可以申请工学院 IE 下的 SCM 相关专业？

2. 学理工科的学生是否可以申请商学院的 SCM 相关专业？

在分析完商学院的 SCM 相关专业的申请要求后，对比前面章节 IE 的申请要求，那么对于如上两个问题，相信读者心中已经有了自己的答案了。

（十）Economics 经济学

经济学研究的是经济发展规律，在很多政策的制定上都起着至关重要的作用，例如税收、能源政策、退休安全保障、国际贸易、卫生保健、环境和通货膨胀。如果你喜欢严谨地分析和解决问题，那么经济对你的吸引力就是致命的。在看起来复杂且毫无秩序的世界里，它用一些模型来解释和预测经济行为。比如，利率降低，按揭利率会发生什么变化？新车价格会发生什么变化？这些都是学经济的人所关心的内容。经济学通常包括的主要分支方向有发展经济学、信息经济学、国际经济学、劳动经济学、社会经济学、法律经济学、货币经济学、管理经济学、政治经济学、金融经济学、环境经济学等。

在美国开设经济学硕士项目的学校比较少，多数学校开设的是 PhD 项目（比如全美最大的经济学院之一耶鲁大学经济学院一年招了 17 名博士生，与其他专业相比，这是一个非常可观的数字），2012 年排名前 30 的美国大学里只有十几所学校开设经济学硕士项目，这使得申请硕士的申请者的选择范围变得非常小，从而无形中增加了竞争压力。以下我们选取几所开设经济学硕士研究生项目的学校来做分析。

1. University of Illinois at Urbana–Champaign

Masters of Science in Policy Economics（MSPE）是一个 1～2 年的 professional 学位，将来的就业方向是到政府机关、银行和国际组织中做一些政策制定方面的工作。它是全美该类型项目里最大的，也是办得最成功的。该项目创设于 1984 年，至今已经有来自 80 多个国家的 1 000 多名学生从该项目毕业。他们有的就职于政府部门和国际组织，身居高位，有的做了银行的管理者。目前这个项目有来自 17 个国家的 150 名学生在读。该项目会着重培养学生的经济分析能力和定量分析技巧。毕业生未来无论从事什么行业，身居什么职位，这些能力都会对自身的发展起到至关重要的作用。该项目提供的课程比较广泛，包括：

- General Microeconomics Theory 微观经济学理论
- Economic Statistics 经济统计学
- Applied Econometrics 应用经济计量学
- General Macroeconomics Theory 宏观经济学理论
- Development Economics 发展经济学
- Economic Theory 经济学理论
- Environment and Natural Resources 环境和自然资源
- Health Economics 健康经济学
- Industrial Organization 工业组织
- International Economics 国际经济学
- Labor Economics 劳动经济学
- Monetary Economics 货币经济学
- Public Economics 公共经济学
- Urban and Regional Economics 城市经济学和区域经济学

- Law and Economics 法律和经济学

另外也还有一些选修课。但是所有这些课程都不是一成不变的，学校每年可能会有一些细微的变化，要以学校官网最新公布的课程信息为准。

在申请要求方面，托福 79 分，GRE 不是必需的，但是建议考。虽然托福的最低要求是 79 分，但是如果没有达到 103 分，入学后需要做英语测试，对于成绩不理想者，学校会额外加一些语言课程，以帮助学生适应英语的环境。

2. Duke University

杜克大学的 Economics MA 项目可能是同项目里最好的。这是杜克大学对自己的评价。的确如此，杜克大学的该项目无论是对于要读 PhD 的学生做一个过渡，还是要在金融分析领域从业的学生，或者是研究型经济学家中途重温一下经济学知识，抑或是一些有抱负的律师想深入了解博弈论、微观经济学或经济计量学等知识，再或者是对于一些政策分析家来说都是一个绝佳的充实自己的机会。

Duke 的 MA in Economics 有如下分支，学生需要选择一个自己感兴趣的方向：

- Applied Economics Track 应用经济学
- Applied Financial Economics 应用财政经济学
- Computational Economics 计算经济学
- Financial Economics Track 财政经济学
- Health Economics Track 卫生经济学
- History of Political Economy 政治经济学史
- JD/MA Track（Law & Economics）：该分支是与杜克法学院合作的跨学科方向，在三年内拿到两个学位，但是该方向在核心的微观经济学、宏观经济学和经济计量学方面要求学生具备非常扎实的经济理论基础和经济建模基础。
- PhD Preparation Track /Economic Analysis：为打算读 PhD 的学生做准备的两年制的分支。

不同的分支，对于本科课程的建议是不一致的。总体来说，这一项目是在注重数学的基础上，为了让学生在宏观和微观经济领域拥有一个广泛的认知而开设的。但是这并非绝对，对于选择 Applied Economics 分支的学生，本科期间数学的要求相对就低一些，这一分支的学生在学习阶段可以重点在劳动经济学、环境经济学、城市经济学、经济计量学或国际经济学这些领域里寻求突破，他们在毕业后通常会进入咨询业、政府机构或研究中心。相比较来说，Financial Economics 这一分支就要求申请者具有相当的数学知识，它是主要为将来想在金融领域从业的人设置的。

Duke MA in Economics 项目最新一届学生大概有 50 人，另外还有五六名春季入学的学生，这 50 多人是来自世界各地的，其中中国人能占几个？竞争之激烈可想而知。除了硬件 GRE Verbal 570 分左右、GRE Quantitative 770 分左右、GPA 3.6～3.7 左右之外，还要求提供一篇 writing sample，以体现学生的学术能力和研究能力。

3. New York University

在 2012 年全美排名前 12 的经济学院里（Harvard University, Massachusetts Institute of Technology，Princeton University，University of Chicago，Stanford University，University of California—Berkeley，Yale University，Northwestern University，University of Pennsylvania，Columbia University，University of Minnesota—Twin Cities，New York University），只有纽约大学和耶鲁大学开设了经济学硕士学位。对纽约大学来说，地理位置的优势，使得它受到了很多申请经济学硕士学位的学生们的追捧，同时也使得该项目毕业生的就业比较乐观。但这并不完全适用于国际学生，作为国际学生的中国学生，回国后要么从事一些重要的政策指导的工作，要么在美国继续读博士，能拿到工作签证留在美国工作的少之又少。

这一项目需要学习五门核心课程和五门选修课，五门核心课程包括 Mathematics for Economists（经济学家的数学），Microeconomic Theory（微观经济学理论），Macroeconomic Theory Ⅰ（宏观经济学理论Ⅰ），Applied Statistics and Econometrics Ⅰ（应用统计学和经济计量学Ⅰ），Applied Statistics and Econometrics Ⅱ（应用统计学和经济计量学Ⅱ）。

该项目的规模虽然不固定，但是还是有一些数字可以做参考。2010 年秋季，该项目收到了 600 份申请，录取了 150 名学生。通常来说，该项目每年会录取 60~70 人，学生群体中有一半左右的学生是国际学生。

在申请要求的硬件方面，要求 GRE Quantitative：160 分、写作：5.0 分、Verbal：150 分、托福：105 分、GPA：3.5 分。在本科课程方面，有竞争力的申请者需要学习过两门微积分课程（或者一门微积分加一门线性代数）、一门统计学和一门经济计量学、中级微观经济学和中级宏观经济学等。

通过这三所学校，我们可以看到，申请经济学硕士，对于本科的背景要求方面不是很严格，主要是对经济学和数学的要求，比如宏观经济学、微观经济学这两门是经济学中最基础、最核心也是最重要的课程，比如数学方面对于微积分的要求。所以对于理科学生，因为有数学基础，在本科背景上就会占有优势；对于本身就是学经济学的学生，则更加在本科的课程背景方面优势明显；需要提醒的是文科学生，比如英语、汉语、哲学、文学、教育等专业的学生，在申请时需要考虑清楚，即使是因为学校对于本科背景不作要求，因此被录取，也要先研究清楚学校开设的经济学的分支和方向是否适合文科生，同时提前去看一下课程介绍，确定在接下来的硕士期间是否可以顺利完成学习任务（比如 Duke MA in Economics 下的 Applied Economics 或许是可以挑战的领域）。对于那些在课程设置中有许多数学要求的学校，则不建议文科生去申请（比如 Duke MA in Economics 下的 Financial Economics 方向），因为即便被录取，要读起来也会异常艰难。我们中国一些高校的经济学专业设置大有后来居上的势头，Economics 的学习和研究在很多 Economics 专业发达的学校里，已经越来越与国外大学接轨了。但也有很多大学里的 Economics 还保留原来的态势，在教学上，在研究生阶段是非常"文"的，并不太注重数字的统计和分析。借用一位中国 Economics 教授的说法，Economics 是文科里的自然科学，意思是数理含量非常高，搞 Economics 就是搞 Math，就是用数学模型。如果数学不好，那么学习起来将是非常痛苦的事情。如果对数字不敏感，那也将是件非常痛苦的事情。而美国整体的文科和我们的文科不一样，美国的学校都非常注重数字的统计及分析，注重培养学生的分析能力和逻辑思维能力。无论什么专业，数学作为一种工具在其中的作用都非常大。也正因为这个原因，文科生如果打算申请美国的经济学，那么一定要慎重再慎重，三思再三思。

许多人认为经济学太虚无缥缈，用一句流行的话来说就是"不接地气"，这大概是因为经济学很多是为国家经济政策（比如财政政策和货币政策）的制定提供指导的，理论性的东西偏多。但是对于学习经济学的人来说也不完全尽然。对于经济学毕业生的就业情况，我们可以参考杜克大学的就业统计：

（1）许多学生在杜克大学继续攻读博士，或者去其他学校（例如哥伦比亚大学、哈佛大学、西北大学等）继续攻读博士，未来主要做研究。说起做研究，也有学生硕士毕业后就直接进入研究中心做研究，例如杜克大学近六年的毕业生中就有人进入杜克的研究中心 Triangle Census Research Data Center 工作。

（2）进入金融领域例如银行系统从事金融、投资、咨询等工作，如到印度尼西亚银行、韩国银行、德国银行、哥伦比亚中央银行、巴拉圭中央银行、土耳其中央银行、摩根、花旗银行、美国富国银行等工作。

（3）从事咨询类工作，比如进入咨询公司 Accenture（埃森哲，目前在中国也有很多分公司）工作。

（4）做教育行业，非常理想的就业渠道是留校，比如近几年就有学生在杜克大学的经济学院或商学院留校。再比如进入高中当老师，杜克大学的毕业生就有进入 St. Paul's School 教书的先例。

（5）进入各个国家公职部门，例如杜克大学的经济学毕业生就有人到 Office of Governor of Arizona（亚利桑那州长办公室）；也有进入韩国、日本、新加坡等国家公职部门工作的。

（6）进入会计师事务所做审计类和税务类工作，例如杜克大学近几年的毕业生中就有人进入安永会计师事务所。

（7）进入公司做贸易，比如进入一些跨国公司做外贸或者回到中国来进入外企做外贸，当然也可以做国内贸易，比如进入 Adidas，再比如进入中国石化集团、三星集团等大型企业。

（8）因为经济学专业也会学习相关的经济法和国际法等法律类课程，所以毕业后也可以进入法律领域，例如杜克大学的毕业生就有人进入了 United States Court of Appeals for the Fifth Circuit（美国第五巡回上诉法庭）；Jones Day Law Firm, Washington, DC（华盛顿特区的琼斯法律事务所）；United States District Court, Eastern District of Pennsylvania（美国宾夕法尼亚州东区法院）等工作。

如上是通过分析杜克大学经济学硕士毕业生的去向来概括出来的经济学专业毕业生可以从事的工作类型和进入的领域，对经济学的就业一直持悲观态度的学生可以拿来做一个参考。经济学是一个就业领域很广的专业，几乎每个领域都能融入进去，对于那些不想继续攻读博士的申请者来说，委实需要了解自己想要专攻的方向，根据自己想要专攻的方向积累相关的专业知识，只有武装好了自己，才可能在竞争激烈的就业市场有一席之地。

（十一）法律专业（Law）

写在前面的名词解释：

① **LLM**：LLM 是一个一年制的法学进阶课程项目，相当于硕士学位。它的全称是

Master of Law。

②**MCL**：MCL 是 LLM 的另外一个名称，全称是 Master of Common Law。

③**JD**：法学博士，全称是 Juris Doctor 或 Doctor of Jurisprudence。

④**JSD/SJD**：全称 Doctor of Juridical Science。JSD 或 SJD 相当于法学院里的 PhD，最终目的是培养做研究的学者，大部分就读者是外国人，美国人较少攻读这个学位。

⑤**LSAT**：LSAT 是 Law School Admission Test（法学院入学考试）的缩写，该考试每年有四次，在世界各地均有考点。它是美国和加拿大法学院申请入学的参考条件之一。

⑥**LSAC（Law School Admission Council）**：法学院录取委员会，很多法学院与该系统合作，通过该系统进行申请，官方网址：http://www.lsac.org。

⑦**Bar**：美国律师资格考试。

1. 法学专业开设情况介绍

在美国，Law School（法学院）与其他两大精英职业学院（商学院和医学院）的申请有一点不太一样的地方：在 Law School 里没有本科学位，即使是类似医学院的那种 Pre-Medical（医学预科）的课程都很少有，所以 Law School 的申请有法学院研究生申请，没有本科的申请。

但是美国在之前是有法律本科的，那个时候叫做 LLB（Bachelor of Law），后来大抵是因为美国人发现法律没有那么容易学，而且本科毕业后也没有能力胜任律师之类的职位，于是就取消了 LLB 这个学位，因此也就形成了现在的这种局面。很少的 Law School 会有本科学位。

在法学院的研究生申请中，分为两大类：LLM（有的学校叫 MCL）和 JD。从申请的角度来说，无论是申请的难度还是流程，这两种学位都是不可同日而语的。LLM 容易，对学生的要求相对低，仅仅需要申请者具有 TOEFL 成绩即可。JD 非常难，不仅仅需要有 TOEFL 成绩，还需要有被称为世界上最难的考试 LSAT 的成绩。下面我们分别来具体说明一下 LLM 和 JD。

2. LLM
（1）LLM 的定位与特点

LLM 的申请者主要是外国人，而非美国本国人。这与 LLM 的尴尬定位有很大的关系：第一，相对来说，LLM 是一个 academic oriented（以学术为导向）的学位，这种学位的特点是有很多不同的 concentration，比如 Urban Affair（城市事务研究），International Law（国际法），Intellectual Property Law（知识产权法）等。第二，有一部分学校 LLM 仅招收国际学生，而这样的学位使得有些学校的 LLM 没有 concentration（分支方向），更多的是一个 LLM 的 general（综合性的）学位。

读 LLM 的学生的目的可以大概归为三类：

目的之一是学习一些理论知识，为未来读 JSD 或 SJD 做准备。在前面的名词解释里，我们已经解释过 JSD 和 SJD，它的最终目的是培养做研究的学者，该学位的大部分就读者也是外国人，美国人较少读该学位，所以大家要额外注意。

目的之二很简单，是为了将来能留在美国就业或者将来能回国找到更好的工作。

目的之三是为了考 Bar（律师资格证），自然也是为了更好的前程。

（2）LLM 的申请情况

了解了 LLM 的自身定位和攻读 LLM 的目的之后，我们来看一下申请 LLM 的一些 Tips。该部分分为两块：必备项和可无项两方面。

① 必备项

- TOEFL/IELTS：如同其他专业一样，LLM 专业也要求国际学生考托福或雅思。
- GPA
- 专业背景：需要具备法学专业背景，需要有法学学位或相关学位或取得相应的从业资质以及相关的实习和研究经历。
- Deadline：12 月 1 日（很多学校 LLM 的截止日期较早，12 月 1 日是比较集中的一拨学校的截止日期）。
- 清晰阐述申请目的的 PS（个人陈述）以及通用的三封推荐信和一份简历。

② 可无项

- 申请 LLM 可以不需要 GRE 和 LAST 的考试成绩。
- 申请 LLM 通常来说并不需要有相关的从业经验，但是前面说过了，需要有相关的学术背景，比如本科学位是法学学位即是多数学校对于 LLM 国际学生申请者最基本的要求，此为对学术能力的要求。尽管不需要从业经验，但是最好是有实习经历与研究经历，这在一定程度上可以帮助你申请到更靠前的学校。

一般来说，托福成绩达到 100 分、GPA 达到 3.5/4.0，冲击法学院前 20 名的 LLM 可能性非常大。所以有两个建议：第一，考一个托福高分出来，105+ 为最佳；第二，暑假的时候去做一些实习工作，在校期间做一些相关的研究工作。这两个硬件可以帮助申请者申请到更理想的学校。

（3）LLM 的申请趋势

LLM 的申请这些年愈趋标准化，为什么这样说呢？因为以前不同的学校可以选择不同的系统进行网申，而就 2012 年的申请季来看，越来越多的学校都开始采用 LSAC 系统来做统一的申请了。LSAC 是什么？简单点说就是一个统一的申请系统（以前，仅仅 JD 的申请需要使用这样的系统）。LLM 的申请愈趋标准化这种现象出现的原因在于：申请者越来越多，各个学校对 LLM 的项目也越来越重视。LLM 的申请呈现三个趋势：越来越标准化；申请者越来越多；学校对 LLM 项目越来越重视。在近三年的大陆申请者中，中国大陆的研究生申请者的涨幅大概一直在 20% 左右。与此形成鲜明对比的是，一直"吹嘘"着想要多样化的美国大学所招生的中国学生数量是不会急剧增加的。所以，事实上我们也显而易见地可以看到还有一个趋势就是：竞争越来越激烈。

3. JD

JD 意为法学博士，全称是 Juris Doctor 或 Doctor of Jurisprudence，但是 JD 实质上相当于一个法律的本科学位，它的前身叫 LLB（Bachelor of Law），后称为 JD。通常 JD 的学制为三年。在美国人的眼里，JD 相当于商科里的 MBA，或者说 MBA 相当于 Law

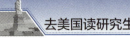

School 的 JD，它是进入法律行业的一个重要条件。

JD 作为一种职业教育，不仅招收本科生，也招收具有硕士、博士背景的申请者，于是就造成了申请竞争极其激烈，只有那部分最优秀的人才会被录取；另外一方面，它也成为了很多成功人士的最终学位。

我们前面说了，LLM 是 academic oriented，与之对应的 JD 是 career oriented（以职业为导向的）。简单点说，去读 JD 学位的人，通常都是致力于做律师的人。

虽然 JD 是一个 career oriented 的学位，但是在紧凑的三年学制内，高强度的学习让一个具有 JD 学位的人有足够的能力在任何大学里教授课程。这也就是我们上面所说的美国人很少有人去读 JSD 的一个重要原因，许多顶尖法学院的教授具有 JD 学位，但并不具有 JSD 的学位。当然没有 JD 学位并不代表你不能在法律界从业，但是这绝对会成为你从业的一个很大的阻碍。

在留学申请界，有这样两句话：如果你恨一个人，就让他去读 JD 吧！如果你爱一个人也让他去读 JD 吧！因为 JD 是天底下最难读的学位，很多学校要求学生的平均成绩达到 B 及以上才可以毕业，同时学生们都还互相竞争着要把每门课的成绩尽量提高。因为在这种精英学院当中，如果想找到好的工作，想立足于社会，成绩单上的成绩非常重要。美国人与中国人一样看重在校成绩，只是美国学校在计算成绩的时候更加能准确地反映出一个人的能力。这是毕业难。另外呢，JD 的申请也很困难，因为需要提交 LSAT 考试的成绩，而 LSAT 被称为世界上最难的考试。这是申请难。这两难便解释了前面的一句话了。后一句的意思是：读下 JD 绝对是一个人职业生涯的一剂强心针，可以给未来前途带来很多的附加价值。

接下来我们来看一下申请 JD 的 Tips：

首先是必有项：

• TOEFL

• LSAT

以下列出几所学校 2011 年录取学生中的 LSAT 成绩分数范围，供申请者参考，数据来源于 *USNEWS*：

College name	LSAT scores (25th-75th percentile)
Harvard University	171~176
Stanford University	167~173
Yale University	171~176
Columbia University	170~175
University of Michigan-Ann Arbor	168~171
New York University	169~175
University of Virginia	166~171
Cornell University	166~169
Duke University	168~171
Northwestern University	166~171
University of California-Berkeley	162~170

University of Chicago	168 ~ 172
Georgetown University	168 ~ 172
University of Pennsylvania	166 ~ 171
Vanderbilt University	165 ~ 170
Washington University in St. Louis	162 ~ 168
University of Texas-Austin	164 ~ 169
Boston University	164 ~ 167
Emory University	166 ~ 167

- GPA
- 丰富的专业相关的实践经历
- 读 JD 的心理准备

其次是可无项：

- 从业经验：同 LLM 的申请类似，申请 JD 也不需要具备相关的从业经验
- 专业背景：同 LLM 的申请有区别的是，申请 JD 并不要求必须有相关的专业背景

4. 考 Bar（美国律师从业资格考试）

去读 Law School 的学生，不想考 Bar 的，都不是上进的学生。这话不假，因为：其一，只要想一下，花了那么多钱，仅仅是为了一纸文凭，未免太不值了；其二，考 Bar 实际上是对学生学习成果的一种肯定；其三，作为律师这种有从业资质门槛的行业来说，有没有 Bar 对自身的发展是有天壤之别的，有了 Bar 就有了签字权。举个例子来说，在有些律师事务所里，真正具有律师证的可能不多（比如老板或者合伙人）。这些人仅仅指导普通员工去处理和实施工作，他们只是在最终的文件上签字（有时候，只有有资质的人签字，在法律上才会产生效力）。有了 Bar，就有了签字权，那么就有机会脱离底层的体力劳动，发展空间就更为宽广。

美国不像我们中国有一个统一的司法考试，他们每个州的司法都是独立的，都有自己的律师资格考试，因此，取得了任何一州的 Bar，都只能在该州执业。如果跨州的话，需要申请，且对于律师的从业时限是有要求的，通常来说需要 4 ~ 7 年的时间。但是首都华盛顿特区是比较特殊的，在任何一州取得了 Bar 都可以在这里执业。

报名限制：JD 的学生考 Bar 是理所当然的（因为读 JD 的学生的主要目的就是去做律师），而 LLM 的学生考 Bar 却充满了很多的不确定性，那么 LLM 的学生可以考 Bar 吗？答案是肯定的。LLM 的学生可以考 Bar，但是，仅仅可以去以下 13 个州考：

- Arizona （亚利桑那州）
- California （加利福尼亚州）
- Connecticut （康涅狄格州）
- Michigan （密歇根州）
- New Hampshire （新罕布什尔州）
- New York （纽约州）
- North Carolina （北卡罗来纳州）

- South Carolina（南卡罗来纳州）
- Rhode Island（罗德岛州）
- Tennessee（田纳西州）
- Virginia（弗吉尼亚州）
- Texas（得克萨斯州）
- Kentucky（肯塔基州）

LLM 能去这 13 个州考试的前提是修够 20 个 ABA（American Bar Association 美国律师协会）所承认的法学院的学分。以下为 2012 年以前 ABA 所承认的 200 所 Law School。

序号	学校	承认年份
1	University of California-Irvine，School of Law	2011
2	Charlotte School of Law	
3	Drexel University，Earle Macke School of Law	2008
4	Elon University，School of Law	
5	Phoenix School of Law	2007
6	Charleston School of Law	
7	Faulkner University，Thomas Goode Jones School of Law	2006
8	Liberty University，School of Law	
9	Atlanta's John Marshall Law School	2005
10	Western State College of Law at Argosy university	
11	Florida A&M University，College of Law	2004
12	Florida International University，College of Law	
13	University of St. Thomas，School of Law （Minnesota）	2003
14	Ave Maria School of Law	2002
15	Barry University，Dwayne O. Andreas School of Law	
16	Appalachian School of Law	2001
17	University of Nevada-Las Vegas，William S. Boyd School of Law	2000
18	Florida Coastal School of Law	1999
19	Chapman University，School of Law	1998
20	Thomas Jefferson School of Law	1996
21	Roger Williams University，School of Law	1995
22	Seattle University，School of Law	1994
23	Texas A&M University，School of Law	
24	Quinnipiac University，School of Law	1992

续前表

序号	学校	承认年份
25	University of the District of Columbia, David A. Clarke School of Law	1991
26	Regent University, School of Law	1989
27	St. Thomas University, School of Law （Florida）	1988
28	Widener University, School of Law- Harrisburg	
29	City University of New York, School of Law	1985
30	Georgia State University, College of Law	1984
31	Touro College, Jacob D. Fuchsberg Law Center	1983
32	George Mason University, School of Law	1980
33	Mississippi College, School of Law	
34	Campbell University, Norman Adrian Wiggins School of Law	1979
35	Northern Illinois University, College of Law	
36	Pace University, School of Law	1978
37	Whittier Law School	
38	Yeshiva University, Benjamin N. Cardozo School of Law	
39	University of Dayton, School of Law	
40	Hamline University, School of Law	
41	Nova Southeastern University, Shepard Broad Law Center	1975
42	Thomas M. Cooley Law School	
43	Vermont Law School	
44	Widener University, School of Law-Wilmington （Delaware）	
45	Brigham Young University, J. Reuben Clark Law School	
46	University of New Hampshire, School of Law	
47	University of Hawai, William S. Richardson School of Law	1974
48	Southern Illinois University, School of Law	
49	Western New England College, School of Law	
50	University of Baltimore, School of Law	1972
51	Pepperdine University, School of Law	
52	Hofstra University, School of Law	1971
53	Lewis and Clark College, Law School	1970
54	Southwestern Law School	

Learn and Share: To Study in the USA

续前表

序号	学校	承认年份
55	Arizona State University，Sandra Day O'Connor College of Law	
56	University of Arkansas at Little Rock，William H. Bowen School of Law	
57	Inter American University of Puerto Rico，School of Law	
58	University of the Pacific，McGeorge School of Law	1969
59	New England Law/Boston	
60	Northeastern University，School of Law	
61	Texas Tech University，School of Law	
62	University of California-Davis，School of Law	1968
63	Florida State University，College of Law	
64	Pontifical Catholic University of Puerto Rico，School of Law	1967
65	University of Memphis，School of Law	1965
66	California Western School of Law	1962
67	University of Maine，School of Law	
68	The University of Akron，School of Law	1961
69	University of San Diego，School of Law	
70	Duquesne University，School of Law	1960
71	Oklahoma City University，College of Law	
72	South Texas College of Law	1959
73	Judge Advocate General's Legal Center and School	1958
74	Cleveland State University，Cleveland-Marshall College of Law	1957
75	Golden Gate University，School of Law	1956
76	New York Law School	
77	Northern Kentucky University，Salmon P. Chase College of Law	1954
78	Villanova University，School of Law	
79	Southern University，Law Center	1953
80	Suffolk University，Law Center	
81	Gonzaga University，School of Law	
82	The John Marshall Law School（Chicago）	1951
83	Seton Hall University，School of Law	

续前表

序号	学校	承认年份
84	University of California-Los Angeles，School of Law	
85	Capital University，Law School	
86	University of Houston，Law Center	1950
87	North Carolina Central University，School of Law	
88	Rutgers School of Law-Camden	
89	The University of Tulsa，College of Law	
90	Samford University，Cumberland School of Law	
91	Texas Southern University，Thurgood Marshall School of Law	1949
92	The University of New Mexico，School of Law	
93	Ohio Northern University-Claude W. Pettit，College of Law	1948
94	St. Mary's University，School of Law	
95	University of Puerto Rico，School of Law	1945
96	Indiana University，School of Law-Indianapolis	1944
97	Detroit College of Law（now Michigan State University，College of Law）	
98	University of Miami，School of Law	1941
99	Rutgers School of Law-Newark	
100	American University，Washington College of Law	1940
101	University of California-Hastings，School of Law	1939
102	University of Toledo，College of Law	
103	Willamette University，College of Law	1938
104	William Mitchell College of Law	
105	Brooklyn Law School	
106	Santa Clara University，School of Law	
107	St. John's University，School of Law	1937
108	Wayne State University，Law School	
109	Indiana University Maurer，School of Law	
110	Chicago-Kent College of Law，Illinois Institute of Technology	
111	Fordham University，School of Law	
112	University of Missouri-Kansas City，School of Law	1936
113	University at Buffalo，Law School	
114	Wake Forest University，School of Law	
115	Loyola Law School-Los Angeles	
116	University of San Francisco，School of Law	1935
117	University of Connecticut，School of Law	
118	University of Detroit Mercy，School of Law	1933
119	Temple University，James E. Beasley School of Law	
120	Boston College，Law School	
121	College of William and Mary，Marshall-Wythe Law School	1932

Learn and Share: To Study in the USA

续前表

序号	学校	承认年份
122	Baylor University, Sheila & Walter Umphrey Law Center	1931
123	Duke University, School of Law	
124	Howard University, School of Law	
125	University of Louisville, Louis D. Brandeis School of Law	1931
126	Loyola University-New Orleans, College of Law	
127	Dickinson School of Law (now Pennsylvania State University, The Dickinson School of Law)	
128	Albany Law School	
129	The University of Arizona, James E. Rogers College of Law	
130	University of Georgia, School of Law	
131	University of Maryland, School of Law	1930
132	University of Mississippi, School of Law	
133	New York University, School of Law	
134	Stetson University, School of Law	
135	Valparaiso University, School of Law	1929
136	University of Richmond, T.C. Williams School of Law	1928
137	Southern Methodist University, Dedman School of Law	1927
138	University of Utah, S.J. Quinney College of Law	
139	The University of Alabama, School of Law	
140	The University of Arkansas of Law-Fayetteville	1926
141	Louisiana State University, Paul M. Hebert Law Center	
142	Boston University, School of Law	
143	The Catholic University of America, Columbus School of Law	
144	DePaul University, School of Law	
145	University of Florida, Fredric G. Levin College of Law	
146	University of Idaho, College of Law	
147	University of Kentucky, College of Law	
148	Loyola University-Chicago, School of Law	
149	Marquette University, Law School	1925
150	Mercer University, Water F. George School of Law	
151	University of Notre Dame, Law School	
152	University of South Carolina, School of Law	
153	The University of Tennessee, College of Law	
154	Tulane University, School of Law	
155	Vanderbilt University, Law School	
156	Creighton University, School of Law	
157	Georgetown University, Law Center	
158	Saint Louis University, School of Law	1924
159	University of Southern California, Gould School of Law	
160	University of Washington, School of Law	

续前表

序号	学校	承认年份
161	University of California-Berkeley，College of Law	
162	Case Western Reserve University，School of Law	
163	University of Chicago, Law School	
164	University of Cincinnati，College of Law	
165	University of Colorado，Law School	
166	Columbia University，Law School	
167	Cornell University，Law School	
168	University of Denver Sturm，College of Law	
169	Drake University，Law School	
170	Emory University，School of Law	
171	The George Washington University，Law School	1923
172	Harvard University，Law School	
173	University of Illinois，College of Law	
174	Indiana University，School of Law-Bloomington	
175	University of Iowa，College of Law	
176	University of Kansas，School of Law	
177	University of Michigan，Law School	
178	University of Minnesota，Law School	
179	University of Missouri-Columbia，School of Law	
180	The University of Montana，School of Law	
181	University of Nebraska，College of Law	
182	University of North Carolina at Chapel Hill，School of Law	
183	Northwestern University，School of Law	
184	The Ohio State University，Michael E. Moritz College of Law	
185	University of Oklahoma，College of Law	
186	University of Oregon，School of Law	
187	University of Pennsylvania，Law School	
188	University of Pittsburgh，School of Law	
189	University of South Dakota，School of Law	
190	Stanford University，Law School	
191	Syracuse University，College of Law	
192	The University of Texas，School of Law	
193	University of Virginia，School of Law	
194	Washburn University，School of Law	
195	Washington and Lee University，School of Law	
196	Washington University，School of Law	

续前表

序号	学校	承认年份
197	West Virginia University，College of Law	
198	University of Wisconsin，Law School	
199	University of Wyoming，College of Law	1923
200	Yale University，Law School	

美国 Bar 考试每年有两次，分别在 2 月和 7 月，考试一般分为两部分：联邦统考和州单考。考试时间为两到三天，根据具体州而定。比如，纽约州为两天：上午 3 小时，下午 3 小时 15 分钟。

联邦统考部分分为 MBE（Multistate Bar Examination），MEE（Multistate Essays Examination）和 MPT（Multistate Performance Test）三部分：

MBE：一共有 200 道多项选择题，考试时间为 6 个小时，考试内容涵盖了 contract law（合同法），tort law（侵权行为法），constitutional law（宪法），criminal law（刑法），evidence law（证据法）和 property law（物权法）。考生按每 3 个小时 100 题的速度在两个时间段内完成。

采用 MBE 的州如下图的灰色部分所示，该图引用自 http://www.ncbex.org/assets/ media_files/ Statistic /2011 Statistics.pdf。

Jurisdictions Using the MBE in 2011

Key for Jurisdictions Using the MBE in 2011

Gray shading indicates jurisdictions using the MBE. Jurisdictions not shown on the map that are included in this category: the District of Columbia, Guam, Northern Mariana Islands, Palau, and Virgin Islands.

No shading indicates jurisdictions not using the MBE. Jurisdiction not shown on the map that is included in this category: Puerto Rico.

MEE：是一个 30 分钟的综合问答题。

采用 MEE 的州如下图的灰色部分所示，该图引用自 http://www.ncbex.org/ assets/ media_files/ Statistic /2011 Statistics.pdf。

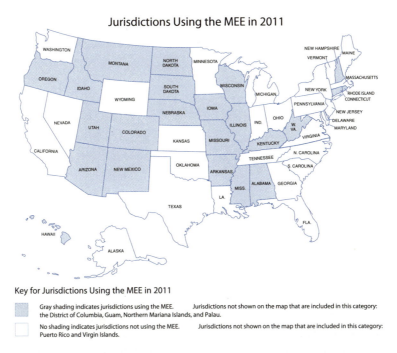

MPT：题型是案例分析，分两次考，每次考试时间为 90 分钟。考试内容涵盖了法律分析、事实分析、问题解决、道德问题解决和沟通等。

采用 MPT 的州如下图的灰色部分所示，该图引用自 http://www.ncbex.org/ assets/ media_files/ Statistic /2011 Statistics.pdf。

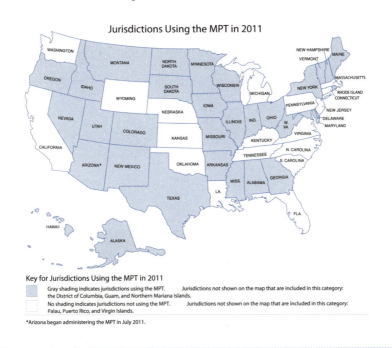

各州自行决定采用其一或全部，考试内容是联邦统一法和通行普通法。科目包括：宪法、刑法和刑事程序法、证据法、合同法、不动产和侵权行为法等。另外还有 MBE，MEE，MPT 打包在一起的考试，叫做 **UBE**（Uniform Bar Examination），但仅有为数不多的州采用。目前应用 UBC 的有如下州：

州	起效日期
Alabama	2011年7月
Arizona	2012年7月
Colorado	2012年2月
Idaho	2012年2月
Missouri	2011年2月
Montana	预审通过，但是生效日期还未定
Nebraska	2013年2月
North Dakota	2011年2月
Washington	2013年7月

通过了 Bar 考试可不是万事大吉了，因为即使通过了 Bar 考试，还必须通过 MPRE〔Multistate Professional Responsibility Examination（职业责任联考）〕才能被授予执业资格。MPRE 是单独的全国考试，考试形式全为多项选择题，有 60 道题目，考试时间为 2 小时 5 分钟。考试一年有 3 次，分别在 3 月、8 月和 11 月，可在任何州考，成绩全国有效，所不同的是各州通过的分数线不一样。

采用 MPRE 的州如下图的灰色部分所示，该图引用自 http://www.ncbex.org/ assets/ media_files/ Statistic /2011 Statistics.pdf。

Jurisdictions Using the MPRE in 2011

剩下的考试则是本州所规定的州内考试了，不同州的情况不一样，不仅仅体现在考试内容上，还有通过率。以 2011 年为例，纽约州的 Bar 通过率为 64%、加利福尼亚州为 51%，马萨诸塞州则高达 80%。下表是 2011 年各州参加 Bar 考试的人数和通过人数以及其通过率的统计，供广大考生参考。

Persons Taking and Passing, the 2011 Bar Examination

Jurisdiction	February			July			Total		
	Taking	Passing	% Passing	Taking	Passing	% Passing	Taking	Passing	% Passing
Alabama	217	121	56%	509	353	69%	726	474	65%
Alaska	58	38	66%	60	32	53%	118	70	59%
Arizona	270	182	67%	612	434	71%	882	616	70%
Arkansas	148	96	65%	222	168	76%	370	264	71%
California	4,364	1,848	42%	8,456	4,635	55%	12,820	6,483	51%
Colorado	447	339	76%	982	785	80%	1,429	1,124	79%
Connecticut	284	195	69%	538	389	72%	822	584	71%
Delaware	No February examination			211	141	67%	211	141	67%
District of Columbia	210	104	50%	208	97	47%	418	201	48%
Florida	1,347	904	67%	3,231	2,387	74%	4,578	3,291	72%
Georgia	439	302	69%	1,162	909	78%	1,601	1,211	76%
Hawaii	109	90	83%	176	125	71%	285	215	75%
Idaho	64	47	73%	119	97	82%	183	144	79%
Illinois	884	662	75%	2,490	2,155	87%	3,374	2,817	83%
Indiana	263	184	70%	536	411	77%	799	595	74%
Iowa	86	63	73%	320	277	87%	406	340	84%
Kansas	158	139	88%	225	191	85%	383	330	86%
Kentucky	212	159	75%	480	394	82%	692	553	80%
Louisiana	382	207	54%	750	538	72%	1,132	745	66%
Maine	64	35	55%	155	114	74%	219	149	68%
Maryland	536	348	65%	1,527	1,172	77%	2,063	1,520	74%
Massachusetts	578	368	64%	2,136	1,794	84%	2,714	2,162	80%
Michigan	463	352	76%	887	674	76%	1,350	1,026	76%
Minnesota	204	160	78%	684	622	91%	888	782	88%
Mississippi	101	63	62%	242	185	76%	343	248	72%
Missouri	279	237	85%	708	644	91%	987	881	89%
Montana	60	56	93%	132	117	89%	192	173	90%
Nebraska	23	9	39%	111	95	86%	134	104	78%
Nevada	221	140	63%	321	211	66%	542	351	65%
New Hampshire	60	49	82%	137	105	77%	197	154	78%
New Jersey	937	587	63%	3,702	2,995	81%	4,639	3,582	77%
New Mexico	157	134	85%	204	162	79%	361	296	82%
New York	3,881	1,869	48%	11,182	7,738	69%	15,063	9,607	64%
North Carolina	426	254	60%	1,067	793	74%	1,493	1,047	70%

Learn and Share: To Study in the USA

续前表

Jurisdiction	February			July			Total		
	Taking	Passing	% Passing	Taking	Passing	% Passing	Taking	Passing	% Passing
North Dakota	22	20	91%	68	55	81%	90	75	83%
Ohio	397	277	70%	1,176	959	82%	1,573	1,236	79%
Oklahoma	115	97	84%	381	317	83%	496	414	83%
Oregon	268	162	60%	529	382	72%	797	544	68%
Pennsylvania	692	482	70%	2,110	1,684	80%	2,802	2,166	77%
Rhode Island	76	41	54%	205	154	75%	281	195	69%
South Carolina	248	173	70%	459	341	74%	707	514	73%
South Dakota	27	25	93%	57	54	95%	84	79	94%
Tennessee	294	175	60%	752	550	73%	1,046	725	69%
Texas	1,150	865	75%	2,740	2,255	82%	3,890	3,120	80%
Utah	151	121	80%	340	291	86%	491	412	84%
Vermont	41	28	68%	71	48	68%	112	76	68%
Virginia	509	309	61%	1,513	1,156	76%	2,022	1,465	72%
Washington	479	324	68%	881	577	65%	1,360	901	66%
West Virginia	83	60	72%	208	156	75%	291	216	74%
Wisconsin	114	94	82%	209	177	85%	323	271	84%
Wyoming	54	36	67%	106	63	59%	160	99	62%
Guam	10	7	70%	11	7	64%	21	14	67%
N. Mariana Islands	4	4	100%	2	1	50%	6	5	83%
Palau	No February examination			4	1	25%	4	1	25%
Puerto Rico	497	243	49%	747	310	41%	1,244	553	44%
Virgin Islands	24	11	46%	23	12	52%	47	23	49%
TOTALS	23,187	13,895	60%	57,074	41,489	73%	80,261	55,384	69%

**Examinations in Puerto Rico are administered in March and September.

5. 法学专业就业之路

我们前面说过 LLM 的申请者主要是外国人，而非本国人，而且也有部分学校开设 LLM 是为了赚钱，然而为什么还有那么多的中国学生对 LLM 趋之若鹜呢？这就要从读法律专业的产出来分析原因。下面我们分别从回国的产出和在美国的产出来分析，也即回国就业和在美国就业。

（1）回国就业

建议打算回国工作的同学，无论是读 JD 还是 LLM，最好都能考个 Bar。很多同学都在问，美国的 Bar 在中国有用吗？回答是肯定的。

我国与美国有越来越多的商贸往来，摩擦也就越来越多，比如说，最近几年美国经济不景气，越来越多的美国公司付不起账单，致使越来越多的中国公司需要跨国追债。处理类似案件的律师，大部分都是具有美国 Bar 的中国人或华侨。

另一方面，有越来越多的中国公司在美国上市，这些在美上市的公司，在很多方面都需要在国内有专门的人为其提供法律服务，需要具有在美国从业资质的法律人才，比如说一家赴美上市公司发生并购或者股权转移等。这类人才目前在中国是供不应求的。

因此，目前中国缺少既了解中国国情、又了解美国法律的专业型人才，去美国读法律的学生就是要填补这一空白，这也是大批中国学生对于法律专业趋之若鹜的原因。

事实上，如果选择回国，就目前来说，大部分情况下，有个 LLM 学位已经足够了。但是拥有 JD 学位在就业过程中还是有优势的。我们不妨来做一道选择题，选项 A 是一个只学了 9~10 个月并仅仅修了 20 个法律课程学分的学生；选项 B 是一个读了 3 年 JD 并接受了正统训练的学生，那么在对于职位薪金要求相仿的情况下，相信任何老板都会选择那个读 JD 的学生。那么读 LLM 的学生如何与读 JD 的学生抗衡呢？

其一，如果想回国就业，不建议去读那些 general（的）LLM，建议选一个 concentration 去读，利用在美国的 9~10 个月的时间把这个领域内的知识吃透，了解那些与国内英美法系相关课程不一样的东西，熟悉美国法律的基础知识。

当然，客观来说，就读期间我们不可能把美国的法律基础知识都读一遍。一来时间有限；二来资金成本高昂。但是我们要认识到，美国最强的地方就是它的经济实力，与我们发生关系最多的地方也就是商贸，而不是传统领域，例如司法审判、刑事犯罪，所以建议更多地去熟悉与贸易相关的法律，此其二。

其三，不要奢望在短时间内对英美法系有相当深入的了解，但是一般性的、工具性的知识一定要熟悉。换句话说，就是要学会如何借助工具去找到你所需要的信息，简言之，学会方式和方法。在信息时代，如何在国内找到所有美国法律的资料，这对你未来发展是很有帮助的。但是，很可悲的是，很多读 LLM 的学生，在 9 个月后离开美国的时候，这些最基本的东西还不会。比如说，我们的公司被美国以 ×× 条款控告，那么我们如何在网上找到相关的最新的案例信息与资料呢？可能在一些大学的图书馆里可以找到，但是你需要多少时间找到呢？时间成本是怎样的呢？如果你的方法得当，那么会在很短的时间内完成这些工作。不要认为这很简单，美国每个州都有自己的法律，还有联邦统一的法律，五花八门，各个州之间有些还有很多相互冲突和抵触的地方，相当复杂和烦琐。你找到的相关解释和判例又是一大堆，这就很容易让我们犯迷糊。读 LLM 最大的收获就在于此——学会方法。这样一来，尽管读 LLM 的短短几个月没有办法掌握美国法律的精髓，但是只要懂得如何处理碰到的难题，知道如何去解决这个难题，就是最大的收获。

如果仅仅是打算回国从事律师事务所法律咨询服务的工作，不建议继续攻读 SJD，这对你的发展帮助不大，因为我们前面提到了，SJD 的教学目的是培养研究型人才，而非实际应用型人才。

我们大部分学生都是本科一毕业就直接选择出国读 LLM，在此我们建议在国内学习的时候就有一个明确的专业方向，并在这个专业方向有一定的积累，比如做一些相关的实习或学术研究等。这不仅可以提高申请成功率，也可以帮助学生对于自己的未来发展有一个比较清晰的认知。

（2）留美就业

很大一部分人留在美国后主要从事的是移民业务，尤其以处理我们亚洲人的移民业务为主，而只要能留在美国办理移民业务，目前来说工作机会不是问题，业务量还非常大。

还有一部分人从事了移民之外的业务，比如，国际非诉讼业务、美国非诉讼业务等，但都是非常艰难，成功者寥寥无几。作为外国人，做移民以外的工作非常难，这源于四个方面的原因：一是社会文化方面的原因。美国人很难相信一个外国人能处理好他们的法律纠纷。二是我们自身知识背景上的劣势。美国的法律地区性非常强，我们对于当地的情况实际了解远不及美国人。三是竞争激烈。有一批讲英语、文化与美国人相近的欧洲人，甚至是英国人，他们也都希望在美国赚钱。四是如果是选择非移民业务，不是 JD 是很难接案子的，即使是 JD，如果成绩不是排名前 25% 可能很难得到大公司的面试机会（上面我们已经说过成绩在美国的重要性了）。

总之，对于改变不了的，我们要做的是不抱怨，因为抱怨无济于事，对于能改变的，我们要做的是努力去改变。虽然做移民业务是很赚钱，但是由于移民业务技术含量不高，发展到一定时候，业务量就很难再增长。所以，如果选择留在美国，最好是能拿到 JD，并且成绩名列前茅。如果仅仅拿到 LLM，那么很可悲，可能会终生只能处理移民案件。

分别说过了归国就业与留美就业之后，我们大抵可以得出的结论是：出国读法律，无论是读 LLM 还是其他项目，前途是光明的，但是在通往光明前途的道路上布满了荆棘，需要自己在曲折的道路上比别人更努力一点，唯有如此，才能收获到光明。

（十二）传媒类专业

找一台电脑，随便打开一个网址，比如 *The New York Times*（http://www.nytimes.com/），找到大分类栏，我们可以看到这样一些分类：World（世界），U.S.（美国），Politics（政治），New York（纽约），Business（商业），Technology（科技），Sports（体育），Science（科学），Health（健康），Arts（艺术），Style（时尚），Opinion（观点）等，当然还有随处可见的广告；再打开一个中国的网址，比如新浪（www.sina.com.cn），我们看到的大分类名目繁多到令人眼花缭乱：新闻、体育、城市、财经、旅游、科技、房产、汽车、娱乐等，自然也少不了冷不丁蹦出来的广告。打开电视，仅北京的频道就有北京卫视频道、北京影视频道、北京财经频道、北京文艺频道、北京新闻频道、北京少儿频道、北京青年频道、北京体育频道等。进入一家书店，打开一份报纸，翻阅一本杂志……我们几乎每日目所能及之处皆是传媒领域人士的作品。

传媒整体的申请难度在文科里算是大的。这个难度大，并不仅仅是客观的竞争激烈造成的，这与很多专业不一样，比如说商科的一些专业，像金融、会计等它们的最大难度在于周围竞争者太多。传媒的难度在于这个专业对于申请者的素质要求很高。比如我们下面会提到的文字能力、逻辑能力等。而这些能力不仅仅是通过 PS 这种申请文件来体现的，比如 GRE 的 AW 部分的得分通常要求至少有 4.0～4.5，有个别的学校可能要 5.0。而这样的成绩客观上我们的学生很难达到。

美国的传媒领域发展得比较健全，对政治界、商业界、娱乐界等都起到了相当的作用。

美国大学的专业设置非常细致，从如下七所学校的专业设置可见一斑。

1. 具体学校的介绍

（1）University of Southern California

南加州大学的 Annenberg School of Communication and Journalism 设有四个传媒相关的领域，分别为传播系、新闻系、公共关系项目和公共外交项目。

① School of Communication

在传播系下开设了两个硕士项目：Master of Communication Management 和 M.A. in Global Communication。前者有八个分支可以选择，分别为 Communication Law and Policy（传播法与政策），Entertainment Management（娱乐管理），Health and Social Change Communication（健康与社会变化传播），Information and Communication Technologies（信息与传播技术），International Communication（国际传播学），Marketing Communication（市场传播学），Online Communities（网络社区），Organizational and Strategic Corporate Communication（组织传播学和公司战略传播学）。2011 届有 109 人入读该项目（中国学生有 46 人），男生仅占 11%，他们的平均 GPA 是 3.33 分，平均 GRE 的 Verbal 部分为 539 分，Quantitative 部分为 634 分，Writing 部分为 4.0 分。在本科背景方面，35% 的学生是 Journalism/Communication 相关专业的（包括广播新闻学、印刷新闻学、传播学、大众传媒等），25% 是学 professional 类的（包括商科和市场专业），24% 的学生是学文科的（包括英语、历史等），16% 是学社会科学专业的（包括国际学、政治学、社会学、性别研究等）。后者 M.A. in Global Communication 在 2011 届收到了 294 份申请，录取了 77 人（中国学生 21 人），男生仅占 27%，录取者的平均 GPA 为 3.48 分。在本科背景方面，有 53% 的学生本科是学 Journalism/Communication 相关专业的，有 25% 是学社会科学类相关专业的，18% 是学文科的，有 4% 是学 professional 类的。

② School of Journalism

M.A. Journalism 是一个 general 学科，教授通过不同的载体进行报道、新闻写作和制作，学校会给学生提供实际操作的实习机会。2011 届有 50 名学生入读该项目，男生占 30%，国际学生仅有 7 人。他们的平均 GPA 是 3.35 分，GRE 的平均分数为 Verbal 部分 538 分，Quantitative 部分 608 分，Writing 部分 5.0 分。在本科背景方面，38% 的学生是学新闻 / 传媒的，36% 是学文科的，18% 是学社会科学的，8% 是学 professional 类的。Journalism 更多的是本土人去读，他们的语言成绩都非常好，尤其是文字能力。从申请的背景来看，单从课程的设置上来说，Journalism 更加注重应用性质的知识的学习。

③ Public Relations Program

M.A. Strategic Public Relations 是个两年的项目，2011 年有 74 人入学（其中有 17 人来自中国），男生仅占 20%，他们的平均 GPA 是 3.35 分，GRE 的 Verbal 部分平均 527 分，Quantitative 部分平均 624 分，Writing 部分平均 4.2 分。在本科背景方面，有 43% 的学生是学 Journalism/Communication 相关专业的，有 26% 是学社会科学相关专业的，有 23% 是学文科其他专业的，7% 是学 professional 类专业的，另外还有 1% 的学生是学自然科学的（包括生物、化学和健康学）。2012 年学校收到了 241 份申请，录取 125 人，有 67 人

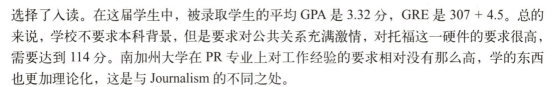

选择了入读。在这届学生中，被录取学生的平均 GPA 是 3.32 分，GRE 是 307 + 4.5。总的来说，学校不要求本科背景，但是要求对公共关系充满激情，对托福这一硬件的要求很高，需要达到 114 分。南加州大学在 PR 专业上对工作经验的要求相对没有那么高，学的东西也更加理论化，这是与 Journalism 的不同之处。

④ Public Diplomacy Program

为期两年的 Master of Public Diplomacy 学位是为有相关背景的学生开设的，比如在社会科学领域的本科背景或在传媒、公共关系、媒体学、新闻学、政治学和国际关系领域有相关的经验。除了这个为期两年的项目，还有一个为期一年的 Master of Public Diplomacy。它是为 mid-career 的外交职业人士设立的，不过该项目是在夏季入学。2011 年该项目有 28 人入学，男生仅有 8 人，国际学生占了 25%，即 7 人，而墨西哥人就有 5 人，所以中国学生最多只有 2 人。录取者的平均 GPA 为 3.35 分，GRE 的平均分数为 Verbal 部分 537 分，Quantitative 部分 616 分，Writing 部分 5.0 分。入学学生的本科背景：47% 是学社会科学的，32% 是学新闻 / 传媒的，21% 是学文科其他专业的。

（2）Syracuse University

雪城大学的强势学科是公共关系（Public Affairs）和传媒，全世界闻名。尤其是 Public Affairs，一直以来是全美排名第一的专业。因此，雪城大学的传媒学院 S.I. Newhouse School of Public Communications 一直都是立志进入传媒行业的学生所渴望就读的学院之一。这一学院开设的专业比较丰富，包括：

① Advertising（广告）

项目为期 12 个月。

② Arts Journalism（艺术新闻）

这是第一个开设在传媒学院里的硕士项目（为期 12 个月），它的课程是雪城大学文理学院、建筑学院和视觉艺术与表演艺术学院三个学院的跨学科项目。

③ Broadcast and Digital Journalism（BDJ，广播新闻业和数字新闻业）

这是一个为期 12 个月的注重实践的 professional 项目。在这个项目的课程中，每堂课学生都是以一个工作者的身份出现，都是在报道真实故事的新闻工作者。在最后的暑假，学生需要去华盛顿特区，在那里学生可以作为特约记者为全国的铁路做报道，也可以为当地或者全国的体育媒体写体育类文章，或者在这个首都的电子新闻媒介讲述生动而又充满趣味和创意的故事……所有的这些机会都令人心驰神往。申请者不需要有 journalism 的相关经验，但是请准备好有趣的经历和想法，准备好充满创意地讲故事，准备好积极向上的心态，更要准备好良好的职业道德。

④ Documentary Film and History（纪录片和历史）

这个为期 12 个月的专业是传媒学院与 Maxwell School（麦克斯韦尔学院）的联合硕士学位专业。学生毕业后可以从事的职业包括编剧、编辑、导演、设计和影视制作公司的管理者，也有一些毕业生当了老师，教授媒体和历史。

⑤ Magazine，Newspaper and Online Journalism（MNO，杂志、报纸和网络新闻）

学生学到的是如何为印刷媒体和网络媒体叙述故事，将来毕业后学生可以专攻的方向包括在报纸、杂志、通讯社和新闻网站进行写作、报道、设计和编辑。这个为期 12 个月的项目非常注重实际操作，所以学校也为学生提供了很多实习的机会。

⑥ Media Studies（媒介学）

主要是为有大众传媒经验而且想要研究大众传媒发展的人设立的项目。该项目学生主要是未来打算攻读博士者，所以这一项目也是为博士学习奠定良好的基础的项目。因此，这个项目在教学中会有很多研究的机会。通过学习和研究，学生们可以评估媒体与社会的关系以及这两者又是如何相互影响的。

⑦ New Media Management（新媒体管理）

主要是针对未来想在传媒领域做管理者的人而设立的项目。它是 Newhouse 传媒学院与学校的 Whitman 管理学院合作的项目。通过这一项目学生既能学到先进的传媒知识，又能学到管理经验。

⑧ Photography（摄影）

申请该方向的学生需要有相关的传媒类摄影的背景并且需要提交作品。没有相关背景和经验的学生如果其他条件相当优秀也有可能被录取，但前提是要修完一门 Newhouse 的本科摄影课程。所以，我们并不建议无任何基础和背景以及经验的申请者申请。学生毕业后可以从事的工作包括用多媒体讲故事（multimedia storytellers）、多媒体后期制作、多媒体部门/摄影部门/图像部门导演、网络多媒体记者、传统的图片编辑、报纸和纪录片摄影师、广告和时尚摄影师、人物摄影师、自由职业摄影师以及大学教师。

⑨ Public Diplomacy（公共外交）

这是 Newhouse 传媒学院与 Maxwell 公共事务学院的合办专业，为将来想从事国际关系或公共关系职业的学生而开设，以培养学生将来为政府部门、NGOs 或私营部门做好对外沟通工作为目标，所以需要学生有良好的领悟能力和表达能力，能领悟到自己所代表部门的意思并且将信息准确恰当地表达出来，传达出去。

⑩ Public Relations（公共关系）

该专业是若干年来全美排名第一、享有国际声誉的专业，是一个历时 13 个月的 professional 项目。

⑪ Television-Radio-Film（TRF，电视 — 收音机 — 电影）

TRF 专业主要学习声音制作、音乐制作和广播制作、电影剧本创作、电影摄制（故事片和纪录片）、电视制作（无论长短）、管理、电视和电影学和交互媒体等，为期一年，毕业生可以从事的职业范围广泛，包括：剧本写作、导演、编辑、管理、设计或艺术工作。

⑫ Communications Management（M.S. 传媒管理）

该专业是为有五年公共关系领域工作经验的职场人士准备的项目，所以并不适合刚毕业的大学生。

雪城大学传媒学院如上 12 个专业的申请要求托福最低 100 分（但是以往录取学生的平均托福分数为 108 分），要求有 GRE 分数（对于申请 New Media Management 专业的学生可以用 GMAT 代替 GRE）。以往录取学生 GRE 的平均分数分布情况为 verbal：155；quantitative：150，Analytical 4.0。无论是要申请哪个方向，都要非常清楚地写明为什么选择该方向以及为该方向所做的努力和准备工作。

传媒学院每年收到的申请大概有 850 份，录取的人数每年不一定，但是基本保持稳定，各专业录取人数在某一范围内上下浮动。以下是除 Communications Management 和 Media

Studies 这两个专业外录取人数的统计。

Advertising: 15 人

Arts Journalism: 14 人

Broadcast and Digital Journalism: 32 人

Documentary Film and History: 10 人

Magazine，Newspaper and Online Journalism: 42 人

New Media Management: 25 人

Photography: 10 人

Public Diplomacy: 15 人

Public Relations: 30 人

Television-Radio-Film: 35 人

总人数加起来为 228 人，录取比率大概为 27%，申请难度可见一斑。

（3）Northwestern University

西北大学的 Medill 传媒学院在学术领域一直享有经久不衰的声誉。该学院开设了两个大类，分别是 Journalism 和 Integrated Marketing Communications。

Journalism（Master of Science in Journalism: MSJ）发展得非常健全，学习时间通常需要 12 个月（或者四个 quarters）。学生可以在第五个 quarter 的时候选择去世界各地的新闻机构或出版公司实战学习和实习三个月，目前有 26 个地区可以选择，遍布亚洲、欧洲、非洲、中东、澳洲等地区。作为中国学生，比较诱人的是可以到北京的《新闻周刊》学习，这三个月已不仅仅是实习那么简单了，很多学生都能获得实战的机会，比如获得去做记者的实战经验、写报道的实战经验等。在 Journalism 大类下面，学生可以选择的方向包括：

① Magazine Writing and Editing（杂志写作和编辑）
培养叙述技巧，创意思维，使学生学会像一个杂志编辑那样思考问题。

② Reporting（Public Affairs，Business，Health and Science）（报道，包括领域：公共事务、商业、健康和科学）
学习先进的多媒体技巧，深入挖掘，追根究源，发现有价值的故事。

③ Interactive Publishing（交互出版）
创造受众感兴趣的数字内容，并且通过网络和手机平台管理其发布。

④ Videography/Broadcast（录像 / 广播）
学习拍摄、编辑和发布新闻、故事片和纪录片等受众喜欢的视频。

Integrated Marketing Communications（Master of Science in IMC）是由 Medill 传媒学院发明的学科，共五个 quarter，15 个月。在这个以科技为导向的社会，这一专业可以让学生深入市场，深入了解消费者为什么是与品牌相联系的，又是如何与品牌相联系的，学会如何从消费者的角度和其他利益相关者的角度来设计方案。因此，这一项目对学生的要求之一是有创意，多才多艺。这一类学生也更容易在该领域取得成功。了解客户的需求是 IMC 的关键，而了解客户的需求在很大程度上就需要靠数据分析，因此分析能力也是该专业学员要具备的至关重要的素质。除了这些素质之外，在本科背景方面因为该专业要学习 Marketing Management（市场管理），Financial Accounting（财务会计），Media Economics

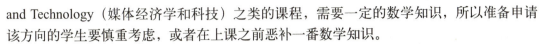

and Technology（媒体经济学和科技）之类的课程，需要一定的数学知识，所以准备申请该方向的学生要慎重考虑，或者在上课之前恶补一番数学知识。

MSJ 和 IMC 这两个项目的申请要求都是托福 106 分，GRE 或者 GMAT 均可以接受。两者均对本科背景和所学专业没有要求。学校欢迎多样化背景的学生申请，无论是商科、文科还是理工科的学生，学校都张开双臂欢迎。IMC 这个专业只要申请人的成绩过关，背景不算差，都有很大的机会申请到。

（4）New York University

Arthur L. Carter Journalism Institute 开设了如下 MA in journalism 学位，基本都可以在三个学期内完成学业：

① Science，Health and Environmental Reporting 科学、健康和环境报道

② Business and Economic Reporting 商业和经济报道

③ Cultural Reporting and Criticism 文化报道和评论

④ Global and Joint Program Studies 全球联合学习计划

每年都有一些条件优异者可以有机会申请这一项目，其联合学习项目包括如下八项（该类申请者需要同时申请传媒学院和联合培养的学院，因此难度也就随之增大）

a) East Asian Studies（M.A. Journalism and East Asian Studies）

b) Russian/Slavic Studies（M.A. Journalism and Russian/Slavic Studies）

c) International Relations（M.A. Journalism and International Relations）

d) Africana Studies（M.A. Journalism and Africana Studies）

e) Religious Studies（M.A. Journalism and Religious Studies）

f) The Center for Latin American and Caribbean Studies（M.A. Journalism and Latin American and Caribbean Studies）

g) The Institute of French Studies（M.A. Journalism and French Studies）

h) The Hagop Kevorkian Center for Near Eastern Studies（M.A. Journalism and Near Eastern Studies）

⑤ Reporting New York: In Multimedia 报道纽约：通过多媒体

⑥ Reporting the Nation: In Multimedia 报道全国：通过多媒体

⑦ Magazine Writing 杂志写作

⑧ News and Documentary 新闻和纪录片

该方向是新闻学和纪录片的交叉，学生不仅学习新闻学的内容，还学习如何制作纪录片，并将两者有效地结合起来。该方向侧重的不仅是故事，而且是如何讲故事，因此最终学生学会的不仅是形式，更是内容。

⑨ Literary Reportage 文学报道

传媒学院培养优秀记者，MFA 项目培养优秀作家，Literary Reportage 方向将这两者结合到了一起。

在申请要求方面，TOEFL 最低 100 分，GRE 的 Verbal 最低 600 分，这是硬件要求。在本科背景方面，任何领域的本科背景都可以申请，学校看重的是申请者的写作水平和洞察力。

（5）Boston University

波士顿大学的传媒学院（College of Communication）有三个 departments，分别是 Film & Television（电影电视），Journalism（新闻学）和 Mass Communications，Advertising & Public Relations（大众传媒、广告和公共关系）。

① Film & Television（电影电视）

Film & Television 系开设了 MS in Television 和 Master of Fine Arts（MFA）in Film 两个学位，下设三个分支方向，分别为：电影制作（Film Production）、剧本创作（Screenwriting）和电影电视学习（Film and Television Studies）。其实这属于艺术类专业范畴了，因为任何专业之间都会有很多的交叉。电影和电视是传播媒介的表现形式，正常的传媒学习是对包括传播媒介、传播途径和方式等内容在内的学习。

a) MFA in Film（Film Production）：两年的硕士学位教育项目；目的在于，教会学生如何成为一名有着独特视角的电影制作者。学生毕业时要拍一个电影短片，创作一个正片长度的电影剧本。

b) MFA in Film（Film & Television Studies）：为四学期硕士学位项目，能给学生的头脑充实进扎实的、范围广泛的电影、电视和媒体学理论。

c) MFA in Film（Screenwriting）：两年的硕士学位项目，学生毕业后可以为电影和电视产业创作剧本。

d) MS in Media Ventures（媒体投资）：这是一个新项目，为期 12 个月（三个学期），也是波士顿大学的特色项目，针对的是热爱科技、热爱商业、热爱媒体的充满想象力和创造力的学生，注重理论联系实际。主要学习的课程包括 Media in Evolution（发展中的媒体），Financial Concepts（金融理念），Media Business Entrepreneurship（媒体商业企业家），Creating New Ideas（创造新观点），Multiplatform Entertainment Promotion and Marketing（多平台娱乐推广和市场），Careers in Hollywood（好莱坞职业生涯），Modern Media Ventures（现代传媒投资）。

e) MS in Television：该项目学生将来主要的就业方向是制作、管理和策划，因此需要具备与时俱进的头脑，能够适应现在社会经济、文化和科技的日新月异的变化并随之做出相应的调整。

备注：该项目虽然开设在传媒学院，但属于艺术类学位，不在本文重点讨论之列。

② Journalism（新闻学）

该方向的学生学习为各种媒体（报纸和杂志、电视、电台和网络）报道、写作和制作新闻。Journalism 大类开设了如下六个专业：

a) News-Editorial Journalism: MS in Journalism：专注报道政治、体育和国际事务。

b) MS in Broadcast Journalism（广播新闻硕士）：Master of Science in Broadcast Journalism 在强调职业道德、内容、准确表达、可靠报道、写作能力、多媒体技能在电视、电台和新闻网站重要性的同时，也在同时用全新的和传统的媒体平台来培养学生。波士顿是美国的第五大媒体市场，因此学生有很多实习的机会。这也是波士顿大学的该专业非常受欢迎的一个原因。

c) Photojournalism（新闻摄影）：Master of Science in Journalism with a Focus on Photojournalism 是波士顿大学的特色项目。在竞争激烈的传媒领域，新闻摄影师绝不仅仅是只懂得拍照和配文字就够了，现今社会的摄影师需要掌握的技能比以往任何时候都多：要掌握新闻的基本原理；要了解这一行业的历史、原则、职业道德、法律和实际操作技巧；要成为这一领域的专家（例如掌握成功必备之技术）；具备采用多种方式工作的能力，包括静止摄影、录像、声音录制、网络、社会媒体和多媒体。这个专业需要学习写作技巧和新闻的基础学科，这是核心课程，另外还需要学习一些高级课程，例如如何通过视觉类媒体有效地叙述故事；剪辑照片故事；制作多媒体包；制作进入该职业需要的作品。总之，通过该专业的学习，学生掌握的不仅是工具，更是 visual storytelling 所需要的技术。

d) MS in Business & Economic Journalism（商科和经济新闻硕士）：Masters of Science in Business & Economics Journalism (MSBEJ) 这一项目的学生既要学习公司和市场的运作，又要学习为每日的报纸、商业期刊和网络写文章。就波士顿大学来说，并不需要申请者之前是学商科和经济学的，甚至不需要在商科和经济学领域有相关的工作经验。对于申请传媒学来说，最被欣赏的学生往往是对身边这个世界充满好奇心，这个好奇心可以帮助我们发现数字背后的故事并将其曝光在大众面前。

e) MS in Science Journalism（科学新闻硕士）：小班授课，每个班级平均 8~10 人，培养学生调查、分析和解释科学发现和医学发现、科学话题和医学话题的能力。

f) Multimedia Journalism（多媒体新闻）。

③ Mass Communication，Advertising & Public Relations（大众传媒、广告和公共关系）

a) MS in Mass Communication：波士顿大学的 Master of Science in Mass Communication 有两个主要的方向，分别是应用传媒研究（applied communication research）和传媒研究（communication studies），学生可以专攻其中之一。

b) MS in Advertising 为三学期项目，对本科背景没有要求，本科可以是传媒专业，也可以是非传媒类专业。

c) MS in Public Relations：Master of Science in Public Relations 公共关系硕士。

在申请方面，除了托福要求最低 100 分（单项最低 25 分）、GRE 的 Verbal 单项不低于 158 分、Quantitative 单项不低于 147 分之外，作为国际学生，波士顿大学的申请有一个特殊之处，它要求提交一个三分钟的视频，回答三个问题：

1.How do you plan to advance your community as a result of your study in the field of communication?

2. Discuss a significant person in your life and describe the ways in which you have been influenced (positively/negatively and why).

3. If you were to describe where you grew up to someone who hadn't visited there before, what would you highlight?

这个三分钟的视频也使得一批"打酱油"的中国学生放弃申请这个学校，因而提交申请的学生也相对来说在各方面的硬件和软件条件上升了一大截。在以往被录取学生中，多数学生在本科阶段都有非常强的文科背景，30% 的申请者是国际学生。学校每年平均收到 1 000 份申请，大概会录取 400 名学生，这 400 名被录取的学生中最终通常有一半的学生会选择入学就读。

（6）Columbia University

哥伦比亚大学的研究生传媒学院是常春藤大学联盟里唯一一所传媒学院。它分别开设了 MS 学位和 MA 学位。其 MS 学位是一个为期 10 个月的项目，学生可以选择四个方向中的一个，分别为：报纸、广播（无线电或电视）、杂志和数字媒体、稳定调查性新闻（Stabile Investigative Journalism）。有四个方向供学生选择：arts & culture; the Robert Wood Johnson Foundation Program in Health and Science Journalism; business & economics；politics。无论是哪个学位，在申请要求方面是一致的：不要求 GRE 成绩，但是要求 TOEFL 不低于 114 分，对先行课无要求。

（7）Indiana University

印第安纳大学的传媒学院（School of Journalism）开设了一个 M.A. in Journalism 项目，这一项目除了综合的 journalism 硕士学位之外，还有下面这些分支方向可以选择：

- Global Journalism 全球新闻
- Digital Journalism 数字新闻
- Science and Health Journalism 科学和健康新闻
- Political Journalism 政治新闻

从申请方面来说，对于申请硕士的学生来说，不要求必须有相关的传媒类经验，但是拥有相关的经验肯定会增加录取的概率。记得一个 2012 年被该学校录取的学生，她的托福只有 90 分，GRE 只有 151+158+3.5，对于录取难度较高的本校，她是凭什么被录取的呢？凭借的是她较为丰富的实习经历、研究经历和发表的论文。我们不妨在此处列举几项：她利用自己的寒暑假到哈尔滨日报集团实习，到天津的中国石化公司电视台实习，到新华社黑龙江分社实习；她利用自己的课余时间发表了三篇论文；她还利用一切与老师合作的机会做了三个研究课题。我们从各个渠道看到的成功案例总是让我们羡慕到咋舌，但是我们却往往忽略了成功案例背后成功的必然性。每一份成功都不是偶然的，都是付出了艰辛努力的。

从上面七所学校可以看到传媒类专业的交叉性比较复杂，很难清楚地将几个方向彻底区分开，并且即使是不同的方向，很多核心课程都是要学习的，都是一致的。

2. 传媒学院专业的开设情况

就像之前反复强调过的一样，我们选择专业，选择分支或方向，重点是看学习的内容，而不是看名称。所以本文的分类方法仅仅是为了让申请者能相对清晰地看到传媒类专业大概都有哪些方向可以申请。

从传媒专业的载体来分类：可以分为传统媒介和非传统媒介。

- 传统媒介：print（报纸、杂志）、television & film & radio（电视、电影和电台）
- 非传统媒介：online（网络）

从传媒专业所学习的内容来分类，可以分为以下若干类：

（1）Advertising（广告）

在生活中，这几乎是我们接触到的最频繁的字眼了。然而，现在的广告市场却是一片混乱景象。广告要想达到想要的效果，就意味着无止境地砸钱，因此即使许多广告令人生厌，它也依靠巨额的花费和"病毒式"的无处不在达到了它的众人皆知的目的。可是如何用较少的成本制作出让人愉悦的广告？这就是学习广告学的同学们毕业后要思考的问题了。同时，目前这种混乱的广告市场也意味着学成归国后，学生们可以有机会发挥自己的创意和所学。广告学毕业生将来主要在广告公司、传媒公司和其他传媒机构工作。Syracuse University，Boston University 和 Michigan State University 均开设广告学专业。此广告与艺术类专业下的广告有着天壤之别。艺术类专业下的广告重在是设计，这里的广告更多则是指传播的途径和方式方法的学习和研究。

（2）Journalism（新闻学）

新闻学专业的划分很细，通过上述几所学校的介绍，我们可以看到每个学校划分专业的依据不同，比如可以按照 Print（报纸、杂志），Broadcast（电视和无线电广播）和 Online（网络媒体）三个类别来分，再加上近些年才出现的 New Media（新媒体：通过数字技术、网络技术等，尤其以电脑和手机为终端，向受众提供交互的信息）。美国大学开设 Journalism 专业的学校比较多，前 100 所学校中超过半数都开设了 Journalism 专业。除了这种通过载体来分类的方法，我们还可以通过所专注的内容来分类。可以大致分为以下几类：

① Global Journalism（全球传媒）

随着全球科技的发展、政治上各国之间的互相依赖以及全球新兴市场的不断发展，这个社会变成了一个快速发展的全球化社会。Global Journalism 也因此应运而生成为流行的分支方向。这一领域可以帮助学生在很多新闻领域[例如报道（reporting）、公共关系（public relations）、广告（advertising）、教学和研究等]获得所需的研究技能、专业技能和旅行经历，这些素质会极大地帮助学生在职业生涯中获得成功。这一领域还为学生提供了一个就职于政府、国际组织、非政府机构和法律组织的渠道。建议选择该方向的学生有机会的话去更多的国家感受和了解一下当地人的价值观、生活习惯和风土人情。这对未来自己的职业发展有帮助。例如 George Washington University 开设的 Master of Arts, Global Communication 项目，是由 Elliott School of International Affairs（艾略特国际事务学院）和 School of Media and Public Affairs（SMPA）（媒体和公共事务学院）联合设立的专业，对 George Washington University 来说，它的国际关系和国际事务专业享有非常好的国际声誉，所以依托于这两个学院设立的专业自然也就变成了强势专业。同时，这在另一方面也说明 Global Journalism/Communications 与国际关系 / 公共关系有着不可分割的密切关系。

② Digital Journalism（数字新闻）

学生学习的是如今多媒体新闻工作人员必须具备的技术和能力，包括 Flash，Final Cut Pro，Photoshop 以及网络写作。专攻 Digital Journalism 的学生会运用交互式软件和硬件进行报道和创作，侧重运用和发现非传统和创新的方式来呈现内容。

③ Science Journalism/Health Journalism（科学新闻 / 健康新闻）

科学的进步对我们的社会发展起到了什么作用？实验室里发生的一切与现实生活的关系是什么？这是 Science Journalism 这一方向的侧重点。如何通过研究科学发展的趋势来呈现科学类新闻？如何运用简单易懂的语言和格式来呈现新闻内容？这是该方向的重点培养目标。科学新闻与健康类新闻人才的培养是一体的，目的是为了让学生了解世界上的科学、医学和相关技术。该方向毕业生将来通常是在科学和医学领域做新闻工作者，这让学生可以有机会发现和调查当今社会大家关心的话题——例如医学政策和环境政策、文化冲突以及社会公平。例如 BU 的 Master's in Science Journalism 项目就是一个为期三个学期的该类项目。对学习这一专业的学生来说，批判性思维和分析能力是至关重要的素质，因为这种报道相对必须更客观和中立，相对更不允许掺杂新闻工作者自己的情绪。就申请来说，在本科背景方面要求具备两点：第一，有一定的理科背景；第二，有较强的写作能力（当然这是申请传媒类专业学生都必须具备的能力）。因此，对于文科类学生，去辅修一些理科课程；对于理科学生，去提高自己的写作水平，就可以使得自己变得有竞争力。

④ Political Journalism（政治新闻）

几乎每个政府、利益团体、政治党派和候选人在政治会谈中都会采用一套官方策略。学习 Political Journalism 的学生会学习媒体在政治观点中的作用，学习在政治载体中媒体信息的产生和发布。该专业学生在学习的过程中，会去研究竞选行为、公共舆论和政治沟通方式，毕业后的去向主要是做政治记者、媒体顾问和公共舆论分析家。学习课程通常会包括 Public Affairs Reporting（公共事务报道），Public Opinion（公共舆论），Government and Media（政府和媒体）。因为中国政治的特殊性以及与美国政治和世界政治在很多方面的不兼容性和不共通性，使得这一方向的申请人数不多。这也是我们不太建议申请的原因。

⑤ Business & Economics Journalism（商业和经济学新闻）

事实上任何一则新闻都可以从商业的角度来看，因此在 Business & Economics 领域具备了一定的背景和基础也让申请者在未来就业时更受青睐。当今世界，能在数字背后发现真实故事的有天分的新闻工作者是急需的，而这正是该方向所侧重培养的。

⑥ Cultural Journalism（文化新闻）

⑦ Arts Journalism（艺术新闻）

⑧ Broadcast Journalism（广播新闻）

传统意义上 Broadcast 主要包括的载体是电视和无线电，因此毕业生未来的主要就业领域包括电视、无线电网络和无线电台，可以从事的工作包括记者、制作、编辑、作家和新闻主管等。

⑨ Multimedia Journalism（多媒体新闻）

随着网络的快速发展，新闻业也发生了巨大变化，因此各个大学也随之作出了调整。多媒体新闻就是应运而生的方向之一。如何通过 Twitter/ 微博发布新闻？如何通过博客直播新闻？如何通过网络更新新闻报道？这些最新的工具就需要学生学习最新的技巧和知识，唯有如此才能创造出吸引人的数字新闻，这就是 Multimedia Journalism 所教授的内容。

Journalism 申请难度分析：Journalism 的学习比较注重技巧，而不是理论。它的整体申请都非常难，一般需要有工作经验。比如某著名主持人在 CCTV 做了那么多年主持人，也没有进入 Columbia University 的 Journalism 学院，最后去了 School of International Public Affairs。

（3）Communication（传播）

传播主要是针对那些想打好传媒基础的人而设立的，是一个偏理论的学科，毕业后学生可以进入传媒领域就业，也可以继续读博深造。例如 University of North Carolina–Chapel

Hill 即开设了 M.A. in Mass Communication。我们不妨按照一所学校（California State University-Chico）的分类来看 Communication 领域通常都有哪些分支：

① Speech Communication 演说传播学

② Public Address 公共广播（研究演讲者与演讲的学科，例如针对历史事件、历史运动和社会事件等）

③ Rhetorical Criticism 修辞评论（解释演讲者与听众之间的人际传播理论的研究）

④ Communication Theory 传播理论

⑤ Applied Communication 应用传播学（研究那些用来分析组织和社会传播需求的流程，例如设计改善主管和员工沟通的培训）

⑥ Interpersonal Communication 人际传播（研究人际之间的传播行为以及该行为对于人际关系的影响）

⑦ Organizational Communication 组织传播（研究组织内部的信息流，以及当人们进入一个组织、在一个组织工作或者离开一个组织时传播对个体的影响）

⑧ Communication Education 传播教育（在教室和其他情境下对演说传播的研究）

⑨ Family Communication 家庭传播（研究专门针对家庭体系的传播）

⑩ Health Communication 卫生传播 [研究卫生技术人员和卫生教育（包括受众和主体之间的交流以及通过公共卫生活动传播卫生信息）的传播]

⑪ Gender Communication 性别传播（研究在传播的过程中，性别的差异和相似之处，以及不同性别之间的传播的特殊性）

⑫ International and Intercultural Communication 国际传播与跨文化传播（研究不同文化背景的群体之间的传播）

⑬ Legal Communication 法律传播（涉及法律体系的传播作用的研究）

⑭ Mediation and Dispute Resolution 仲裁和纠纷解决（研究内心冲突、人际矛盾和群体间的矛盾的相互理解、管理和解决）

⑮ Political Communication 政治传播（研究传播在政治体系中所起的作用）

⑯ Small Group Communication 小群体传播（研究三人或更多的人为了一个共同的目标并且互相影响时他们之间的传播体系）

这些详细具体的分类打破了很多人的一种看法，他们认为文科选什么都差不多，但是深入了解之后就会发现一些比较大的差异。比如 Rhetoric 这样的课程比较适合英语专业出身的学生（因为对英语的要求格外高）；Gender Communication，Family Communication，Intercultural Communication 等就适合社会学出身的朋友。所以选择一个可能自己未来要专攻一辈子的领域不是儿戏，须慎重。

（4）Public Relations（公共关系）

申请难度仅次于 Journalism，而且开设的学校比较少。

（5）New Media（新媒体）

近几年的新兴专业，申请难度与 Communication 类似，但是开设的学校非常少。

选校的过程非常艰辛，无论什么专业都一样。但是唯有经历过这个艰辛的过程，才能真正了解自己所要学习的是不是自己感兴趣的，也才能真正了解和把握自己要专攻的领域。

193

选校的过程其实也是另一种自学能力的体现。相信选校时经历的痛苦和所付出的努力都不会白费的。

3. 传媒专业的申请情况

在申请方面，通常都不需要有相关的本科背景，任何专业的学生都可以申请。对于本科的学位也没有特定的要求（除了一些极个别的专业，例如摄影专业有时会要求提交作品并且之前有相关经验），学校想要的是多样化的学生，无论是本科背景多样化，还是个人阅历多样化，又或者参加的活动、实习、工作的多样化。这点很容易理解，拥有不同的多样化的背景对于未来进入传媒领域提供了最基础的素材准备，因此学校也很喜欢在一些特定领域例如商业领域、经济学领域、健康领域、法学领域、工程领域和理科领域有工作经验的学生。我们以西北大学为例说明，在它的 Journalism 专业的录取人群中，本科专业包括如下专业：

- Accounting会计
- Government政府学
- American Studies美国学
- History历史
- Anthropology人类学
- International Studies国际学
- Arabic Language阿拉伯语
- Journalism新闻学
- Art History艺术史
- Law法学
- Biological Sciences生物科学
- Management管理学
- Business Administration工商管理
- Marketing市场
- Classics古典文学
- Music音乐
- Communication传媒
- Computer Science计算机科学
- Neuroscience神经科学
- Economics经济学
- Philosophy哲学
- English英语
- Political Science政治学
- Film/Video电影/视频
- Psychology心理学
- Finance金融
- Sociology/Media and Society社会学/媒体和社会
- French法语
- Spanish西班牙语
- German德语
- Theater戏剧
- Theology神学

除此之外，对于申请 Journalism 的学生，以下一些素质是受欢迎的：

① 优秀的写作能力（可以通过硬件例如 TOEFL 和 GRE 的写作部分体现；也可以通过软件的文书部分体现）：不仅仅是需要文笔好，还需要会讲生动的故事。这是与其他专业略有不同的地方。学会讲"荡气回肠"、"生动形象"、"有声有色"的故事，是未来的传媒人士需要具备的与众不同的素质。

② 良好的人际沟通能力（可以通过软件的文书部分体现）。

③ 定量分析能力（quantitative skills）：我们周围每天都在发生着故事，各个领域都有，未来的传媒人士不仅需要看到故事，还要有能力分析故事，分析数字，分析数据，因此"会思考"是受欢迎的素质之一。

④ 好奇心。

⑤ 有兴趣发现和报道故事背后的故事。

⑥ 成熟和职业化：在这个节奏快、强度大的社会里，一个人如果能有成熟的心智，而且是一个优秀的职场人士，那么就很容易让录取委员会和教授相信他在硕士期间的学习可以取得成功。因此，之前的工作经验和实习经历（未必是传媒领域的）、国际化背景、志愿者活动、能体现领导力的校内或校外的活动等都是至关重要的。

⑦ 愿意接受新知识和新科技：而且有较强的适应力和灵活的运用能力来学会应用新科技。

⑧ 有激情。传媒领域需要激情：申请者需要表现出我们对于发展传媒行业的激情。

⑨ 对多媒体的了解：现在的传媒已经越来越偏向于数字传媒，渠道越来越多地向网络和电视发展，传统的报纸、杂志平台越来越缩水，所以就要求未来的传媒人士了解多媒体的应用和发展。

⑩ 创新思维：尤其是对于学习广告学的学生，拥有不断创新的思维会为未来的发展奠定良好的基础。

从硬性条件来说，申请传媒类专业对语言能力要求相对较高，因为学习该类专业，将来很多时候都是要与文字打交道的，因此熟练驾驭语言的能力是最重要的硬性条件。以托福为例，例如波士顿大学要求托福不低于 100 分，单项不低于 25 分，并且学校明确指出低于这个分数学校不予审核，再例如南加州大学需要不低于 114 分的托福成绩。

4. 传媒专业的就业情况

传媒类专业的就业渠道很多，范围很广。我们在前面介绍每个专业的时候已经列举了若干。总体来说，传媒类专业毕业生留在美国工作的难度很大，因为这也是美国人在争抢的职业。更何况就算美国本地人，在传统传媒领域的就业形势也不乐观。美国 CareerCast 的调查结果显示，2012 年在美国最糟糕的 10 个职业中，其中有两个就是传媒类职业，分别是 Newspaper Reporter（报纸记者）和 Broadcaster（播音员），这是因为现代社会进入数字时代，人们对报纸和每日广播的需求量急剧下降，因此该类职位就不断减少。相对应的是从业人员的压力就跟着剧增，且薪水减少。其实，这一点我们很容易理解，在我们中国有很多外国人来"混饭吃"，但是在这支大军中，你能找出几个靠中文吃饭的呢？在美国亦然。

总体来说，我们不妨把传媒类专业用最简单的方法来区分一下："靠嘴吃饭类"、"靠笔吃饭类"、"靠脑子吃饭类"。自然这几者是互相影响，彼此不可分割的。我们仅仅是以主要的简单易懂的方式来做最通俗的区分：

第一，"靠嘴吃饭类"：电视记者（例如娱乐记者、足球记者、财经记者等）和主持人（例如娱乐节目主持人、体育频道主持人、财经频道主持人等）。

第二，"靠笔吃饭类"：写作畅销书籍，创作剧本，撰写报道。

第三，"靠脑子吃饭类"：进入广告行业等非常强调创意的领域，例如广告设计、广告执行等。

总体来说，传媒从业人员在美国的就业形势是，相关职业的年薪是高于平均值之上的（当然前提是要能够找到工作）。由于中国人在英语方面很难与美国当地人抗衡，所以对于这些很大程度上要靠语言来吃饭的传媒相关专业来说，留在美国从事相关工作比起其他专业来说是难上加难。相反，由于有在美国的学习经历，回到国内进入传媒领域则相对来说就容易了许多，尤其是少数在该领域做得很棒的中国知名人士也在一定程度上促使很多中国学生走出国门，学习传媒，以期未来变成像他们一样的人。这也就比较容易理解传媒的申请难度之高了（除了本身对语言的要求高过其他专业之外）。

（十三）Master of Public Administration（MPA）公共管理硕士/Master of Public Policy（MPP）公共政策硕士

1. MPA/MPP 的基本情况

MPA 和 MPP 的学习和研究不仅仅涉及非营利性机构、政府事务等。实际上这仅仅是该领域所开设的一个分支而已。概括性地说，它们的学习和研究包含了政治、经济和文化领域的知识，尤其是近几年经济文化领域的研究成为了主要方向，比如说国际政治经济学。

（1）MPA

公共管理硕士（MPA）在某种程度上与 MBA 和 LLM 类似，是一个 professional 学位，在美国，MPA，MBA 和 LLM 已经成为研究生职业教育的三大支柱。

MPA 是一门运用管理学、政治学、经济学等多学科的理论与方法，专门研究公共组织尤其是政府组织的管理活动及其规律的学科体系。它主要是为那些想在公共服务和非营利领域做管理职位的学生而设立的。MPA 重在培养管理者在实施政策和项目时解决重要问题所需要的能力和技巧。

MPA 的学习领域通常包括 Public Management（公共管理），Nonprofit Management（非营利管理），Health Policy & Management（健康政策和管理），International Development（国际发展），City Management & Urban Affairs（城市管理和城市事务），Human Resource Management（人力资源管理），State/Local Government Administration（国家/地方政府管理），Financial Management（财务管理），Environmental Policy and Management（环境政策和管理），Information & Technology Management（信息和技术管理）等。

MPA 需要学习的核心课程通常包括 Introduction to Public Administration（公共管理入门），Budgeting/Finance（预算/金融），Managerial Economics（管理经济学），Political and Legal Processes（政治程序和法律程序），Quantitative Methods（定量方法），Ethics（伦理学）。

（2）MPP

公共政策硕士（MPP）也是一个 professional 学位。而公共政策则是用来分析、评估和解决政策方方面面的问题的学科。作为分析师和管理者，MPP 的毕业生可针对当下话题用数量数据和质量数据来发展和评估可行性方案。

MPP 学习的重点是对各个领域公共政策的分析，主要包括如下领域：Environmental Policy（环境政策），Education Policy（教育政策），Health Policy（健康政策），Social Policy（社会政策），Economic Development Policy（经济发展政策），International Policy（国际政策），Urban Policy（城市政策）等。

MPP 的核心课程通常包括 Introduction to Public Policy（公共政策入门），Statistics and

Data Analysis（统计学和数据分析），Public Finance（公共财政学），Micro/Macro Economics（微观 / 宏观经济学），Policy Analysis Methods（政策分析方法），Quantitative Methods（定量方法），Ethics（伦理学）。

（3）MPA 还是 MPP？

MPA 和 MPP 这两个项目多数需要两年的时间，它们是互相交叉的学科，课程和分支方向也通常是重叠的，有的学校将两个学位合二为一后重新命名，称之为 Public Policy & Management，例如 Carnegie Mellon University 开设的学位即是 Public Policy & Management（MSPPM）。还有一些学校将 Public Affairs 与之合在一起，甚至直接就是 Master of Public Affairs（例如 Indiana University-Bloomington）。但是无论怎么称呼，也仅仅是个称谓问题，所学习的核心课程基本是一致的。所以我们更多的关注点应该是放在学习内容而非课程名称之上。那么 MPA 和 MPP 的区别在哪里呢？通常来说，就像它们的名字所体现的一样，MPA 更侧重管理和实施技巧，MPP 更侧重政策的调研和评估。比如说，MPP 的学生更多的是学习分析政策的方法的课程，而 MPA 的学生则更多的是学习管理经济学的课程。

从申请方面来说，很多学校的 MPA 要求有工作经验（在后文有更详细的说明），而 MPP 则很多学校都不要求有工作经验。

在确定了申请 MPA 还是 MPP 后，需要确定的是申请哪个领域或方向。每个学校对每个领域或方向的侧重不一样，比如 Indiana University–Bloomington 侧重的是 Nonprofit Management，Environmental Policy 和 Arts Administration；Carnegie Mellon University 侧重的是 Arts，Entertainment，Healthcare 和政府控制的企业。所以选取一个自己关注的领域、自己感兴趣的领域，对未来的发展是至关重要的。

无论是 MPA 还是 MPP，崇高的职业操守都是必备要件。但是这并不意味着学成后只能在政府机构和非营利机构工作，更不意味着只能做公务员。就像我们上面提到的，它涵盖的领域非常广，包括健康领域（比如大家可以想想中国的食品安全问题）、教育领域、环境领域、人力资源管理领域等。就职单位自然也不仅仅是政府机构和非营利机构，还有很多政策分析机构、政策咨询公司。比如说国家出台了新的环境政策，那么需要有专业的咨询公司进行解读，并帮助公司和单位实施解决方案。当然，当我们在政治、经济、文化方面有了较多的了解后，也可以做政策分析工作者和媒体工作者。

因此，这个项目未来可供选择的就业渠道很宽。甚至有相当一部分想申请传媒专业的学生会转专业来申请 MPA/MPP，因为这两个专业可以让学生学到分析事物的方法，而这些方法正是未来就业所急需的能力和素质。除此之外，传媒人也需要专注某一个方面，而无论是选择 MPA/MPP 的哪个领域都为未来传媒人士的大脑储备了相应的基础知识。因此，MPA/MPP 不仅教学生知识，还教方式、方法的特点吸引了越来越多的中国学生申请。申请人数增多的另外一个原因是，中国目前的 MPA/MPP 教育才处于起步阶段，一切都还在摸索中，而美国的该领域已经经过了半个世纪的发展趋于成熟了，于是最近几年该专业的申请呈现出一片繁荣的景象。

2. MPA/MPP 的申请情况

MPA 的申请非常看重在相关领域的工作经历、研究经历和志愿者活动，以 Syracuse

University 为例，只有 20% 的被录取学生的工作经验低于两年；Harvard University 的平均工作经验为 4 ～ 5 年，因此工作经验是申请成功的要素之一（尽管很多学校明确说明并不需要），建议打算毕业后即申请的学生在大学学习期间积累足够多的实习经历，这毋庸置疑地可以为申请加分。当然也希望这个对于工作经验的重视不会吓跑申请者，因为像 Carnegie Mellon University 这所该领域顶尖学校的录取者中 41% 的学生的工作经验都是在一年以下。相对来说，MPP 专业对工作经验的要求会低于 MPA。

与文科类专业相类似，该领域对语言的要求也较高，例如 Syracuse University，它是美国第一家开设 MPA 专业的学校，它的 MPA 项目是美国最优秀的 MPA 项目之一。因为它们的 Maxwell 学院是如此之优秀，经济学专业都开设在该学院之下。自然这也从侧面说明了，该领域的学习中包含了许多经济学的知识。该学校的录取者中，GRE 的中间值为 V：580 分，Q：690 分，W：4.5 分，托福的最低要求是 105 分。Harvard 的托福要求最低 100 分；Indiana University 的托福要求最低 96 分。许多学校的 GRE 或 GMAT 均可以接受，但是也有一些学校不接受 GMAT，所以建议申请该专业者首先考虑考的是 GRE，而不是 GMAT。

对自身素质的要求以及对本科背景的要求：申请 MPA，许多学校并没有先行课的要求，然而，由于这个专业要求有非常强的定量分析能力，所以多数学校会建议申请者已经具备了一些相关背景。例如 Indiana University 强烈建议学生学过一个学期的统计学（Statistics）和大学数学（Basic Algebra 基础代数）；Syracuse University 也建议没有相关基础的学生在申请之前做好弥补工作，学习数学（Mathematics）、经济学（Economics）和统计学（Statistics），比如可以学习中级微观经济学、中级宏观经济学和统计学入门；再比如 Duke University 的 MPP 项目也希望学生在入学前学过 Statistics（统计学）和 Microeconomics（微观经济学）。

3. 一些学校的简单介绍

（1）Syracuse University

Maxwell School of Syracuse University 是世界公认的全世界最好的公共事务硕士学院之一，它下面的 Department of Public Administration and International Affairs 开设了 MPA 和 International Relations 的硕士学位（MAIR），MPA 一直以来名列 USNEWS 的第一名，IR 也被 *Foreign Policy* 杂志评为前十的强势学科（后附 *Foreign Policy* 杂志评选的 IR 排名）。因此两者的申请难度相当大。

申请难度指数：*****（五颗星）

（2）Indiana University–Bloomington

IUB 的 School of Public and Environmental Affairs（SPEA）下的 MPP 是 PhD，没有开设 master 学位，其 MPA 是开设的 Masters of Public Affairs。SPEA 的 MPA 项目是经常被 USNEWS 和 *World Report* 排在第二位的，最近几年经常与 Syracuse University 和 Harvard University 一同位列前三名，它的侧重领域在 Nonprofit Management 和环境政策方面，也因此它除了开设了 general 的 MPA 项目外，还开设了 Master of Science in Environmental Science（MSES）（有先行课的要求：一个学期的微积分和实验化学，熟悉生物／生态学和

统计学）。

申请难度指数：****（四颗星）

（3）New York University

纽约大学的 Robert F. Wagner Graduate School of Public Service 成立于 1938 年，这个学院在 2012 年的排名榜上位列第十名，显示出了其在公共服务方面的贡献。它的各个专业的排名也都非常可观，例如：Health Policy & Management 专业排名第三，City Management & Urban Policy 排名第六，Nonprofit Management 排名第九，Public Finance & Budgeting 排名第六，Public Administration 排名第 12，Social Policy 排名第七，每个专业都名列前茅。在 MPA 层面，选择人数较多的两个学位为 MPA in Public and Nonprofit Management & Policy 和 MPA in Health Policy & Management。其中前者有四个分支：Management（管理），Policy（政策），Finance（金融），International（国际）；后者有五个分支：Health Services Management（健康服务管理），Health Policy Analysis（健康政策分析），Health Finance（健康金融），International Health（国际健康），Customized（与导师协商，自己定制方向）。受益于其地理位置，所以在 MPA 的课程设置上比其他学校有优势的方向就是金融类。

申请难度指数：****（四颗星）

其他学校摘录（不分排名）

学校	硬件要求	申请人数	录取人数 （非确切人数）	大致 录取率
Syracuse University （MPA）	平均GPA：3.55；GRE中间分数：V570，Q 690，A 4.5	450～500	105～120	低于50%
Syracuse University （MAIR）	平均GPA：3.6；GRE中间分数：V530，Q 660，A 4.0		70～90	低于50%
Indiana University （MPA）	托福：96 GRE/GMAT均可	N/A	N/A	N/A
Carnegie Mellon University （MSPPM）	平均GMAT：675； 平均GRE：Q 672，V 570	N/A	88	N/A
University of California – Berkeley （MPP）	平均GPA：3.6； 平均GRE：Q 700，V 600，A 4.5； 平均托福：103； 录取者平均工作经验3.8年； 不接受GMAT	662	75（国际学生仅占11%）	11%
Duke University （MPP）	托福：110～115； GRE：V 590～680；Q 670～760； A 5.0～5.5； GPA：3.4～3.8	N/A	55～65	N/A

续前表

学校	硬件要求	申请人数	录取人数 （非确切人数）	大致 录取率
New York University（MPA in Health Policy & Management）	虽然不需要GRE或GMAT，但还是建议有分数，尤其是GPA太低，或者没有修读过任何体现分析能力的课，或者社会科学或相关类课程的分数太低的申请者；12%~15%为应届毕业生，其他为有工作经验者	N/A	秋季招生50人，春季招生10~12人，国际学生占15%	N/A
University of Chicago（MPP）	平均GPA：3.5；平均GRE：Q 700，V 600；平均托福：105；80%的录取者有2~3年的工作经验	N/A	150，国际学生占40%	

4. MPA/MPP 的就业情况

我们在前面说了，学习 MPA/MPP 不仅仅是为了当公务员，也不仅仅是为进入政府部门或非营利机构，毕业生可以进入若干行业的若干领域就职。下面我们选取其中几个做说明。

政策相关类工作，例如分析师：分析各项政策的可实施性和可操作性，对其中遇到的问题进行研究，从而做出适当的调整；对市场数据进行分析以使得市场效果最佳化；在一些非营利机构做分析师。再比如还可以做协调者：凭借自己对各项政策的了解，与外部协调，例如教育领域，在幼儿园负责与教育部门进行沟通和协调。另外可以做咨询类工作和助理类工作。在特定的领域积累一定工作经验后，进而升级到管理职位。

人力资源管理相关工作：例如 NYU 的 MPA in Public and Nonprofit Management and Policy 下的 Management 方向培养学生成为三方面的专家，其中一方面就要求学习 Human Resources & Organizational Behavior 课程。该类课程的学习加之其他管理方法的学习可以让毕业生在有了一定的工作经验后获得人力资源方面的管理者职位（关于人力资源类的就业情况请参见本书人力资源管理专业），比如纽约大学就有毕业生进入 JP Morgan 做人力资源管理工作。

卫生健康领域：Health 领域是 MPA 的重要学习领域之一。说起 MPA 在健康类领域的就业，就要说到 MPH（Master of Public Health 公共卫生硕士）。MPA 的 Health 领域与 MPH 有不太一样的地方：MPH 更侧重人群健康、流行病学和疾病的种类等，而 MPA 更侧重对影响健康和疾病的机构、项目和组织的管理及资金统筹，以及学习政策是如何影响这些机构和公众健康的。因此，MPH 是偏理论和研究的，而 MPA 则是偏应用的，两者都会学习一系列的 Health 政策。除此之外，MPA 还会学习一些付款政策、成本控制、健康保险的购买等一系列关于健康保健政策实施的内容。MPA 的价值在于，它教我们努力找到改善健康状况的方法，并且努力找到有效传播健康保健服务的方式。举个例子来说，如果你想在一个卫生部门工作，并且想要研究麻疹的发生以及人群分布等情况，那就学习 MPH；而如果你不知道在卫生部门最终要做什么，或者你对于如何应对麻疹的发生感兴趣，并且你对于如何在财政上支持并发起一些项目来应对这种问题或预防这种问题感兴趣，那就学习 MPA。MPA 的毕业生在卫生健康领域的就业面很广，比如做管理：包括在医院、保险公司和社区卫生所等健康服务组织做管理者；偏 Policy 的学生可以在一些大型的卫生保健体系、政府部门、研发公司和咨询公司的规划部门或政策部门工作；选 Finance Management 的学生可以为卫生保健体系、政府、保险公司或咨询公司做一些财务管理和分析工作。在中国现在食品安全频繁出现问题的时代，选择 MPA 的 health 领域也变得任重而道远，这意味着是要为中国的 Health 领域真正做出一点小贡献的。这也是与我们在最开始就提到的美国的 MPA/MPP 培养的是为社会服务的人相吻合的。

财务管理类：专注于这一领域者可以进入银行做业务经理，比如纽约大学的该领域的毕业生就有进入建设银行者；还可以进入一些金融机构做预算分析师类工作和投资类工作等。

目前在中国，MPA/MPP 处于起步阶段，这对最近去美国读该专业的学生来说是一个绝佳的机会，在了解了美国的相关政策、学到了管理的技能之后，对于中国的发展哪怕能起到一点点作用，那么在美国的学习也值得了。

MPA/MPP 有用的网址：http://www.naspaa.org/

附：IR 排名

(1) Georgetown University 乔治城大学：Program size: 500~600

(2) Johns Hopkins University 约翰斯·霍普金斯大学：Program size: 600

(3) Harvard University 哈佛大学：Program Size: 568

(4) Princeton University 普林斯顿大学：Program size: 165

(5) Tufts University 塔夫茨大学：Program size: 279

(6) Columbia University 哥伦比亚大学：Program size: 900

(7) George Washington University 乔治·华盛顿大学：Program size: 640~700

(8) American University 美国大学：Program size: 800+

(9) London School of Economics and Political Science 伦敦政治经济学院：Program size: 461

(10) University of Chicago 芝加哥大学：Program size: 60

（十四）教育学

虽然教育学被很多人鄙视为没有专业底蕴，然而要做好教育学的申请，还是需要首先了解美国教育学的开设情况，只有深入了解，才能做到知己知彼，才能在自己的申请中打一个漂亮的胜仗。

我们从分支、学位分类、申请要求、就业四个方面说明教育学专业。

1. 教育学分支

对教育学的分支，不同的学校可能有不同的分法。我们以宾夕法尼亚大学和哈佛大学为例说明。申请者可以选择自己感兴趣的分支及方向。宾夕法尼亚大学教育学院有如下八大分支：

201

① Applied Psychology and Human Development Division（应用心理学和人类发展）

② Education, Culture, and Society Division（教育、文化和社会学）

③ Educational Linguistics Division（教育语言学）

④ Education Policy Division（教育政策）

⑤ Higher Education Division（高等教育）

⑥ Quantitative Methods Division（定量研究法）

⑦ Reading / Writing / Literacy Division（阅读 / 写作 / 读写）

⑧ Teaching, Learning, and Leadership Division（教学、学习和领导力）

在每个分支下面又会有若干的子方向，分别为：

（1）Applied Psychology and Human Development Division（应用心理学和人类发展）

- Interdisciplinary Studies in Human Development（*M.S.Ed.*，*Ph.D.*）人类发展学的跨学科研究

- Executive Program in School and Mental Health Counseling（*Licensure*，*M.S.Ed*）学校和心理咨询的管理项目

- Counseling and Mental Health Services（*PA State Counseling Certification*，*M.S.Ed.*，*M.Phil.Ed.*）咨询和心理健康服务

（2）Education, Culture, and Society Division（教育、文化和社会学）

- Education, Culture, and Society（*Ph.D.*）

- Education, Culture, and Society（*M.S.Ed.*）

- International Educational Development Program（IEDP）（*M.S.Ed.*）国际教育发展

（3）Educational Linguistics Division（教育语言学）

- Educational Linguistics（*Ph.D.*）教育语言学

- Teaching English to Speakers of Other Languages（*M.S.Ed.*）—TESOL：对说其他语言的人的英语教学

- Intercultural Communication（*M.S.Ed.*）跨文化沟通

（4）Education Policy Division（教育政策）

- Education Policy（*Ph.D.*，*M.S.Ed.*）

（5）Higher Education Division（高等教育）

- Higher Education（*Ph.D.*，*Ed.D.*，*M.S.Ed.*）

- Executive Doctorate in Higher Education Management（*Ed.D.*）（高等教育管理博士）

（6）Quantitative Methods Division（定量研究法）

- Policy Research, Evaluation, and Measurement（*Ph.D.*，*M.Phil.Ed.*，*M.S.*）政策研究、评估和测试

- Statistics, Measurement, Assessment, and Research Technology（SMART）（*M.S.*）统计、测试、评估和研究技术

（7）Reading / Writing / Literacy Division（阅读 / 写作 / 读写）

- Reading / Writing / Literacy（*Ph.D.*，*Ed.D.*，*M.S.Ed.*，*Reading Specialist Certification*）

- Language and Literacy（*M.S.Ed.*）语言和读写

（8）Teaching, Learning, and Leadership Division（教学、学习和领导力）

- Teaching, Learning, and Leadership（*M.S.Ed.*）教学、学习和领导力
- Teaching, Learning, and Teacher Education（*Ph.D.*，*Ed.D.*）教学、学习和教师教育
- Educational Leadership（*Ed.D.*）教育领导力
- School Leadership（*M.S.Ed.*，*Principal Certification*）学校领导力
- Learning Science and Technologies（*M.S.Ed.*）科技学习
- Teacher Education Program（*M.S.Ed.*，*Elementary & Secondary Certification*，*Undergraduate minor*）教师教育项目

除了这些主要的教育学分支和方向之外，宾夕法尼亚大学还有一些其他的项目，在此不再进行列举。我们接下来再看一下哈佛大学的教育学院，哈佛大学教育学院中开设的教育学硕士学位（Master of Education，Ed.M.）的专业有如下几个：

① Arts in Education（教育艺术）

② Education Policy and Management（教育政策和管理）

③ Higher Education（高等教育）

④ Human Development and Psychology（人类发展和心理学）

⑤ International Education Policy（国际教育政策）

⑥ Language and Literacy（语言和读写）

⑦ Learning and Teaching（学习和教学）

⑧ Mind, Brain, and Education（心、脑和教育）

⑨ Prevention Science and Practice/CAS in Counseling（预防科学和实践/继续学习证书咨询）

⑩ School Leadership（学校领导力）

⑪ Special Studies（特殊学习）

⑫ Teacher Education Program（教师教育项目）

⑬ Technology, Innovation, and Education（技术、创新和教育）

从这两个学校的专业设置来看，有共通之处也有些许差别，推而广之，每个学校教育学的专业设置虽然不尽相同，例如哥伦比亚大学的专业设置就相当丰富（详见本部分后附的哥伦比亚大学教育学专业分支清单），但是却有很大的相通之处。总体来说，从大的方面来分类，我们可以将教育学主要分为以下三个大方面。

（1）教育类

- 教育管理 Education Administration/Management
- 高等教育管理 Higher Education Administration/Management
- 课程设计 Curriculum Design
- 教育技术 Educational Technology（与CS交叉，有一些Computer Science下有这个方向，但是对申请者的要求比较多，需要学习过 Computer Science 的基础课）
- 其他

（2）教师类

- 文学
- TESOL［与 Linguistics（语言学）交叉，有很多在 Linguistics 下，叫做 Applied

Linguistics]

- 早教
- 特殊教育
- 其他

(3) 人类发展 **Human Development**

- 教育心理学 Educational Psychology（与心理学交叉）
- 少儿心理学 Children Psychology
- 教育咨询 Education Consulting
- 教育政策 Educational Policy [与 MPP（Master of Public Policy 公共政策硕士）交叉，很多学校在 Public Policy 下设该方向]
- 国际教育发展 International Education Development [例如上面的例子宾夕法尼亚大学中就有类似专业：International Educational Development Program（IEDP）（*M.S.Ed.*），此外纽约大学也有类似专业]
- 家庭服务等 [如 Marriage and Family Therapy（例如下面附上的哥伦比亚大学就开设了该方向：Family and Community Education）]
- 其他

在这三个大类中，第一类教育类相对来说是一个较为宏观的概念。要成为一名教育家，首先要被教育，要有接受教育的机会。这个教育就是要教育我们怎么将教育做到最好，教育我们怎么回馈社会。教育一直是一个热门的话题，并且无论中国政府还是美国政府，都将大量精力放在了怎么做好教育上。只有如此才能确保学生接受到教育后能适应高速发展的社会，并在这个越来越国际化的社会中占有一席之地。

第二类教师类，顾名思义，就是培养教师的。与我们中国大部分师范类学校一样，培养各个年级和各个学科的教师。

与中国的教育学专业有所区别的主要在于第三大类，即人类发展方向。在中国，国家主导教育政策，所以无需我们再去学习教育政策类专业。因此，中国学生在申请的时候，申请第一类（教育类）和第二类（教师类）的人就相对较多；相对来说，第三类中教育心理学和国际教育发展学的申请人数略多。教育心理学申请人数较多的部分原因在于一部分学习心理学的学生申请了教育心理学（因为心理学的申请难度较大）。

2. 教育学学位分类

从学位的角度来说，教育学是学位开设较多的一个学科，仅次于商科类专业。我们可以将其大致分为三个方向：

(1) Non-professional Education（MA，MS，PhD：文学硕士、理学硕士、博士）

(2) Professional Education（Med：教育学硕士）

(3) Mid Career Education（EdD：教育学博士）

第一类和第二类的区别在于 Med 一般是拿 license（教师资格证）的；第三类是一个为期三年的专业博士学位 [某种程度上很类似于 MD（医学博士）和 PharmD①（药学博士）专

---

① PharmD 某种意义上是本科学位，而非一般的研究生学位。与 MD 及 EdD 有些许不同，请注意。

业的博士学位]，是为有一定工作经历的人设置的学位。这类人毕业后更多是进入到大学中任职（比如做 Dean，Director 或校长等管理类职位），或者进入高中、初中、小学等工作。一般来说，学校开设了类似于 Leadership 或 Higher Education 的专业才会有 EdD。

3. 教育学申请要求

（1）GRE[①]。

（2）TOEFL。教育学对语言的要求相对来说非常高，以 TOEFL iBT 为例，多数排名前 100 的学校的要求均在 100 分以上，这也是文科类专业的一个普遍现象。

（3）GPA。

（4）PS/Essay。有些学校要求是 Essay，但大部分是要求提供 PS。

（5）Writing Sample（写作作品）：申请教育学 PhD 的学生有很多都需要提供 Writing Sample（通常 10~20 页），也有部分申请硕士的学生也需要提供，尤其是申请 Med 类型专业，有的需要写一篇散文（如 Georgetown 的 TESOL 专业），证明申请者的文字能力，有的则是要求提交之前写过的论文。

4. 教育学的就业

众所周知，做教师是教育学专业毕业生的一条主要就业渠道。幼儿园教师、小学教师、初中教师、高中教师、大学教师，这些一路陪伴我们的教师，就是教育学专业学生的一条就业之路。除此之外，学习教育学当然并不是只能当教师，还有一些其他职业，例如管理者（比如我们记忆中严厉的、不苟言笑的中学校长和大学校长）、学校辅导员、学校的心理辅导师（中国目前较少）、课程导师及教育研究员等。这是教育学专业的学生将来可能从事的职业。

现在我们通过多种渠道都可得知美国在削减教育预算，这对想要选择教育学的学生可能暂时来说不是一个好消息。然而从长期来说，在美国，教育学专业学生的就业前景还是非常好的。即使现在，据统计，到 2018 年，教师的职位空缺还是呈上升趋势的，不管是幼教、小学教师还是中学教师。这可能是因为很多教师马上就要退休了的缘故。另一方面，美国政府和学校都在提升教育质量，因此就需要更多更优秀的教师，尤其是一些外语教师、数学和理科教师，以及一些双语教师。

这是在美就业光明的一面，然而作为国际学生，我们的英语水平很难达到母语的程度，所以有志于在美国就业、踏上讲台的学生，建议将自己的英语水平训练到炉火纯青的地步，如此方能为自己在美就业赢得一席之地。

对于无心在美就业、拿到硕士学位后归国就业者来说，在目前看来，可以选择的职业包括教师、管理者、辅导员等。做教师通常可以教授的阶段为 K12 阶段。如果志向在于进入大学当教师，那么继续攻读博士学位是有必要的，因为现实的情况是多数大学在招聘教师时的起始门槛就是博士学位；另外还有许多教育学专业的硕士毕业生选择了企业，例如在一些培训机构做教师或管理者。

---

① 有些学校教育管理是 MBA 下的分支，或者压根就开在 Business School，这种情况下，大部分学校需要学生提供 GMAT 成绩，而不必提供 GRE 成绩。

　　我国的教育正处于一个转型期，我们的教育学院基本上还以老师的教育为主，其他两大方向的发展还处于基础的起步阶段。在这个起步阶段，会有很多机会。比如说，随着我国高考应届考生人数渐渐减少，我们的教育咨询行业就会越来越发达，学生和家长也越来越重视教育咨询。在 2012 年的高考季里，已经出现了高考志愿规划服务，服务价格从 5 000 到两万元不等。可以预见，未来越来越多的学生需要这样的服务，这样的服务其实已经涉及了教育这个大分支了（counseling）。同时，我们也要认识到，教育不仅仅是教授学生知识，也需要做真正的品德教育，这里就涉及人类发展了。

附：哥伦比亚大学教育学专业分支清单

- Adult Education and Organizational Learning
- Adult Education Guided Intensive Study（AEGIS）
- Adult Learning and Leadership
- Alumni Relations
- Anthropology
- Anthropology and Education
- Applied Anthropology
- Applied Behavior Analysis
- Applied Exercise Physiology
- Applied Linguistics
- Applied Physiology
- Applied Statistics
- Art and Art Education
- Arts & Humanities
- Arts Administration
- Audiology
- Behavioral Disorders
- Bilingual Extension Institute
- Bilingual/Bicultural Education
- Biobehavioral Sciences
- Clinical Psychology
- Cognitive Studies in Education
- Columbia Coaching Certification Program
- Communication
- Communication, Computing, and Technology in Education
- Community English & Community Language Programs
- Comparative and International Education
- Computing in Education
- Conflict Resolution

- Counseling & Clinical Psychology
- Counseling Psychology
- Creativity Conference 2011
- Curriculum & Teaching
- Curriculum and Teaching in Physical Education
- Deaf and Hard of Hearing
- Developmental Psychology
- Developmental Psychology Programs
- Diabetes Education and Management
- Doctoral Program in C&T
- Early Childhood Education
- Early Childhood Special Education
- Economics and Education
- Education Leadership
- Education Leadership Studies
- Education Policy and Social Analysis
- Education Policy Studies
- Elementary and Secondary Inclusive Education
- Elementary Inclusive Education
- Elementary School Science Education
- English Education
- Executive Education Programs in Change and Consultation
- Executive Program for Nurses
- Family and Community Education
- Future School Administrators Academy
- Gifted Education
- Guidance and Rehabilitation
- Health & Behavior Studies
- Health Education
- Healthcare Human Resources
- Higher and Postsecondary Education
- Higher Education Administration
- History and Education
- Human Development
- Instructional Practice in Special Education
- Instructional Technology and Media
- Intellectual Disability/Autism

- Intellectual Disability/Autism and Childhood (Elementary) Education
- Intellectual Disability/Autism and Early Childhood Education
- Intensive Masters in Computing in Education
- Interdisciplinary Studies in Education
- International & Transcultural Studies
- International Educational Development
- Kinesiology
- Klingenstein Center's Private School Leadership
- Law and Educational Institutions
- Leadership, Policy and Politics
- Literacy Specialist
- Master of Education Program in C&T
- Mathematics Education
- Mathematics, Science & Technology
- Measurement and Evaluation
- Measurement, Evaluation, and Statistics
- Motor Learning and Control
- Movement Science and Education
- Music and Music Education
- National Center for Postsecondary Research Conference 2012
- Neuroscience and Education
- Nurses, Executive Program for
- Nursing Education
- Nutrition
- Occupational Therapy
- Online Masters in Computing in Education
- Organization & Leadership
- Peace Corps Fellows Program
- Ph.D. in Education Leadership
- Philosophy and Education
- Physical Disabilities
- Physical Education
- Politics and Education
- Principles & Practices of Organization Development
- Principles and Practices of Organization Development Certificate Program
- Private School Leadership
- Professional Certification Program in Elementary Education
- Professional Certification Program in Secondary Education

- Program in Organization Development & Human Resources Management
- Programs in International and Comparative Education
- Psychological Counseling
- Psychology in Education
- Psychology: Developmental
- Psychology: Organizational
- Reading Specialist
- School Law Institute
- School Psychology
- Science Education
- Secondary Professional Certification Program
- Secondary School Science Education
- Severe or Multiple Disabilities
- Social Studies (Teaching of)
- Social Studies Education
- Social-Organizational Psychology
- Sociology and Education
- Special Education
- Speech and Language Pathology
- Student Affairs
- Student Personnel Administration
- Summer Intensive Art & Art Education (INSTEP)
- Summer Intensive English Education (INSTEP)
- Summer Intensive Music Education (INSTEP)
- Summer Intensive Social Studies (INSTEP)
- Summer Intensive Teacher Education Programs (INSTEP)
- Summer Principals Academy
- Supervision in Science Education
- Supervision of Special Education
- Teaching Chinese to Speakers of Other Languages (TCSOL)
- Teaching English to Speakers of Other Languages (TESOL)
- Teaching English to Speakers of Other Languages (TESOL-Japan)
- Teaching of American Sign Language (ASL) as a Foreign Language
- Teaching Students with Disabilities: Learning Disabilities (Grades 5~9 or 7~12)
- Technology Specialist K-12 Initial Certification
- TESOL Certificate Program
- Urban Education
- Urban Education Leaders Program

（十五）Social Work 社会工作

1. Social Work 基本概况

Social Work 是西方社会的产物，在英美国家已经有着百余年的发展历史。以美国为例，他们对社工专业关注的领域比中国更广泛，理论和方法更多样，专业的社工也能得到更多的认同。在中国，这一专业还处于起步阶段，因此想在该领域有更进一步发展的学生越来越多地选择出国。目前中国的申请者还较少，还属于冷门专业，中国政府目前对它的重视程度是非常之高的，比如《国家中长期人才发展规划纲要》提出明确目标，到 2015 年，我国社会工作人才总量达到 200 万人，这个数字意味着在三年内要翻三番；到 2020 年，社会工作人才总量达到 300 万人。所以在未来几年，申请人数必然会呈递增趋势。

Social Work 专业是一个 professional 项目。如果说其他专业主要教学生知识和应用技能，那么 Social Work 专业除了教这两项之外，还会向学生们传达社工的价值观——利他主义。用一句话来说，从宏观上讲，Social Work 的学生学习的是如何帮助个人、家庭、集体和社区来应对社会问题。而中国目前突出的社会问题迫切地需要社会工作者的介入，因此中国在未来相当长的一段时间内必定会越来越重视社工专业，这也说明了中国的申请者会逐渐增多的趋势。仅从近几年的申请就可以看出现在的申请人数比三年前增加了不少。

社会工作是社会学和心理学的交叉学科，它非常注重理论与实践的结合，所以学校通常要求社工专业的学生在读书期间做足一定时间的实践活动，无论是个案工作、小组工作还是社区工作，都属于实践活动。这是与其他专业（比如理工科和商科）的不同之处。同时也因此会有一部分学心理学的学生会考虑申请目前还比较冷门的社工专业。只是因为目前中国社工的发展还非常缓慢，再加上心理学专业的学生在实践方面可能并没有社工专业学生那么系统和专注，并且也不及他们专业，因此在申请上未必会占据优势。这两个原因导致了目前心理学的学生也仅仅是止步于考虑一下申请社工专业，却没有形成大规模申请的趋势。然而，随着社工专业在中国的发展和进步，这些学心理学的学生也必定会对社工专业学生的申请造成冲击。

综上所述，对于近几年想去美国学习社工专业的学生来说，现在是一个契机，是一个机遇。一方面申请还没有泛滥，另一方面中国的社工专业处在发展中，既然中国已经迈出了从无到有的一步，那么未来几年也一定会朝着好的方向发展。所以我们要抓住现在这样一个机遇。

2. Social Work 在美国的开设情况

Social Work 硕士学位被美国的 USNEWS 归类为 Health 类专业。在分支方面，纵向来说，我们可以将其分为三大类，分别为：偏实践的方向（Clinical Concentration）、偏管理的方向（Social Administration）、偏研究的方向（Social Work Research）。从横向来分类的话，我们还可以将其分为如下四类，这也是美国大学比较普遍的分类方式：Child and family social workers（关注儿童和家庭），School social workers（与教师、家庭和学校的管理者合作，共同帮助学生全面发展），Healthcare social workers（健康保健社工，做患者及患者家属的心理健康康复），Mental health and substance abuse social workers（关注心理健康和药品滥用方面）。

从关注的人群来分类的话，Social Work 的侧重点分别为：儿童（Child）、青少年（Youth）、家庭（Family）、老年人（Aging）。许多学校会分为 Child, Youth and Family，关注的是儿童、青少年的问题，家庭的关系 / 问题以及家庭与社会的关系 / 问题。

从关注的群体来分类的话，Social Work 的关注点通常包括个体（Individual）、团体（Groups）、家庭（Family）、社区（Community）。

总之，Social Work 处理的是个体、团队、家庭或社区的问题；贫困、无家可归以及其他社会问题；具体到中国，还有一个比较鲜明的问题，就是外来工的问题，如外来工子女入学的问题，这些具有中国特色的问题也是社工人员需要应对的问题。

因其非常注重实践活动，Social Work 在美国的专业设置上有点特殊，通常学校会有一个选择，叫做 Advanced Standing，意思为免修学分，本质上是用本科期间的学分抵研究生期间的学分，通常一年的时间可以毕业，但是选拔要求较高。例如要求本科学位为社会工作学士学位（Bachelor of Social Work），多数学校还需要本科阶段的成绩为 B 以上。除此之外，要求本科是在美国就读的，所学专业为 Council for Social Work Education（社工教育委员会）认可的 Social Work。最后，还要求本科期间修读过学校规定的课程。因此，中国学生基本没有机会申请该项目。

当然社工专业的课程设置也是与传统专业很不一样的，其中包含了大量的实践机会。让学生到实践中去探索怎样应用课堂上学的知识，或者干脆就以练代学。

3. Social Work 的申请情况

在申请方面，因为社会工作者，尤其是选择 Clinical 方向的社会工作者，需要大量地与不同的人交流沟通，所以对语言的要求较高。虽不及教育学和传媒学之高，但是最低 90 分的托福成绩是很多学校的门槛，如果能考到 100 分则就更有优势。很多学校（大概 80%）不需要 GRE 成绩，但是很多 Social Work 优秀的学校，例如 University of North Carolina–Chapel Hill 则是一定要 GRE 的。所以想要冲刺高端学校的学生，建议去考 GRE 并考出高分。

除了标准化考试成绩外，Social Work 非常看重学生的专业背景。相比较其他专业来说，该专业更看重学生参加过的实习、志愿者活动、与社工相关的工作和研究。学校希望看到学生的人文关怀精神和对大众的服务意识，具有为有问题的人排忧解难的志向。说到底，学校希望学生是一个道德情操高尚之人。另外，对于想做研究者的申请者而言，研究能力是重要的专业素质；对于想做 Clinical 方向的申请者而言，方式方法的运用和沟通能力则是非常重要的专业素质。

Social Work 对申请者的综合素质的要求也比较高，比如申请者最好懂心理学，懂点咨询技巧和沟通技巧，懂点医学和护理学常识，对社会学也要有所了解。除此之外，Social Work 还要求我们具备一些品质，例如：

compassion：我们可以将其理解为有同情心，但是我觉得"同情心"并不能准确表达 compassion 的意思。我觉得 compassion 是一种非常崇高的情怀。在社工专业领域所说的"用生命影响生命"，我觉得在根本上是先要让我们自己的生命具备了 compassion，只有这样我们才能心甘情愿地用生命去影响生命。设想一下，将来社工人员面对的人可能是满腹牢骚的、压力巨大的、脾气怪异的或者是自闭症患者、癌症晚期病人，形形色色的人都可能碰到，这个时候我们对待每个人都要充满耐心和爱心，那就要先让自己拥有 compassion。只有这样，我们才能助人并自助。

学校也比较看重申请者的下列素质：listening skills（倾听的能力），organizational skills（组织能力），people skills（社交能力），problem-solving skills（解决问题的能力），time-management skills（时间管理能力），managing clients who present with anger, hostility and violence（管理愤怒、充满敌意和有暴力倾向的客户的能力）等。

但是在这里要格外强调的一点是，我们说这些素质重要，并不代表我们在呈现给学校的时候就必须要呈现这些内容。我们强调过，每个人对同一件事情的感悟是因人而异的。同样的道理，我们每个人对 Social Work 的理解也可能不尽相同，可能有人会觉得真诚是 Social Work 最重要的品质，可能有人会觉得技巧是 Social Work 最应该具备的素质，这些都是每个人最真实的感悟，都是应该首选的素材。

了解过学校的要求后，我们来看一下如下这几十所学校的招生规模，这也是选择学校的最重要的依据之一。这些数据未必百分之百准确，是我们与学校沟通后学校提供的数据，仅供参考，并非官方数据。

学校名	院系	学位	招生规模
Columbia University	School of Social Work	MSW	350～400人；录取率：60%
University of Pennsylvania	Social Policy & Practice	MSW	130～160人
University of Chicago	Social Service Administration	AM	175～200人，每年600名左右的申请者
Washington University in St. Louis	School of Social Work	MSW	225人
UCLA	School of Public Affairs	MSW	100人；录取率：20%～25%
UC Berkeley	School of Social Welfare	MSW	700人左右申请，100人招生规模
University of Southern California	School of Social Work	MSW	470人
University of Michigan-Ann Arbor	School of Social Work	MSW	360人
University of North Carolina-Chapel Hill	School of Social Work	MSW	130人
Boston College	Graduate School of Social Work	MSW	140人；录取率：50%
New York University	School of Social Work	MSW	500人
Case Western Reserve University	School of Applied Social Science	MSSA	330人
University of Washington at Seattle	School of Social Work	MSW	220人；录取率48%
University of Wisconsin at Madison	School of Social Work	MSW	100人
University of Illinois at Urbana Champaign	School of Social Work	MSW	110人
University of Texas at Austin	School of Social Work	MS	130人；录取率：50%
Yeshiva University	School of Social Work	MSW	21～70人
Tulane University	School of Social Work	MSW	150～175人；录取率：85%

续前表

学校名	院系	学位	招生规模
Boston University	School of Social Work	MSW	60% 录取率
Fordham University	School of Social Service	MSW	No quotas（他们的Director 这样说）
Ohio State University	College of Social Work	MSW	150人，每年只招10名左右的国际学生
University of Maryland at College Park	School of Social Work	MSW	400人
Syracuse University	School of Social Work	MSW	220人
Rutgers University	School of Social Work	MSW	400人
University of Minnesota at Twin Cities	School of Social Work	MSW	320人
Brigham Young University	School of Social Work	MSW	40人
University of Iowa	School of Social Work	MSW	40~45人
Baylor University	School of Social Work	MSW	目前所有项目有80人，non-practice班级规模大概为20~40人；practice 班级规模为10~20人
University of Denver	Graduate School of Social Work	MSW	160人
St. Louis University	School of Social Work	MSW	去年260人申请，录取了163人
Florida State University	College of Social Work	MSW	135人
North Carolina State University	Department of Social Work	MSW	55~65人（2012年招了85人）
University of Kansas	School of Social Welfare	MSW	130~150人，每年300到350人申请
University of Oklahoma	School of Social Work	MSW	25人
University of Tennessee	College of Social Work	MSSW	40人
Stony Brook University（SUNY）	School of Social Welfare	MSW	150~175人；录取率：43%
University at Buffalo（SUNY）	School of Social Work	MSW	200~230人
University of South Carolina	College of Social Work	MSW	125人
Ohio University	Department of Social and Public Health	MSW	20~30人
University of Utah	College of Social Work	MSW	105人，235名左右的申请者
Colorado State University	School of Social Work	MSW	30人
George Mason University	Department of Social Work	MSW	300人
University of Cincinnati	School of Social Work	MSW	300人
University of Mississippi	Department of Social Work	MSW	3年的项目40人，且3年招一次；2015年Fall才开始下次招生

213

4. Social Work 的就业情况

因为 Social Work 在美国的发展已经非常完善，所以毕业生在美国的就业形势相对比较乐观。以 Columbia University 的统计为例，在 2010 年的硕士毕业生中，15 人（7%）继续读书（其中 2 人攻读博士，5 人读了第二个硕士学位，专业包括：human rights, public administration, public health）；15 人（7%）找到了全职的实习工作；147 人（67%）从事的是与 Social Work 相关的工作，平均年薪为 45 000 美金；26 人（12%）从事的是与 Social Work 无关的工作；38 人（17%）正在寻找与 Social Work 相关的工作（包括 8 名已经找到与 Social Work 无关工作的人）。

下面重点列一下 Columbia University 在 Social Work 相关领域的就业详细统计。

在这 147 人中，他们所从事的领域和关注的人群的分布情况如下：

Health/Mental Health健康/心理健康	30	22%
Children & Adolescents儿童和青少年	23	17%
Child Welfare Services儿童福利服务	10	7%
HIV/AIDS艾滋病	10	7%
Youth Development青少年的发展	7	5%
Disabilities残疾人	6	4%
Aging老年人	5	4%
Homelessness无家可归者	5	4%
Substance Abuse吸毒者	5	4%
DV/Trauma/Abuse家庭暴力（Domestic Violence）/精神创伤/虐待	3	2%
Poverty贫困者	3	2%
Re-entry回归	3	2%
Women/Women's Issues女性/女性问题	2	1%
Adoption收养问题	1	1%
Couples/Families夫妻/家庭	1	1%
Immigrants/Refugees移民/难民	1	1%
Policy政策	1	1%
Social Justice社会公平	1	1%
Union/Labor工会/工人	1	1%
Other其他	18	13%
Not specified不确定的	11	

在这 147 人中，就业机构的分布情况如下：

Community-Based Organization社区机构	57	40%
Hospital/Health Care Facility医院/医疗机构	24	17%
Non-Governmental Organization（NGO）非政府组织	12	9%
School（K-12）学校（大学之前）	7	5%
College/University大学	3	2%
Criminal Justice System司法系统	3	2%
Faith-Based Organization宗教组织	2	1%
For-Profit Agency营利机构	2	1%
International Organization国际组织	2	1%

Research Institute研究机构	2	1%
Social Service Association（AARP，NAMI，etc.）社会服务协会	2	1%
Foundation基金会	1	1%
Government政府部门	1	1%
Other其他	22	16%
Not specified不确定的	7	

在这 147 人中，最初从事的职业的分布情况如下：

Case Management个案管理	30	25%
Therapy/Counseling治疗/咨询	26	21%
Administration/Management管理	14	11%
Hospital Social Work医院社工	9	7%
Program Development项目发展	7	6%
Research研究	6	5%
School Social Work学校社工	6	5%
Advocacy推广	4	3%
Fund-raising/Grant Writing基金筹备/申请拨款	2	2%
Policy Analysis政策分析	2	2%
Consulting咨询	1	1%
Other其他	15	12%
Not specified不确定的	25	

　　相比较起来，社工专业毕业生在美国的就业虽然薪水可能不及工科毕业生，但是也并非一片惨淡，这当然与美国对社工的重视分不开。回到国内，中国政府已经开始花大力气发展社工，也开始有越来越多的学校开设了社工专业，可以预见，目前的冷清不会持续太久，社工专业的学生会在毕业后在国内找到一席之地。

　　在发达国家，很多人学习社工已经并不仅仅是为了钱，而是为了心灵上的洗礼。所以，很多 Social Work 的 Department 要求他们的学生具有奉献精神。如果你没有奉献精神，你不想去帮助那些需要帮助的人，对不起，请你远离这个专业。如果你仅仅看到的是，这个专业容易申请好的学校，申请条件比较简单（大概 80% 的学校仅仅需要 TOEFL 成绩即可），那么也请你远离这个专业，因为你的行为在玷污这个肩负着神圣使命的专业。

有用的网址：

National Association of Social Workers NASW：http:// www.naswdc.org /

Council for Social Work Education：http:// www.cswe.org /

（十六）理工科类常见问题大汇总

1. 标准化考试类问题

（1）理工科的申请，托福单项要求，比如口语是不是卡得非常严？

通常在理工科的申请中，录取的时候口语单项卡得不是特别严格。但是如果要申请奖学金的话，口语的重要性就非常突出了。一般来说，申请 assistantship 最低要求是 22 分或者 23 分，有的学校要求高达 26 分（对于中国的大学生来说，这是很难达到的分数）。为什么学校对于口语有这样的要求？这源于 assistantship 的工作属性。一般 assistantship 分为 TA 和 RA 两种。TA 的工作主要是给一些大一新生上基础课，批改作业，坐在办公室里给学生做答疑工作。至于 RA，就更简单了，就是在实验室里给"老板"打工。这个时候与人沟通的能力（很直观地就体现在口语水平上），就变得尤为重要，没有一定口语能力的保障，是没有办法胜任这样的工作的。

（2）TOEFL 考得高，对于申请理工类有优势吗？

TOEFL 是语言能力的测试，如果分数达到 100 分，或者 102 分以上，通常再高也对申请没有太多的帮助了，这个时候可能单项的分数更为重要，比如说口语有没有达到 22 分，在很多学校里这都是申请 assistantship 的一个分数线。

（3）GRE 作文部分是不是对理工科不重要？

不是的，虽然比起其他专业来，理工科对 GRE 作文部分的要求没有那么严格，但是也不能低得过分，比如说考了一个 2.0 分（相当于 0 分）或 2.5 分。

2. 专业类问题

（1）计算机转金融工程的概率大不大？

从专业的先行课要求上来说，申请金融工程的可能性很大。但是，并不仅仅是具备了申请的条件，就意味着成功的概率大。金融工程开设的学校少，申请的人多，不仅仅是 CS 的学生、EE 的学生、数学的学生，还有 IE 的学生和本身就是学 FE 的学生都在申请这个专业。而每个学校的招生规模在这几年内基本上没有扩大，所以申请成功的概率还是要看申请人综合条件的。（金融工程的具体申请请参考"金融"章节）

（2）计算机转金融工程难度大不大？（主专业是计算机，辅修了会计）

首先，辅修会计对于申请金融工程本身没有太大的帮助。金融工程是以技术为导向的，正常来说，计算机专业的学生是具备申请金融工程的条件的。但申请难度取决于外部竞争的结果。由于这个专业开设学校少，申请人多，无论什么专业的学生申请，难度都很大。

（3）Geophysics 石油勘探方向在美国就业如何？

美国的油田主要集中在加利福尼亚州、得克萨斯州、俄克拉荷马州这几个州，石油勘探方向就业状况良好也就是在这个几个州。一般来说，Geophysics 下的石油勘探方向开设得比较少。在申请的时候是属于冷门专业分支。这种专业的特点是，只要能被录取，那么就业大部分不成问题。关键是能否被录取，因为冷门专业的录取不确定性比较大。我们很难知道今年学校的开设情况。

（4）主修工程管理，第二专业土木工程，想申请土木工程，可以吗？

正常来说是可以申请土木工程的，但是最终要看一下课程要求，以及你在学校做的研究经历等是否以土木为主。

（5）能讲下 Geophysics 在美国的概况吗？就业情况怎么样？

美国的 Geophysics 开设 master 的学校比例不大。在 master 里，最好就业的是 GIS（Geographic Information System）这个方向，但是在 Geophysics 下学习 GIS 的学生毕业之后的起薪是不及 CS 和 EE 下学习 GIS 的毕业生的。第二个好就业的方向是遥感测绘这一块。其他的方向难就业一些，恐怕就只有读 PhD 了。

（6）能说下 Geophysics 石油勘探方向吗？

这个方向非常之少，是个非常冷门的专业。如果申请的话，也可以考虑 Petroleum 相关的专业。比如说 University of Tulsa 的 Petroleum Engineering，University of Houston 的 Petroleum Engineering。

（7）Material Science 申请的人多吗？

虽然单独开设 Material Science & Engineering 的学校少，但是申请的人并不少。在很多学校里，Material Science & Engineering 领域涉及的课程开在 Chemical Engineering 下，所以也可以考虑申请 Chemical Engineering。如果学的是材料物理方面的方向，在 Civil Engineering 下也有少部分方向是可以考虑申请的。

（8）TOEFL 94 分，口语 18 分，申请物理是不是有劣势啊？专业的 GPA 和相关背景还挺好的。

这个要看具体的情况，不过如果不打算重新考 TOEFL 的话，那么可以考一个 Physics 的 GRE Sub，这样能在很大程度上弥补 TOEFL 成绩不高的劣势。同时，如果（实际的）口语还算不错，可以在套磁进行到一定程度的时候，给学校那边打电话，进行电话套磁。这样一方面能和学校有一个更加亲密的接触，另一方面可以向学校展示口语能力，也可以弥补一部分劣势了。

（9）机械工程专业在美国的就业怎么样？

ME 的传统方向就业的情况并不是特别好，例如汽车及船舶的制造等方向；新兴方向，比如说打印机的硒鼓技术等还相对好一点。但是就业是个大话题，不妨看一下 ME 篇章以及就业篇章。

（10）本科是理科化学，在硕士转工科，例如化工，这样容易申请吗？

申请是没有问题的，并且还会有一定的优势。学化工的学生，理论知识通常没有学化学的学生那么扎实，所以学化学的学生在申请 Chemical Engineering 的时候，会有一定的理论知识的优势。

（11）本科是信息类的智能专业，但有的 CS 专业课没开，想先读计算机的硕士，再申请 CS 的 PhD，本科的缺陷还会有影响吗？

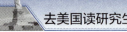

从课程上来说没有任何问题的，但是申请 PhD 的关键在于专业背景和研究经历。

（12）机械工程申请是注重专业名称还是导师研究的项目？

这取决于申请的是什么学位，如果申请的是 PhD，"老板"是"王道"，有一个"牛"的导师，一定会让你在学术的路上事半功倍。如果申请的是 master，那么专业的名称或者学校开设的 concentration 更重要。

（13）我本科学电子的，研究生想选择生物医学工程方向，有可行性吗？

这个要看有没有相关背景，有没有做过相关的研究。如果没有相关的研究，申请成功的可能性比较低。比如说，曾经我们有个学生拿到了生物医学工程的全奖 PhD，他是学CS 的。他申请成功的关键是，在研究生的两年一直参与的项目是一个医学院的信息系统，也就是说他在相关领域有丰富的经验。

（14）生物医学工程的申请情况怎么样？

这是一个比较新兴的专业，申请的成败取决于背景。这个专业的学生，说直白点：让写个程序你会，让做个电路你也会，让做个小仪器你也会，让你养个细胞你还会。由于专业新，国内学生申请的最大障碍就是，国内大学的类似专业很少有完全对口的。一般来说，完全对口的学校的毕业生申请的结果就好，比如说北京航空航天大学。不对口学校的毕业生申请起来就相对困难一些。

（15）本科学土木，研究生想转学建筑有可能吗？

在理论上是可以的，因为很多建筑学院为那些本科专业不是建筑的学生提供三年制master 去学习。建筑专业 master 的申请相对各个专业来说，不算难，关键要看是否能够提供作品集。如果没有作品集，申请成功的可能性很低。申请建筑专业，作品集是"王道"。

（16）国内硕士毕业了，没有 paper，GPA3.4，申请机械工程专业难度大不大？

PhD 的申请没有容易的。没有 paper 不可怕，可怕的是没有研究经历。如果研究经历还算丰富，申请还是很有希望的。

（17）本科不是计算机专业，如果硕士是的话，申请 CS 的 PhD 有戏吗？

这个是有可能的。不过要看研究背景，申请 PhD，研究背景是"王道"。

（18）金融工程主要是研究数学方面的吗？

金融工程分为两个大的方向：一个方向是研究数学，另外一个方向是 Financial Engineering。这两个大方向会有一些不同的侧重点。前者基本上就是研究数学，如Stanford University，University of Chicago；而后者工程的含量会高一些。

（19）最近基础数学和统计方向的申请情况怎么样？

基础数学很少有 master 的学位，大部分是 PhD 的申请。统计的 master 就会多很多，一部分是开设在数学系，一部分开设在统计系。统计本身就是以应用为主，所以招生的规模大一些，也相对容易申请一些。

（20）研究型的金融工程 master 比授课型的性价比高？

在美国的大学中，没有研究型与授课型硕士之分。在美国的大学中，只有一种硕士。有的是需要一年左右，有的是两年左右完成学业。但是它们本质上没有太大的区别，唯一的区别就是一个学制紧凑一些，一个学制松散一些，总体所需完成的学分和课程都差不多。

（21）我本科修的是交通工程专业，但网上的相关信息很少，有什么建议吗?

一般来说与交通工程相关的专业在土木工程下比较多（例如 Cornell University 和 University of Wisconsin-Madison），单独的交通工程专业少一些（MIT 有）。另外，还有一些 Transportation 设在 Civil/Urban Planning 下面。这两个方向所学的东西不太一样。关键是看你所学的是什么了。

（22）Civil Engineering 和 Ocean Engineering 哪个更容易申请?

很多时候这两个专业设在一起。如果同时开设的话，一般是 Civil Engineering 会容易申请一些，因为 Civil Engineering 的系通常都比较大，也就意味着招生规模大。

（23）EE 指的到底是电气还是电子?

都是一样的，只是翻译不一样而已。

（24）我是学生物统计的，想先考国内研究生，再转学分申请美国生物统计的 master，有什么建议吗?

国内研究生的课程的学分想要全部转过去，可能性比较小。所以不是特别建议这样运作。

（25）EE 哪些方向是比较有发展前途的?

目前来说，新兴的方向都有发展前途，如网络、通信等。

3. 背景提升类问题

（1）工作经历可以和研究经历相比拼吗?

这取决于所申请的专业和工作经历的具体情况。比如说，申请的是工程管理、金融工程等专业，那么工作经验很重要。如果是 CS，EE 等专业，那么研究经历会更重要一些。当然，我们也要看工作经验是什么样的工作经验，比如说，在 IBM 做研发，这样的工作经验就是研究经验。在申请 CS 或 EE 的时候会发挥重要作用。

（2）国家级大学生科研项目有添彩效果么?

添彩的不是项目的名头，而是在这里面做了什么，经历过什么，用过什么样的技术，学到了什么，达到了什么样的结果等。过程比名头重要得多。

（3）研究经历只是指 paper 吗?

一般来说，paper 只是做 research 的一个阶段性总结。research 的结果固然重要，但是过程也一样重要。paper 只是 research 的一种书面体现形式，其他的研究经历也是 research（如 project，lab experience，RA 等）。

（4）有研究经历但是申请之前 paper 没发表怎么办?

这个不是问题。如果 paper 是确定会发表的，可以在简历上标注 "pending"。

（5）关于研究经历能再多说一些吗? 除了注重 paper 还要注意什么?

会用什么仪器? 用过什么样的技术? 发现了什么问题? 解决了吗? 怎么解决的? 为什么这么解决? 解决的过程中遇到困难了吗? 又是如何解决困难的……research 的过程很重要。

（6）请问如果没有工作经验是不是很难申到好的高校?

这个观点是不对的。很多没有工作经验的同学，都成功申请到排名前 30，甚至是排

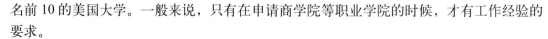

名前 10 的美国大学。一般来说，只有在申请商学院等职业学院的时候，才有工作经验的要求。

（7）研究、工作经历是多好，还是精好？都需要证明吗？

精好，因为过程丰富。如果经历过于丰富，学校也会产生疑问，你怎么会有这么多时间去做这么多的事情。美国的大学，在申请的时候，对于这些经历不需要任何的证明材料。但是真的就是真的，假的就是假的。通过你的材料他们就可以判断出你的材料是真是假，因为做过的人和没有做过的人说出来的东西是不一样的。另外，校方可以通过面试的时候，去考察材料的真实性。可以说，他们可以通过非证明材料去考察材料是否是真实的。

（8）本科时参加的各种科技竞赛算是科研经历吗，如果能拿奖的话？

即使不拿奖也是科研经历。关键在于过程，而非结果。当然又有过程又有结果是最好的。

（9）工作室开发项目是不是研究经历？

算。因为开发一个项目的过程，就充满了未知，需要你和你所在的团队不断去摸索前进。

（10）本科的什么经历算是科研经验？

做的项目，进实验室工作，做一些大型的作业等，这些都可以算做科研经历。

4. 奖学金类问题

（1）master 是不是基本拿不到奖学金啊？

无论是 master 还是 PhD，整体能拿到奖学金的比例大概只有 30% 左右，但是拿到全额奖学金的比例通常不高于 5%（不完全统计）。

（2）本科出身对于申请 PhD 全奖的影响多大？（我是物理类的，本科学校为排名 50 左右的 211 学校。）

申请 PhD 全奖最重要的是专业背景和专业实力，如果就读学校的专业强于其他学校，那么成功的概率不比北京大学和清华大学以及中国科学技术大学的学生小。PhD 的申请一切以专业为导向，无论是背景，还是学校的出身，都是一样的。

（3）主修工程管理，第二专业土木工程，想申请土木工程的 master 或者 PhD，主专业 GPA 3.4，第二专业更高些，申请土木工程奖学金的可能性大吗？

第一，土木工程相对能拿到的研究经费会少一些。换句话说，在相似的情况下，拿到全额奖学金的可能性会小一些。第二，是否能够拿到全额奖学金，要看你自身的学术能力。如果具备学术研究的基础，才会有机会。在这里必须要明确一点：奖学金是什么？大部分学校的全额奖学金是以 TA 和 RA 的形式出现的，也就是说，奖学金是工资。PhD 的学生就是给导师"打工"，这与找工作一样。你有什么样的能力，你能给导师带来什么，你能给学校带来什么，这个就是关键。对于理工科的学生来说，这个关键往往就是研究能力或研究潜力。

（4）全额奖学金申请需要什么条件？

全额奖学金一般以三种形式出现：Fellowship，TA，RA。其中，80% 甚至 90% 以上的情况是以 TA 和 RA 的形式出现的。无论是 TA 还是 RA，都是工作。TA 主要的工作职责是给一些新生上课、批改作业和答疑。也就是说，需要有很强的学术能力和一定的表达能力才可以完成这个工作。RA 就是在实验室里做实验，需要有实际操作的能力、与人合作的能力（实验室里不是一个人在战斗）。学术能力和实际操作能力以及与人合作的能力需要用研究经历去体现，表达能力与沟通的能力需要用 TOEFL 口语来体现 [一般学校对于 assistantship（助理）的要求是 22 分或 23 分，个别学校要求 26 分]。

（5）生物类容易申请奖学金吗？

无论什么专业都有可能拿到奖学金，不过这些奖学金最可能的形式是，减免部分学费。而全额奖学金是工资，那就要看学术能力等因素了。

（6）计算机转金融工程 master 拿奖学金可能性大吗？

如果能被录取，取得部分奖学金的可能性是有的，但是全额奖学金基本上没有。

5. PhD 的申请问题

（1）申请 master 的难度和 PhD 相比怎么样啊？

master 的申请难度要远小于 PhD。一般来说，规模大的系 PhD 一年也就招 15 人，而小的系可能只招 1~2 个，甚至连续 1~2 年不招收学生。而 master，小的系一年招生也会有 30 人左右，大的系能超过 100 人，而且相对稳定，每年都会招生。从这些我们就可以看出，master 的申请难度要远小于 PhD。

（2）申请 PhD 时，目标大学承认其他的美国大学的 master 吗？

首先这是个误区。美国的教育体制和我们的教育体制是不一样的。在我国的教育体制下，master 和 PhD 的关系是延续性的，也就是说一般需要先完成读 master 才可以去读 PhD。而美国不是这样的。在美国的研究生院里，master 一般来说与 PhD 的关系是平行的。这两个学位的定位不太一样，master 是定位于专家级教育，培养高级的技术性人才。而 PhD 是定位于创造者的教育，培养做研究的人。这也是在美国本科生可以直接去申请 PhD 的原因，我们国内管这个叫直博，这本身有一定的问题，因为读了 master 和一个本科毕业生同时去读 PhD，理论上毕业的时间是一样的。但实际上可能这个读了 master 的学生会用时短一些。一方面，master 本身已经接受了两年的研究培训，是熟练工，上手会快。另外一方面，有一些课程可能 master 已经修过，所以可以 waive 掉，在某种程度上也会形成优势。所以申请 PhD 并不存在是否承认其他美国大学的 master 的问题。

（3）本科是信息类的智能专业，但有的 CS 专业课没开，想先读计算机的硕士，再申请 CS 的 PhD，本科的缺陷还会有影响吗？

基本没有影响了。一般来说，美国大学的 CS 专业更倾向于招收那些有 master 背景的学生，因为这些学生更加实用。因此，就你的情况而言，本科的缺陷可以弥补。

（4）是不是所有学校都可以本科直接申请 PhD？

对，99.9% 的学校都可以直接申请 PhD。

（5）申请 PhD 如何找到好导师？

去学校 department 的 Faculty 页面去看导师的研究方向，然后看有没有与自己 match 的方向。再去具体看这个导师的一些 research summary 或者直接去看 paper，以确定是否与你的方向 match 或者是否是你所喜欢的方向。

221

（6）PhD 第一年没奖学金，以后申请到奖学金的可能性大吗？

PhD 申请如果没有拿到奖学金，那么入学一个学期之后，拿到全额奖学金的可能性可能达到 70% 以上。然而，具体是否能拿到也得看入学之后的具体情况，能力强的学生，甚至入学一个月后就可以拿到。这个时候需要你去学校里找教授去推销自己。告诉教授你会做什么，你能做什么，你对他所做的研究有怎样的热情等。

（7）申请 CS 的 master 前 100（需要奖学金），难度大吗？

就目前来说，有一定难度，但是至少有 30% 的学生可以拿到奖学金。拿到学费的部分减免。

（8）土木工程招的 PhD 多吗？

这在理工科里算是比较大的专业了，所以 PhD 的招生规模是比较大的。

（9）机械工程申请 PhD 难度怎么样？

所有的 PhD 申请，没有容易的。

（10）申请春季的机械专业 PhD 会容易些吗？

春季申请有优势，也有劣势。优势：申请的人少，所以竞争相对不是那么激烈。劣势：开设学校少，可选择性少，不确定性强。

（11）研究生申请 PhD，让本科老师写推荐信可以吗？

可以。但是最好三封推荐信里只有一封是你本科老师写的。

6. 就业类问题

（1）硕士毕业可能在美国大学当老师吗？

正常来说，很难！如果是艺术专业，是可以的。但前提是，取得的学位是 MFA——艺术专业的 final degree（最终学位）。换句话说，如果没有取得该专业领域里的 final degree，那么是很难在大学里当老师的，无论是美国大学还是中国大学。

（2）金融和金融工程，哪个就业会好一点？

如果想留在国外的话，金融工程相对容易找工作。综观美国的就业情况，我们少数能立足于北美的华裔都是依托于自身的优势，去做一些美国人不爱做的事情。而很多美国人不喜欢数理的东西。金融工程数理含量非常高，所以选择金融工程是有利于未来在美就业的。如果回国的话，很多时候就业就不是取决于专业名字是什么了。

（3）物理、化学的 master 在美国容易就业吗？

一般来说，这个方向在美国很少开设 master 学位。

（4）EE 的 PhD 留美工作的可能性大吗？

可能性较大。PhD 的就业一般分为两大类：一类就是进学校任教，另外一类是进入企业做研发工作。最终是否能留美就业，某种意义上取决于在美国的人脉和自身的能力。

（5）一般学校的金融工程 master 回国容易找工作吗？

如果是一般学校的话，你找工作的时候，学校的名字对你的帮助就很小了。但是美国教育的根本目的是育人而不是印刷文凭，因此在找工作时，对你帮助最大的，是你在这个学校里学到的知识和你在学习过程中培养出来的能力。因为美国的教育并非产业化的教育，在这样的学校里，你能学习到一流的知识，让你与国内其他同样具有 master 学位的人竞争同一个职位时会占有优势。在美国不断的 presentation，paper 和 case study 的"轰炸"下，你会有高于国内学生的综合素质。如果你具备了这些，那么你的能力会帮助你从众多竞争者当中脱颖而出。

（6）PhD 的申请都会有面试吗？

90% 的 PhD 申请都会有面试。这个要看具体学校的具体系的操作，而且每个系的情况也会由于更换招生办主任而发生变化。

（7）如果毕业想留在大学当教授应该怎么做呢？

首先，你需要拿到 PhD 学位。其次在你拿到 PhD 学位之后，如果有机会就去一个更好的学校做 post doctorate（博士后）。

（8）理科化学的就业前景如何？申请困难吗？

化学专业很少开设 master。如果读 PhD，基本上就是去做科研了。而如果是化工专业的话，就业前景较好，美国人不太喜欢读这个专业。他们常常看到 chemical 这样的字眼就害怕，觉得有毒，所以留给我们国际学生的机会就大。

7. 其他类问题

（1）在香港读金融方面的 master 是不是比美国性价比高？

教育也是一分钱一分货的。看在美国都是什么教授在给你上课，再看看香港是什么教授在给你上课，你就知道哪个性价比高了。哪怕就是 NYU Poly 这样的学校，都给我们的生活带来了巨大的变化，比如说我们常用的 ATM（自动提款机）就是这个学校研制的，这也是 NYU Poly 能开设 Financial Engineering 的原因。换句话说，就好像我们在讨论是在 HBS（Harvard Business School 哈佛商学院）或 Wharton（沃顿商学院）读 MBA 性价比高，还是在香港科技大学读 MBA 性价比高，答案显而易见。

（2）在香港读金融工程还是金融找工作更有优势呢？

无论是在香港读金融还是金融工程，找工作都没有优势。因为在美国读 MBA Finance concentration 的、MSF 的、FE 的最终就业主要的去向就是中国香港以及新加坡。这些学生留在美国工作的机会比较小，所以最终退而求其次，转而选择亚洲的金融中心。

（3）美国 CS 的 PhD 申请有性别歧视吗？

不能说 CS 的 PhD 申请有性别歧视。应该说，从本科到研究生，都会有一些性别的偏向性。一般来说，女生有优势。一方面在于，美国人对于异族的排斥主要集中在男性身上，而女性不存在威胁性（嫁给美国人，就变成美国人了），这也是我们国内的男生在美国找工作的时候会遇到瓶颈的原因。另外，在研究生院，尤其是理工类学科，还有个问题，就是男女比例严重失调，所以同等条件下女生更加有优势。

（4）美国读 master 双学位的申请情况怎么样？

很多时候，双学位的成功申请需要申请人同时被两个 department 录取，申请人的条件需要符合两个 department 的要求，这个是难点。很多学生由于并不具备两个学科的双重背景，所以申请的很少。另一方面，很多这种 dual degree 或者 joint degree 两个学位里

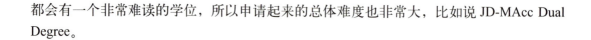

都会有一个非常难读的学位，所以申请起来的总体难度也非常大，比如说 JD-MAcc Dual Degree。

（十七）商科类专业的常见问题大汇总

1. 商科背景的学生，都能申请美国什么专业？

商科背景的学生可以申请商科的普通型硕士，但是要注意基础课，因为有些专业对于申请人在本科阶段所修的基础课是有一定要求的。比如说 Finance 的普通型硕士，要求申请者修过一些数学课和入门的经济学课程。申请者还可以申请一些对专业背景要求不是那么高的一些文科专业，比如说 Public Policy 等。

2. 非商科背景的学生能去美国学习商科吗？

我们把这个问题一分为二。第一，普通型商科硕士：在美国，并不是说申请人的背景专业名字是什么，就可以申请什么专业，而是要看申请人修过哪些基础课，以及工作、实习经历和实践经历这样的个人背景与所申请的专业之间是否存在联系。第二，MBA：MBA 里大部分都是非商科的学生，主要以理工科学生为主。MBA 为职业教育，更多的是那些在职业发展遇到瓶颈的人，通过去选择再教育的途径突破瓶颈的方式。

3. 美国的会计体系与国内不同，若回国的话是否有用？怎样衔接所学的知识呢？

回国的用处非常大。因为会计主要做的事情就是税务、内审、外审。随着我国的经济不断发展，与外界的贸易往来越来越多，需要有专门的税务人员。同样，越来越多的美上市公司在我国开设分支结构，这种公司都需要大量的内审人员。当然，还有大部分公司需要国内的事务所进行外审，这些提供外审服务的事务所也需要大量的专业人才。

4. 在美国学商科必须考 CPA，CFA 之类的证书吗？

美国的商学院都是职业培训学院，像会计硕士的培训目的就是考取 CPA，金融硕士毕业之后也可以考取 CFA Level 2 了。培训目的就是考取相应的证书，而不是先有这些证书再去学习。

5. 美国商科申请难度那么大，如果只能申请到排名 100+ 的学校，那出去花几十万上学有意义吗？

意义肯定是有的。第一，美国的学校数量众多，我国教育部承认的四年制大学有 2 600 多所，前 100 名的学校在美国大学的整体百分比中只占不到 5% 的比例。我们可以进行一个横向对比，英国有 100 多所大学，前十名就已经是差不多 10% 的学校了。第二，美国的经济是世界上最发达的，很多先进的商业模式，都是起源于美国，我们大部分成功的商业模式都是在模仿美国，比如说人人网、微博、如家快捷酒店、各种金融衍生品等。至少学生到美国学习，会看到中国五年以后的样子，你可以比你在中国的同学领先五年，我们知道这五年意味着什么。第三，不可否认，在美国读一个硕士，无论是文理工商，都不可能直接给我们带来经济上的回报，比如说年薪……这个经历带给我们的是发展潜力，而怎么利用我们的潜力就完全取决于我们自己。这个发展潜力意味着，当我们与国内的硕士或者其他国家的硕士在相同的情况下一起竞争的时候，突破职业发展瓶颈的速度会更快，升迁的机会会更多，薪水涨幅会更大。但是，还是那句话，关键的问题是我们怎么发掘和利用我们自己的潜力。

6. 所有的学生基本都能开出银行的实习证明，那在分数相同的情况下，怎样凸显自己呢？

第一，美国大学不需要你提供任何实习证明性质的东西。第二，美国人要看的是你在实习过程中做过什么，完成了什么，取得了什么，遇到了什么困难，你怎么解决的，结果是什么，你的收获是什么，感悟又是什么。我们知道在现在的申请大军中，你有实习经历，别人也有，可能不一样的就是实习的地点和公司的名字，而性质是相同的。人与人之间最不一样的地方就是思想和感悟。而这就是为什么 Essay 是商科申请的"王道"的原因。

7. 所谓实习其实就是去打下手，根本接触不到真正的工作流程，那文书从什么角度着手？怎样突出优势？

关键看自己，看有心人和无心人的区别。实习给我们提供了一个平台，一个学习的平台。在实习的过程中，会与不同部门的人一起工作，会与不同的客户接触，而这些都是学习的好机会。同样的事情，不同的人得出的感悟可能是完全不一样的。我们要学会思考并拥有自己的感悟。

8. 商科生怎样提升自己才有机会申请到奖学金？

商科的奖学金非常少，90% 多的学生都是自费。首先，商科是职业培训学院，也就是说，是高投资的学院。其次，商科本身就没有什么研究经费，赚钱全靠学生学费和校友募捐。所以这些客观条件决定了商学院基本上无奖学金，即使有那种减免部分学费的情况，也是学校吸引入学的一种手段。

9. 毕业后实习的 OPT 或移民前景怎样？

美国政府给所有在美国就读的文科及商科学生提供长达一年的毕业后带薪实习计划——OPT（Optional Practical Training）。在这个期间内，你可以申请 H1B（工作签证）。而 H1B 的申请通过率，是与你的雇主、申请时间等因素挂钩的。一旦你取得 H1B 基本上就等同于拿到绿卡。当然，如果你选择在学校，或者非营利性机构工作，是不受 H1B 签证配额限制的。（更详细的内容请参考就业篇章）

10. 商科都有哪些专业可以选择？

常见的商科专业有：金融、会计、人力资源、物流、市场、创业学、管理科学等。但是除了金融和会计之外，开设其他专业普通硕士的学校非常少。

11. 美国现在商科专业的就业情形如何？

读商科的国际学生在美的就业差于理工科学生。很多商科学生最终选择去中国香港或新加坡就业。当然，美国是一个充满机会的国家，想要留在美国，还是有很多机会的。但是单纯从就业的角度来说，商科学生的就业与理工科学生就业存在比较大的差距。

12. 美国的金融专业需要申请人在国内做怎样的实习？

一般推荐在一些相关机构做一些对口的实习，比如说证券机构、商业银行、私人银行、投资银行等。

13. 我学习会计，可以留在美国吗？商科好移民吗？

学习任何专业都有可能留在美国，关键是找到工作。而会计基本是商科专业中最好找工作的。在美国存在巨大的人才缺口，只要你的个人沟通能力和学术能力都比较好，那么留下的机会很大。

14. 在美国读会计，哪些地方就业机会会更多？

不仅仅是会计专业，所有的商科专业都是一样的，如果想要有就业机会，尽量要去经济发达的区域以及大城市周边，比如说纽约、洛杉矶、芝加哥等。

15. 我本科不是学商科的，研究生想学商科，可以吗？

你能不能申请商科，取决于两个因素：一是你的基础课是否符合你预期申请专业的需求；二是你在这个方向有多少相关背景。如果这两个因素一个都不占，那申请成功的可能性很低。即使申请成功，也可能是不太理想的学校。

16. 我考的是 GRE，可以代替 GMAT 吗？

在有些学校里是可以的，比如说 MIT 金融专业，Washington University at St. Louis 的金融专业等。这个一定要仔细看学校的申请要求，不是所有的学校都可以用 GRE 替代 GMAT。

17. 没有实习经历和工作经验，可以申请好学校吗？

一般来说是很难的。没有工作经验申请好学校就非常难，连实习经历都没有的话，想要申请排名前 30 的美国学校，基本上不可能。

18. 实习可以代替工作经验吗？

实习是不可以代替工作经验的。美国学校对于工作经验的认定，就是全职的工作经验。

19. 我为什么不能去排名好的学校？

以排名前 30 的大学为例，5 所学校开设了金融专业，7 所学校开设了会计专业。这两个专业，美国的大学一共能招多少名中国学生呢？200 名，已经很多了吧！那么你与同样想去排名前 30 大学的竞争对手来比，优势在哪里呢？

20. 商科院校应该怎么选择？

商科学院是职业培训学院，以就业为导向。所以在选择学校的时候，同等情况下，地理位置是首选因素。

21. 我不仅想读 master，还想直读 PhD，可以吗？

商科学院是职业培训学院，所以多数都不是以研究为导向的。而读商科博士的机会，就更加少了。

22. 我没有工作经验可以直接申请 MBA 吗？

如果没有工作经验，基本上很难被排名前 50 大学的 MBA 录取。但是后面一些比较普通的学校，可能录取一些完全没有工作经验的学生。如果你没有工作经验，并不建议你申请。因为 MBA 主要以案例分析为主，你没有工作经验，没有相关的履历，大家在讨论的时候，你根本就不知道大家说的是什么。这样的话，也就失去了读 MBA 的意义。

23. 我想申请会计专业，但我本专业不是会计，可以申请吗？

可以申请。很多学校的会计硕士，就是针对那些本科背景不是会计的学生设置的，比如说北卡罗来纳大学。还有一些学校需要你学过一些先行课。如果没有学过先行课的话，可以在学校先读先行课，然后再读研究生课程。当然也有部分学校明确规定没有学过先行课是不会被录取的。这个需要在查阅学校资料的时候仔细核查。

24. 金融和金融工程有什么区别？是不是一样的？

金融与金融工程是不一样的专业。比如说，大部分金融专业都开设在商学院下。而金融工程有一大部分开设在工程学院，另外一大部分则隶属于数学系／院，只有少部分开设在商学院。仅仅从开设学院上来看，金融与金融工程是完全不一样的专业。

25. 我本科不是学会计的，如果去美国读会计专业，能跟上课吗？

在美国很多在研究生阶段学习会计的人，本科背景不是会计专业。所以在课程设置上，很多学校都会照顾那些背景专业不是会计的学生。

26. 商科的申请一般需要什么条件，可以申请到什么样的学校？

一般需要 TOEFL 100 分以上，GMAT 700 分以上，平时在校成绩 85 分以上，以及丰富的社会实践经历，外加优秀出众的申请短文，才可能申请到排名前 30 的大学。而对于其他学校的申请则要看是什么专业了。但是一般的情况下，商科申请满足 TOEFL 90 分、GMAT 650 分的条件，很可能被排名前 100 的大学录取（前提：有一定的社会实践经历）。

27. 申请商科对学生的学习背景有什么要求？需要做哪些活动或实习？是不是去实习的单位越好作用越大呢？

商科的不同专业，对于本科阶段所修的课程是有不同的申请要求的。比如说金融，有的学校就要求修过经济学入门、统计、概率、线性代数等课程。这个要看具体专业的具体要求。如果做活动，可以做一些调研、实习等工作。这种实践在于精而不在于多。关键是经历过，真的很有收获，无论是在专业上，还是在感悟上。只有这些最个性化的、只存在于你身上的，才是 Essay 写作里的闪亮点，才能让你在激烈的竞争环境中脱颖而出。

28. 入学之后，如果我不喜欢这个专业，我可以换专业或者转学吗？

可以换。如果是本学院内转，非常简单；如果跨学院的话，会复杂一些，需要意向院系同意接收。如果是跨学校的话，那么就是重新申请了，需要你提供所有新生申请需要递交的材料。

29. 经济和金融工程是不是也是商科专业？也要考 GMAT？

经济学和金融工程不是商科专业。经济学是文科专业，金融工程是理工科专业。大部分学校的金融工程和经济学专业在申请的时候是需要提供 GRE 成绩的。但是有少部分学校是可以接受用 GMAT 成绩申请的，比如说 Lehigh University 的经济学和 Boston University 的金融工程。一般来说，接受 GMAT 成绩申请的经济学和金融工程都有一个共同的特点，大部分都开设在商学院。

30. 我的专业背景不是商科，金融比会计相对要容易学吧？

首先要明确一点，就是你适合申请什么。你适合申请什么取决于你本科学过的课程以及你的实践背景有什么。如果你本科课程也不沾边，实践背景也不沾边，那么是不适合申请相关专业的。另外，从绝对难度的角度来说，会计的申请难度比金融小。

（十八）文科类专业的常见问题大汇总

1. 考试和录取的要求是什么？

一般来说，文科学生需要提供 TOEFL 和 GRE 的成绩。当然有部分专业、部分学校可能并不需要提供 GRE 成绩即可申请。具体的要求要根据不同的专业来看。但是文科类专业对 TOEFL 及 GRE 的成绩要求要高于理工科学生，通常被排名前 30 的大学录取的学生需具备以下条件：TOEFL 100 分，GRE 1350（新 GRE 320）＋4.0 的成绩。

2. 文科生能否申请奖学金？

文科专业虽然奖学金的分布远少于理工科专业，但是文科专业也会做很多的研究工作，所以有一定量的研究经费，因此拿到奖学金或者全额奖学金的概率还是存在的。

3. 文科专业的录取难度是不是比别的专业低？

文科是一个很大的概念，也包含很多专业，不同专业的录取难度也不太一样。在文科里有相对容易申请的专业，也存在难申请的专业。比如说，社会工作、公共政策、教育学相对容易申请一些，而心理学、新闻则非常难申请。总体来说，文科的申请难度高于理工科。

4. 文科生可选的学校是不是比理工科生少很多？

文科专业有个特点，并不是所有的学校都会开设相关专业的硕士，比如说，经济学硕士，在美国排名前 30 的大学里，仅有十所左右的学校开设。这一点与工科的计算机、电气工程不太一样，这两个专业基本上是每个学校都会开设。所以在选择学校的过程中，相对于理工科，文科会受到一定的限制。

5. 文科生如何丰富素材？相对理科和商科，文科生几乎没有竞赛、实习的经历。

文科好多专业都是以研究为导向的，目标学校想看到学生做的一些调研工作、研究工作、实践工作、发表的论文。

6. 在美国和回国后的就业前景怎么样？

如果要给工科、理科、商科、文科、艺术这些专业大类做个就业排序，应该是：工科 > 理科 > 商科 > 文科 > 艺术。文科在美国的就业并不是特别乐观。但要是回国的话，就是另外一码事了。由于你有了不同的视角，有了不同的履历，所以你的收获是不一样的。在与国内的文科生一起竞争时，如果在相同的情况下，肯定会占有巨大的优势。

7. 文科毕业生在美国有可能就业吗？

有可能。虽然就业相对于理工科和商科毕业生来说不太容易，但美国是个充满了机会的国家，也是世界上最大的经济体之一。如果你不到 Industry 里就业的话，可以选择一些非营利性机构，机会还是非常多的，但是收入会比在 Industry 里少一些。

8. 申请需要专业背景吗？

任何专业的申请，都需要你具备一定的专业背景，不分文、理、工、商。

9. 我数学不好，所以想报文科专业，是不是不用学数学？

如果数学不好，在美国学习任何专业都是非常痛苦的。在美国的任何专业里，都非常注重数量化的研究方式。我们只能说，在美国学文科，对数学的要求确实比理工科低，但是比起我们国内的文科学习，数学的含量要高多了。

10. 本科学商科能不能跨专业去学习文科的专业？

这个可能是存在的。首先我们需要看看你学过哪些课程。如果你学过中级宏观、中级微观以及计量经济学的话，你完全可以去申请经济学专业。当然你还可以申请一些对专业背景要求不是特别多的专业，比如说社会工作、第二语言教学、公共政策等。当然，无论是申请什么专业，都需要有相关背景。如果没有相关背景的话，很难被好学校录取，甚至普通学校的录取通知书都不一定能拿得到。

11. 有不考 GRE 就能申请的专业吗？

80% 的社会工作专业都不需要申请者提供 GRE 成绩，凭单一的 TOEFL 成绩即可申

请。当然，有一些文科专业也有部分学校不需要提供 GRE 成绩，比如说教育学里的部分专业，但是 80% 的正常文科专业还是需要提供 GRE 成绩的。

12. 我想去美国学对外汉语专业，能行吗？

从申请的角度上讲没有问题，但是对外汉语这个专业在美国开设得非常少。如果可以考虑相关专业的话，我们建议去申请东亚文化研究。

13. 教育类专业除了英语教学我还能学什么？

这个要看背景了。比如，如果上课的时间比较多，那么可以申请教育心理学。如果工作经验比较丰富，可以申请教育管理。如果做了一些研究工作，可以申请国际教育发展等。可以学什么，在于自身具有什么样的背景。

14. 我现在对文科类的专业感兴趣，但我将来还想从事商业工作，现在应该怎样选专业？

可以选择公共政策。因为公共政策这个专业涵盖了国际、国内政治、经济、文化的学习和研究，更多的是注重学生对数量的分析能力、对政策的解读和分析等。所以如果所学方向偏向于国际政治经济这个大方向的话，未来完全可以从事商业工作。当然，也需要参考你自身的兴趣爱好，比如说，喜欢做环保政策的研究，可以去学习环境政策，未来一样可以在商业领域里做一些国家或国际环境政策的解读和咨询工作。

15. 美国也分文科和理科吗？我是学文科的，能去学理科的专业吗？

美国也分文科和理科，但仅仅是在大学里。如果是学文科的，基本上没有太大的可能申请到理工科的专业。因为理工科需要修一些基础课，基础课都没有学过，到了学校很难跟得上学习。

16. 法律专业能不能申请到奖学金？我能直接申请博士吗？

法律专业中的 LLM 有很多申请奖学金的机会，总体来说，拿到奖学金的比例在整体申请者当中可以占到 30% 左右，但是拿到全额奖学金的不足 1%。法律是比较特殊的专业，在美国没有法律本科，但是在研究生院有 JD、法学博士这样的专业型博士，学制三年，允许本科生直接申请。也有很多中国学生拿到了 JD 的录取通知书。

17. 我是学文科的，可以申请工程类相关专业吗？

这个问题与文科生申请理科专业的问题是一样的，通常学文科的没有办法申请理工科的专业。

18. 文科生去美国读研究生应该怎样选择专业和学校呢？

• 专业的选择要量力而行。什么叫量力而行？就是看你是否学过学校要求的基础课，是否有相关专业背景。如果你没有相关的专业背景又没学过基础课，那么申请很困难。

- 需要考虑目标学校的招生规模。很简单，招生规模大，你被录取的机会就大，招生规模小，你被录取的机会就小。
- 需要考虑学校的地理位置。不同的地理位置给你带来的附加值是不一样的，尤其是文科类这种人文气息更加浓重的专业大类。

19. 文科生想申请美国的金融工程怎么办？可以申请吗？

金融工程一般对学生的计算机及数学背景要求很高。如果你在大学期间这方面的课程学得很多，实践也非常多，那么可以去尝试，否则不太可能申请得到。

篇后语：

我们计划内的专业基本都已介绍完毕，这是我们耗时最久的一个篇章，希望最终能对广大的申请者有所裨益。当然，最后我们还是放弃了一些原本计划介绍的专业，例如艺术类专业，因为该类专业在相当大程度上取决于申请者的作品，而非本专业、本领域的人士很难对作品做出判断，即使是专业领域内的人，也会因为彼此的理解不同而在评判上出现偏差。在专业篇的最后，我们再特别讲一下套磁这个几乎人人都关心的问题。

（十九）套磁

套磁分为前期套磁和后期套磁两大部分。申请前的套磁就是前期套磁。申请秋季入学的学生，前期套磁最好能在暑期开始时进行，因为虽然一些导师这个时候在度假，但是还是有很多人留守在学校里，而这些留守在学校里的教授，这个时间又是最清闲的，有足够的时间去阅读邮件，这样机会就来了。而这个前期套磁的结果也会在一定程度上左右未来的学校选择。很简单，套得比较好的学校会加入到申请的名单里。后期套磁就是在申请结束后，或者申请过程中发生的套磁工作，这时的目的性很强了，就是在学校没有出结果的时候去争取学校的录取。而这个时候套磁的效果肯定不如前期套磁的效果好，这个时间段内，教授们都比较忙，回复邮件的频率也低了，但是作为最终一搏还是值得一试的。综上所述，套磁应该在申请前就开始，而且要持续到申请结果出来之前。

我们在此重点要讲的是前期的套磁。在整个套磁过程中，首先要强调的是态度问题。一定要遵循两个原则：礼貌和谦虚。当然，话说回来，做到这两点并不是说要把虚心变成乞求。虚心的人，人人都爱，可是做过了头，就会被嫌弃，所以要做到有礼有节，不卑不亢。

第二个要强调的是一个小细节：邮件的题目尽量不要用"来自于……学生"，而是写"关于……问题"，在邮件题目上就体现自己的专业度。

在内容上，我们要注意内容的入口点。很多人都不知道怎么开这个口。其实开口很容易，也不容易。容易的是，开口是从专业上开；不容易的是从专业上怎么开。这里有如下两点建议：

（1）看教授的论文，然后写一个总结，把自己的真实感想写出来。然后把写完的总结给自己学校专业知识和英语水平都比较高的老师看，让他提一些修改意见，根据老师的意见修改完后发给美国的教授。

(2) 呈送现阶段的实验报告。在做实验的过程当中，每天可能都会遇到新问题。在一段时间内把实验进展以及遇到的困难写在邮件里，或者和他讨论，或者告诉他你是怎么解决相关问题的。

以上两方面说起来虽然简单，但是做起来确实需要功底和能力，因为这在某种程度上是一份良好的 PS 的缩影。

在表述一些点的时候，我们的目的是要表现出在专业方面的兴趣和对于做研究的兴趣，但是我们不能只说我对该专业的兴趣和我对该方向研究的热爱如滚滚江水绵延不绝，就是说我们不能仅仅通过堆砌形容词来描述我们对专业和研究的兴趣。我们需要的是通过叙述专业来表现出兴趣，并以事实为依托，这样才能显示出自己的专业度。关于这点，我们在文书篇章部分也有大量的文字来说明。

另外，找一些和自己熟悉的老师或教授，如果他们有可能对你的申请有所帮助的话，建议请他们先发一封私人推荐信。请他们和那边的老师说："我这边有个学生比较不错，想学您那个方向的专业，能不能麻烦您有时间的时候看看他的情况介绍？"如果可能的话，可以让老师先把简历发过去。这样做的作用就是和那边的教授建立起有效的联系，也从一定程度上保证了回复率。如果有回复的话，就可以从自己的老师那里得到有用的信息，比如说意向学校和教授今年是否招人，要多少人，有什么要求等，这在一定程度上就套到了自己想要的信息。

要注意发信的频率。不要两三个月都不搭理人家了，突然发了一封信给他，这样做效果很不好。在频率上基本上最好保证一到两周联系一次。时间太短了没有什么东西可写；时间跨度太大的话，很有可能人家都忘了你是谁了，效果必然会大打折扣。所以要保持长久、持续的联系。让教授看到你真对他的研究感兴趣，这样才有可能打动他，让他决定招收你并提供奖学金。

切记不要用任何的模板。模板这个东西，现在在网上已经非常泛滥。可以说，你能找到的，其他人一样能找得到；你能发现的，其他人一样也能发现。而且你可以找模板来看一下，大家写的东西基本上都一样，一上来都是那一套。我们自己都看得恶心了，那边的教授呢？套磁本身就是自己推销自己的过程，怎么可能每个人推销得都和其他人一样呢？每个人都有自己不同的特点，我们在给自己做推销的时候当然要立足于自己的独特性。所以不要用模板，但凡有能力就一定要自己写。

套磁的时候一定要保持一个良好的心态，因为现在的套磁情况就是这样，发 100 封信，回的可能只有 10 封，有可能这 10 封回信里有 6 封以上讲的是套话，没有任何意义。所以一定要保持良好的心态，要有面对打击的能力。不能发了 10 封信，结果石沉大海，于是就对套磁丧失了信心。套磁就是这样，现在申请人的套磁信泛滥成灾，就好像垃圾邮件一样，对方不予回复是非常正常的。但是我们要知道，无论什么样的学校，只要套到了老师，结果是什么，大家都明白。往往笑到最后的那些人并不是那些所谓的"牛人"，而是那些真正的"牛人"和坚持到最后的人。

最后，我们要做一个有信誉的人。同一所学校不要同时套两位导师，除非已经被第一位老师拒绝。否则，就可能出现这样的尴尬场景：同时套了两位导师，都套到了，结果他们两人同时去拿学生的材料，还碰到了一起，结果可想而知，在这个学校的申请就此结束了。套磁是件严肃的事情，说得严重一点，它可以影响到自己的一辈子，所以在信誉方面还是要坚守住原则。

四、就业篇

在我们的一生中，最迷茫的是什么时期？有意出国读研的学生，无疑走进了这样的一个时期，或者至少，对身在其中的他们来说，这是最迷茫的时期之一。

出国读研的前途如何？是否有一个可以预见的未来？"就业"二字因此被提上了思考的日程。

在美国就业的可能性有多大？

在美国打拼出来一片天空，是否就是天方夜谭？

在美国留下还是回国发展？

上述问题的答案会在下文一一说明。下文将从两方面来回答上述问题：

■ 在美国就业
■ 归国就业

（一）在美国就业

1. 是否留美工作？

十之八九的学生在出国之前，都期望毕业后能留下来先工作一段时间，即使不打算在美国打拼出自己的天地，也会希望在美国先积累一定的工作经验。想知道抱有这种心态的学生所占的比例，问一下旁边出国圈的同学们便可窥见一斑。

结果显而易见，中国人口多的特点使得中国人的竞争场所转移到了美国。这就从一个方面回答了我们的下一个问题：在美国找工作是顺理成章还是难如登天？

2. 在美国找工作的难度？

破坏力强、波及范围广的经济危机使得在美就业显得更加僧多粥少，失业率的上升使得更多的美国本土人士加入到找工作的行列中，而与美国本土人竞争，赴美留学生凭的是什么？

近年来，美国"海归"是不是越来越多？随处可见的新闻都在向我们传递着这个信息，这从另一个方面替我们回答了问题。在美国待下去的不易迫使赴美留学生回国寻求突破。

那么美国的就业形势到底怎样呢？

3. 美国的就业形势？

在中国，本科毕业后找不到理想的工作，于是去读硕士增加自己的竞争力；谁想到硕士毕业后还是找不到理想的工作，然后又去读博士。

然而，我们必须要了解的一点是，这条法则在美国不适用，这种情况越来越普遍。美国总体上的就业，研究生是不如本科生的。在美国，本科毕业后基本上大部分的学生选择了就业。在美国只要你能表现出你的价值，那么你就可以被录用。而硕士或博士就业不如本科生的最重要一点是，大部分的工作并不需要技术含量那么高的人员去从事，仅仅有本科的知识就足以胜任。

另外，美国的教育体制在某种程度上决定了"研究生不如本科生好就业"这一现象。整体来说，美国的教育体制与我国有着很大的差别。在中国大部分的学校里，硕士生是通往博士道路的必经之路，甚至可以说，是阶梯性的，无法跨越的。而在美国，一个本科生可以直接去读博士（很多时候我们国内的学生管这个叫直博），可是虽然在直接读博士的过程当中，会与很多的硕士生一起修一些课，但本质上还是与国内所谓的直博有很大区别的。一般来说，美国硕士教育的定位是培养那些高级的技术型人才；而博士教育的定位是培养创造者，也就是说致力于做研究的人。所以，所谓的美国直博生省略了变成技术性人才的一环，在将来的就业中即使进入企业工作，多数能做的也是研究类的，而非技术性的工作。

例如，在 A 学校读本科的本科生和另一个在 B 学校读硕士的学生，同时去读 C 学校的 PhD，在理论上毕业时间是一样的，然而将来的就业面是不同的。了解了这一点，希望对正在纠结到底申请读博士还是硕士的学生有所启发。

从不同的教育目的来说，我们可以看出硕士毕业生就业的一些端倪。在大部分公司里，高级技术型人才（重点在高级两字）所占的员工比例比较低，所以在应聘相应职位时的机会也相应就少很多。而对于志在做研究的 PhD 来说，职位就少之更少了。所以在坊间一直流传着 PhD 找不到工作，这一现象的原因被我们找到了，因为真正需要 PhD 去应聘的职位太少了。

4. 在美国好就业的专业

一般来说，中国人容易在美就业的专业都是技术含量高的专业，比如说理工科或者数理含量比较高的其他专业。

为什么会这样呢？综观华人在北美的历史，最终能够立足的人，都是依托于自身的技术优势，并且从事一些美国人并不乐于从事的职业。简单点说，第一，立足于自身的技术；第二，为美国人所不为。

显然，大部分选择文科及商科的学生并不具备这两点优势。第一，文科和商科是美国人优势之所在。以商科为例，美国人那种外向的性格让他们在这个行业当中更容易立足。而中国人，哪怕性格再外向，放在美国人堆里也很难出类拔萃。文科类专业也是如此，比如说，作为中国人，你的母语不是英语，你要和美国人咬文嚼字，那需要多大的能耐啊。放眼望去，在中国的外国人越来越多，可是像大山这样能用中国话挣钱的有几个？第二，很多时候美国人是不愿意从事数理含量比较高的工作的，同时美国人也不愿意从事枯燥、重复的技术性工作。他们的特点和优势在于在技术领域里的创造性和想象力，而中国人的特长是方向明确之后的实施。这就是理工科学生尤其是工科学生更容易在美国就业的原因。

可是我们知道所申请专业并不是我们自己想怎么选就怎么选的，有很多的因素制约着我们的选择，其中影响最大的因素有三个：本科所学课程，相关背景（研究背景、社会活动、实习等），兴趣爱好。这三个因素直接导致我们很难在专业的选择上有突破性的改变。

5. 在夹缝中求生存

听起来，赴美留学生已经被逼到了绝境中，如何在绝境中寻求突破，在夹缝中求生存？是坐以待毙，还是奋起反抗？这个问题就摆到了面前。

（1）带薪实习机会的启示？

美国提供给学生的带薪实习的机会分为两种：CPT（Curricular Practical Training）和OPT（Optional Practical Training）。我们不能简单地把CPT看做是打工，它的本质是算学分的课程，并且有很多CPT会付工资；OPT则是毕业后的带薪实习。

然而，CPT给学生带来的价值很多时候并不是工资那么简单，很多同学通过CPT的机会最终拿到这个公司的OPT。而OPT是拿到工作签证（H1B）最重要的一步。

这个带薪实习的机会告诉了我们什么呢？第一，有意向在美国工作的学生，在选择学校的时候，这一点是一个很重要的参考因素，因为并不是所有学校都会开设这样的课程，比如说Boston College的Accounting就没有提供CPT的机会。第二，入学之后，如果有机会可以做CPT，那么毫不犹豫地抓住机会。

（2）就业的顺序

总体来说，毕业生可以直接申请H1B，也可以申请OPT，这两者之间没有明确的先后顺序。但是，H1B每年都有相应的配额，一般来说，每年大概有65 000个左右的名额，而申请者很多时候会达到18万～20万人。

所以，毫不夸张地说，取得H1B很多时候是靠"抽签"的，而并不是靠优秀程度。因为，并不是所有的公司都有资质帮你申请H1B。这点很好理解，就好像说在北京有的公司

237

能帮助你解决户口问题，有的公司不能。

在这种情况下，OPT 的价值就体现出来了，它能为毕业生拿到 H1B 提供多一些的机会。

（3）关于 OPT

OPT 对学生的价值不言而喻，不仅仅是取得 H1B 的重要通道，还是在美国积累工作经验的好途径。OPT 一般来说期限是 12 个月，也就是说，如果在这期间内，没有办法拿到 H1B，至少你还积累了一年的工作经验。

以南加州大学为例（如下图所示），学生在毕业前 90 天内即可去申请 OPT，但必须在毕业前三周确保 OIS（Office of International Office 国际学生办公室）收到申请。而 OPT 开始的时间一般是在毕业后 60 天内。请注意，对于同一名学生来说，每个 Degree Level（学位等级）只有一次 OPT 的机会。换句话说，如果你在美国先读了一个 master，然后申请了 OPT，那么在 OPT 结束后你又读了一个 master，那么你就不能再申请 OPT 了。而如果这个时候你选择继续读 PhD，那么在 PhD 结束后你还可以继续申请 OPT。

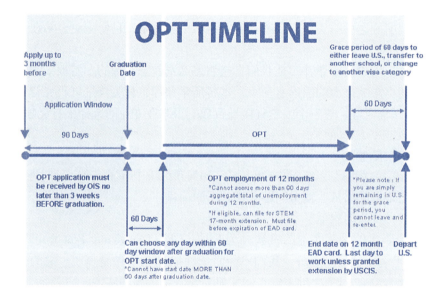

如上我们所说的 OPT 时长仅仅是对于普通专业的学生而言，对于 STEM（science, technology, engineering, mathematic）专业（STEM 列表附后）的学生来说，顺利找到 OPT 的工作，就可以申请把 OPT 延长至 29 个月，所以 STEM 学生能有两年拿 H1B 的机会。这样就大大增加了拿到 H1B 的机会。从这点也可以印证我们上面所说的在就业方面理工科更有优势的观点，这也说明美国政府其实也是欢迎有技术能力的外国人在美国工作的。另一方面也可以说，美国政府也在保护本土人的就业环境。

（4）地理位置的选择

为了在夹缝中生存，需要提前做好各种准备。于是有的学生说，在选择学校的时候，选择一个偏僻的地方吧，选择一个中国人少的地方吧，这会有利于未来的就业，因为中国人多的地方竞争压力大。这样的想法对吗？肯定是不完全对的！从某种程度上来说，其实越是中国人多的地方才好。为什么？试想一下，如果一个地方中国人很少，或者说外国人很少，那么他们看待外国人的眼光是怎样的呢？虽然可能谈不上种族歧视，但是他们毕竟是不了解外国人的，不知道外国人的能力是怎样的，不知道外国人的思维方式是怎样的，所以肯定在使用外国雇员的时候会更谨慎。而反观中国人多的地区，外国人多的地区，那边的雇主对外国人很熟悉，对外国人没有太多的疑虑，所以在雇用外国人的时候，就和雇用本土人一样自然。

同样，在外国人多的地方，公司在帮助外国人处理签证问题的时候会有更多的经验。比如说，他们更清楚如何申请 H1B 的签证，他们更清楚如何处理 OPT，他们会有经验很丰富的律师帮助他们的雇员去处理签证事宜，在客观上签证的通过概率也就越大。

在这些国际学生非常多的学校里，通常会有很多的交流活动，从中不难获得那些你的师哥师姐找到工作之后的经验分享，观察他们是如何运用自己的优势在美国立足。而一般这些学校的中国学生会人数众多，资源丰富。反观那些中国学生少的地方，本身就那么几个人，还有什么可分享的呢？还有什么资源呢？

国际学生多的地方，通常都是那种比较发达的地区，而国际学生少的地方通常都是那种欠发达地区。而在做 OPT、申请 H1B 的时候，不同的公司拿到的名额是不太一样的。也就是说，有的公司是要高于 30% 这种平均水准的。比如说 Oracle，H1B 的通过率就超过平均水准一倍左右。与此相反，肯定有大量公司 H1B 的通过率在平均水准以下，而且 Oracle 这样的公司也不会开在特别偏僻的地方。同样地，大公司里的绝对名额也比小公司多很多。比如说，Microsoft 一年有 2 500 个左右的 H1B 签证的持有者。

通过以上的对比，我们知道，无论什么专业，总体上在美国就业的难度之大，应该是出乎我们大部分人的想象的。除此之外，尽管在美国的工作机会可能更多一些，但是工作签证却又是难以拿到的，这就为在美就业增加了双重难度。

去美国读书，是家长用金钱为孩子堆砌出来的机会，而能不能利用这个机会向前进步，则掌握在每个留学生的手中。即使这么艰难，依然有大批的学生在美国就业了，他们凭借的是什么呢？并不是运气之类的虚幻看不见的东西，而是比别人更多的努力！

STEM 专业如下：

Agroecology and Sustainable Agriculture

Animal Sciences, General

Agricultural Animal Breeding

Animal Health

Animal Nutrition

Dairy Science

Livestock Management

Poultry Science

Animal Sciences, Other

Food Science

Food Technology and Processing

Food Science and Technology, Other

Plant Sciences, General

Agronomy and Crop Science

Horticultural Science

Agricultural and Horticultural Plant Breeding

Plant Protection and Integrated Pest Management

Range Science and Management

Plant Sciences, Other

Soil Science and Agronomy, General

Soil Chemistry and Physics

Soil Microbiology

Soil Sciences, Other

Natural Resources/Conservation, General

Environmental Studies

Environmental Science

Natural Resources Conservation and Research, Other

Water, Wetlands, and Marine Resources Management

Forest Sciences and Biology

Urban Forestry

Wood Science and Wood Products/Pulp and Paper Technology

Wildlife, Fish and Wildlands Science and Management

Architectural and Building Sciences/Technology

Digital Communication and Media/Multimedia

Animation, Interactive Technology, Video Graphics and Special Effects

Computer and Information Sciences, General

Artificial Intelligence

Information Technology

Informatics

Computer and Information Sciences, Other

Computer Programming/Programmer, General

Computer Programming, Specific Applications

Computer Programming, Vendor/Product Certification

Computer Programming, Other

Data Processing and Data Processing Technology/Technician

Information Science/Studies

Computer Systems Analysis/Analyst

Computer Science

Web Page, Digital/Multimedia and Information Resources Design

Data Modeling/Warehousing and Database Administration

Computer Graphics

Modeling, Virtual Environments and Simulation

Computer Software and Media Applications, Other

Computer Systems Networking and Telecommunications

Network and System Administration/Administrator

System, Networking, and LAN/WAN Management/Manager

Computer and Information Systems Security/Information Assurance

Web/Multimedia Management and Webmaster

Information Technology Project Management

Computer Support Specialist

Computer/Information Technology Services Administration and Management, Other

Educational/Instructional Technology

Educational Evaluation and Research

Educational Statistics and Research Methods

Engineering, General

Pre-Engineering

Aerospace, Aeronautical and Astronautical/Space Engineering

Agricultural Engineering

Architectural Engineering

Bioengineering and Biomedical Engineering

Ceramic Sciences and Engineering

Chemical Engineering

Chemical and Biomolecular Engineering

Chemical Engineering, Other

Civil Engineering, General

Geotechnical and Geoenvironmental Engineering

Structural Engineering

Transportation and Highway Engineering

Water Resources Engineering

Civil Engineering, Other

Computer Engineering, General

Computer Hardware Engineering

Computer Software Engineering

Computer Engineering, Other

Electrical and Electronics Engineering

Laser and Optical Engineering

Telecommunications Engineering

Electrical, Electronics and Communications Engineering, Other

Engineering Mechanics

Engineering Physics/Applied Physics

Engineering Science

Environmental/Environmental Health Engineering

Materials Engineering

Mechanical Engineering

Metallurgical Engineering

Mining and Mineral Engineering

Naval Architecture and Marine Engineering

Nuclear Engineering

Ocean Engineering

Petroleum Engineering

Systems Engineering

Textile Sciences and Engineering

Polymer/Plastics Engineering

Construction Engineering

Forest Engineering

Industrial Engineering

Manufacturing Engineering

Operations Research

Surveying Engineering

Geological/Geophysical Engineering

Paper Science and Engineering

Electromechanical Engineering

Mechatronics, Robotics, and Automation Engineering

Biochemical Engineering

Engineering Chemistry

Biological/Biosystems Engineering

Engineering, Other

Engineering Technology, General

Architectural Engineering Technology/Technician

Civil Engineering Technology/Technician

Electrical, Electronic and Communications Engineering
Technology/Technician

Laser and Optical Technology/Technician

Telecommunications Technology/Technician

Integrated Circuit Design

Electrical and Electronic Engineering Technologies/Technicians, Other

Biomedical Technology/Technician

Electromechanical Technology/Electromechanical Engineering Technology

Instrumentation Technology/Technician

Robotics Technology/Technician

Automation Engineer Technology/Technician

Electromechanical and Instrumentation and Maintenance Technologies/Technicians, Other

Heating, Ventilation, Air Conditioning and Refrigeration Engineering Technology/Technician

Energy Management and Systems Technology/Technician

Solar Energy Technology/Technician

Water Quality and Wastewater Treatment Management and Recycling Technology/Technician

Environmental Engineering Technology/Environmental Technology

Hazardous Materials Management and Waste Technology/Technician

Environmental Control Technologies/Technicians, Other

Plastics and Polymer Engineering Technology/Technician

Metallurgical Technology/Technician

Industrial Technology/Technician

Manufacturing Engineering Technology/Technician

Welding Engineering Technology/Technician

Chemical Engineering Technology/Technician

Semiconductor Manufacturing Technology

Industrial Production Technologies/Technicians, Other

Occupational Safety and Health Technology/Technician

Quality Control Technology/Technician

Industrial Safety Technology/Technician

Hazardous Materials Information Systems Technology/Technician

Quality Control and Safety Technologies/Technicians, Other

Aeronautical/Aerospace Engineering Technology/Technician

Automotive Engineering Technology/Technician

Mechanical Engineering/Mechanical Technology/Technician

Mechanical Engineering Related Technologies/Technicians, Other

Mining Technology/Technician

Petroleum Technology/Technician

Mining and Petroleum Technologies/Technicians, Other

Construction Engineering Technology/Technician

Surveying Technology/Surveying

Hydraulics and Fluid Power Technology/Technician

Engineering-Related Technologies, Other

Computer Engineering Technology/Technician

Computer Technology/Computer Systems Technology

Computer Hardware Technology/Technician

Computer Software Technology/Technician

Computer Engineering Technologies/Technicians, Other

Drafting and Design Technology/Technician, General

CAD/CADD Drafting and/or Design Technology/Technician

Architectural Drafting and Architectural CAD/CADD

Civil Drafting and Civil Engineering CAD/CADD

Electrical/Electronics Drafting and Electrical/Electronics CAD/CADD

Mechanical Drafting and Mechanical Drafting CAD/CADD

Drafting/Design Engineering Technologies/Technicians, Other

Nuclear Engineering Technology/Technician

Engineering/Industrial Management

Engineering Design

Packaging Science

Engineering-Related Fields, Other

Nanotechnology

Engineering Technologies and Engineering-Related Fields, Other

Biology/Biological Sciences, General

Biomedical Sciences, General

Biochemistry

Biophysics

Molecular Biology

Molecular Biochemistry

Molecular Biophysics

Structural Biology

Photobiology

Radiation Biology/Radiobiology

Biochemistry and Molecular Biology

Biochemistry, Biophysics and Molecular Biology, Other

Botany/Plant Biology

Plant Pathology/Phytopathology

Plant Physiology

Plant Molecular Biology

Botany/Plant Biology, Other

Cell/Cellular Biology and Histology

Anatomy

Developmental Biology and Embryology

Cell/Cellular and Molecular Biology

Cell Biology and Anatomy

Cell/Cellular Biology and Anatomical Sciences, Other

Microbiology, General

Medical Microbiology and Bacteriology

Virology

Parasitology

Mycology

Immunology

Microbiology and Immunology

Microbiological Sciences and Immunology, Other

Zoology/Animal Biology

Entomology

Animal Physiology

Animal Behavior and Ethology

Wildlife Biology

Zoology/Animal Biology, Other

Genetics, General

Molecular Genetics

Microbial and Eukaryotic Genetics

Animal Genetics

Plant Genetics

Human/Medical Genetics

Genome Sciences/Genomics

Genetics, Other

Physiology, General

Molecular Physiology

Cell Physiology

Endocrinology

Reproductive Biology

Cardiovascular Science

Exercise Physiology

Vision Science/Physiological Optics

Pathology/Experimental Pathology

Oncology and Cancer Biology

Aerospace Physiology and Medicine

Physiology, Pathology, and Related Sciences, Other

Pharmacology

Molecular Pharmacology

Neuropharmacology

Toxicology

Molecular Toxicology

Environmental Toxicology

Pharmacology and Toxicology

Pharmacology and Toxicology, Other

Biometry/Biometrics

Biostatistics

Bioinformatics

Computational Biology

Biomathematics, Bioinformatics, and Computational Biology, Other

Biotechnology

Ecology

Marine Biology and Biological Oceanography

Evolutionary Biology

Aquatic Biology/Limnology

Environmental Biology

Population Biology

Conservation Biology

Systematic Biology/Biological Systematics

Epidemiology

Ecology and Evolutionary Biology

Ecology, Evolution, Systematics and Population Biology, Other

Molecular Medicine

Neuroscience

Neuroanatomy

Neurobiology and Anatomy

Neurobiology and Behavior

Neurobiology and Neurosciences, Other

Biological and Biomedical Sciences, Other

Mathematics, General

Algebra and Number Theory

Analysis and Functional Analysis

Geometry/Geometric Analysis

Topology and Foundations

Mathematics, Other

Applied Mathematics, General

Computational Mathematics

Computational and Applied Mathematics

Financial Mathematics

Mathematical Biology

Applied Mathematics, Other

Statistics, General

Mathematical Statistics and Probability

Mathematics and Statistics

Statistics, Other

Mathematics and Statistics, Other

Air Science/Airpower Studies

Air and Space Operational Art and Science

Naval Science and Operational Studies

Intelligence, General

Strategic Intelligence

Signal/Geospatial Intelligence

Command & Control (C3, C4I) Systems and Operations

Information Operations/Joint Information Operations

Information/Psychological Warfare and Military Media Relations

Cyber/Electronic Operations and Warfare

Intelligence, Command Control and Information Operations, Other

Combat Systems Engineering

Directed Energy Systems

Engineering Acoustics

Low-Observables and Stealth Technology

Space Systems Operations

Operational Oceanography

Undersea Warfare

Military Applied Sciences, Other

Aerospace Ground Equipment Technology

Air and Space Operations Technology

Aircraft Armament Systems Technology

Explosive Ordinance/Bomb Disposal

Joint Command/Task Force (C3, C4I) Systems

Military Information Systems Technology

Missile and Space Systems Technology

Munitions Systems/Ordinance Technology

Radar Communications and Systems Technology

Military Systems and Maintenance Technology, Other

Military Technologies and Applied Sciences, Other

Biological and Physical Sciences

Systems Science and Theory

Mathematics and Computer Science

Biopsychology

Behavioral Sciences

Natural Sciences

Nutrition Sciences

Cognitive Science

Human Biology

Computational Science

Human Computer Interaction

Marine Sciences

Sustainability Studies

Physical Sciences

Astronomy

Astrophysics

Planetary Astronomy and Science

Astronomy and Astrophysics, Other

Atmospheric Sciences and Meteorology, General

Atmospheric Chemistry and Climatology

Atmospheric Physics and Dynamics

Meteorology

Atmospheric Sciences and Meteorology, Other

Chemistry, General

Analytical Chemistry

Inorganic Chemistry

Organic Chemistry

Physical Chemistry

Polymer Chemistry

Chemical Physics

Environmental Chemistry

Forensic Chemistry

Theoretical Chemistry

Chemistry, Other

Geology/Earth Science, General

Geochemistry

Geophysics and Seismology

Paleontology

Hydrology and Water Resources Science

Geochemistry and Petrology

Oceanography, Chemical and Physical

Geological and Earth Sciences/Geosciences, Other

Physics, General

Atomic/Molecular Physics

Elementary Particle Physics

Plasma and High-Temperature Physics

Nuclear Physics

Optics/Optical Sciences

Condensed Matter and Materials Physics

Acoustics

Theoretical and Mathematical Physics

Physics, Other

Materials Science

Materials Chemistry

Materials Sciences, Other

Physical Sciences, Other

Science Technologies/Technicians, General

Biology Technician/Biotechnology Laboratory Technician

Industrial Radiologic Technology/Technician

Nuclear/Nuclear Power Technology/Technician

Nuclear and Industrial Radiologic Technologies/Technicians, Other

Chemical Technology/Technician

Chemical Process Technology

Physical Science Technologies/Technicians, Other

Science Technologies/Technicians, Other

Cognitive Psychology and Psycholinguistics

Comparative Psychology

Developmental and Child Psychology

Experimental Psychology

Personality Psychology

Physiological Psychology/Psychobiology

Social Psychology

Psychometrics and Quantitative Psychology

Psychopharmacology

Research and Experimental Psychology, Other

Forensic Science and Technology

Cyber/Computer Forensics and Counterterrorism

Archeology

Econometrics and Quantitative Economics

Geographic Information Science and Cartography

Aeronautics/Aviation/Aerospace Science and Technology, General

Cytotechnology/Cytotechnologist

Clinical Laboratory Science/Medical Technology/Technologist

Medical Scientist

Pharmaceutics and Drug Design

Medicinal and Pharmaceutical Chemistry

Natural Products Chemistry and Pharmacognosy

Clinical and Industrial Drug Development

Pharmacoeconomics/Pharmaceutical Economics

Industrial and Physical Pharmacy and Cosmetic Sciences

Pharmaceutical Sciences

Environmental Health

Health/Medical Physics

Veterinary Anatomy

Veterinary Physiology

Veterinary Microbiology and Immunobiology

Veterinary Pathology and Pathobiology

Veterinary Toxicology and Pharmacology

Veterinary Preventive Medicine Epidemiology and Public Health

Veterinary Infectious Diseases

Medical Informatics

Management Science

Business Statistics

Actuarial Science

Management Science and Quantitative Methods, Other

（二）归国后的就业情况

　　要说起"海归"们的就业情况，则不可避免地需要做一些比较，这样才能看出其中的端倪来。下表是一组留学生的就业统计。

毕业生	国家或地区	专业	学位	毕业后一年内薪水或就业单位	就业领域是否本专业	其他
A	美国	本科：生物 硕士：计算机	学士+硕士	美国微软	是	本硕都在美国读书
B	美国	**MIS** 管理信息系统	硕士	年薪10万美元/美国瑞银	是	持有**Permanent Resident Card**（永久居民卡）
C	美国	**Computer Science**计算机科学	硕士	月薪**10 000 RMB**/**IBM**	是	/
D	美国	生物	硕士	月薪**5 000 RMB**	否	硕博连读，硕士毕业后归国
E	美国	生物	硕士	月薪**20 000 RMB**	否	硕博连读，硕士毕业后归国
F	美国	会计	硕士	月薪**8 000 RMB**	是	/
G	英国	化学	硕士	月薪**5 000 RMB**	否	/
H	英国	植物学	硕士	月薪**4 000 RMB**	否	/
I	英国	植物学	硕士	月薪**10 000 RMB**	否	/
J	新加坡+英国	本科：计算机 硕士：商科	学士+硕士	中国工商银行，月薪不确定	是	/
K	英国	本科：机械工程 硕士：车辆工程	学士+硕士	年薪20万 **RMB**/大众	是	/
L	英国	教育管理	硕士	年薪20万**RMB**	否	/
M	澳大利亚	市场	学士	月薪**6 000 RMB**	否	/
N	澳大利亚	机械工程	硕士	月薪**8 000RMB**	否	/
O	新加坡	计算机	学士	年薪17万 **RMB**	否	/
P	新加坡	计算机	学士	自己创业	否	/
Q	新加坡	计算机	学士	年薪17万 **RMB**	否	/
R	法国	医学	硕士	年薪9万 **RMB**	否	/
S	新西兰	商科	学士	家族企业	是	/
T	新西兰	专业不明	学士	2年后辍学	/	/
U	美国	商科	学士	1年后被退学	/	/
V	中国香港	商科	学士	家族企业	是	/

在对赴美读研究生的另外100人的随机访谈中（多为理工科学生），
仅有大约3%的学生归国就业；
大约有超过80%的学生选择继续在美国读博士；
至少1%的女生选择嫁给美国人留在美国

以上是我们随机抽取的一组留学生的就业统计情况，虽然未必权威，但是因为是随机抽取，也大抵可以看出就业的一些形势：

第一，美国研究生"海归"与其他国家研究生"海归"对比：留学美国的学生归国起薪和后继的薪水相对胜出。

第二，对学历的重视：研究生归国后的薪水普遍高于本科毕业生。

第三，从事本专业与完全抛弃原有专业的对比：在随机抽取的前 22 名学生中，完全抛弃原有的专业与依然从事本专业职业的比例大概为 3∶2。也就是说，有半数以上的学生所从事的职业与自己所学习的专业完全背离了。

第四，能在美国留下的学生有一定的客观因素，而并不完全是主观努力可以达到。例如那名持有美国永久居民卡的学生，可以在美国就业，且薪水那么高，很大程度是取决于他特殊的身份。这个现象并不存在公平与否之说，对于很多公司来说，如果学生本身没有绿卡，直接就把学生否了，并非因为歧视，多数是因为公司本身没有办法和能力帮学生办理工作签证。

这样看来，尽管大批的中国留学生在美国无法找到工作，极其不受待见，可是回到祖国的怀抱，还是有着可以预见的光明前程的。当然，也同时被卷入了中国的潮流中，例如对于学历和经验的重视有时候超过了对个人能力的重视，或者说对于表象的重视有时候超过了对于本质的重视。可是，有哪个用人单位那么百分百肯定他们自己的看人水准？仅通过面试、笔试短短的几小时就决定录用一个人，这本身就是一种冒险。而但凡管理不错的公司，在录用一个人之后会用最短的时间判断出是否通过试用考察，如果最初录用时没有判断准确应聘者是否合格，那么在入职后的一个月内，足以判断出来。这期间，个人能力就慢慢凸显出来或者暗淡下去了。所以，无论从哪个角度衡量，因为一个人的个人能力才录用他是理智的选择，也是多数公司理性的选择。既然公司在录用人的时候已经慢慢回归理性，作为相对处于弱势地位的应聘者的毕业生们，也必须回归理性。自己在名校就读过，这不是优势；自己是硕士甚至博士，这也不是优势；自己有相关的经验，这同样不是最大的优势……你最大的优势，就是你的能力，可以为公司的现在和将来创造比他人更多价值的能力。而这个能力，只要努力了，就一定会具备。

我们在前面的专业篇章有许多针对各专业的就业分析，尤其是在介绍理工科的三大专业时，我们按照美国劳工部的统计做了分析。如果更多的申请者希望看到数字性的分析，可以登录到美国劳工部网站来查询更详细的数字。就像在开篇所说的，我们希望将方法列出，期待广大的申请者能根据我们所说的方法多做研究，多做调研，多充实自己。

五、签证篇^①

　　进入到签证环节写作的时候正是 7 月底，多数学生已经顺利拿到签证，然而就在刚才，有个 DIY 的不认识的学生在邮件里跟我抱怨："DS160 表格我从昨晚三点填到了现在，七个小时了，还没搞定，崩溃了！而且怎么现在预约签证变政策了？"我安抚她：淡定淡定。然后心想：要怎样才能让每一个孩子顺顺利利地完成签证环节？漫漫征途已经快到终点了，我们翘起脚来，都已几乎能看到终点的绚烂，所以万不能在这里跌倒。

　　签证有许多不确定的变数，比如，极有可能你排队排了两个小时，终于轮到你面签了，签证官突然肚子痛因此心情糟糕，于是就把你当做了出气筒，拒绝了你的申请；比如，你在各大论坛终于搞明白了签证的流程后，打算去预约签证，可是使馆居然出台了什么新政策；再比如，他们居然怀疑你的存款证明是假的而不停地再检查；又甚至，明明面签的时候说是通过了，祝贺你，回来后却迟迟没收到护照，后来一查变成了被行政申查……在这么多变数面前，以下的两点准备是要做好的：

　　一是，调整好心态：留学申请一路走来，像极了过山车，期待的心情、忐忑的心情、沮丧的心情、兴奋的心情等，几乎都要在这一年多的时间里全部经历。既然已经在前面经历了大起大落，大喜大悲，那么到了签证这个环节，一定要保持淡定的心态，一切以平常心对待。良好的心态可以帮助你在申请签证这个环节更顺利。

　　二是，保持诚实的态度："做贼心虚"，"平时不做亏心事，半夜不怕鬼叫门"，这些至理名言都在启发我们要说实话，不撒谎。而且从心理学家的角度来看，人在撒谎的时候眼睛会不敢直视对方（尽管许多羞涩者即使不撒谎也不敢直视签证官）。这些都说明了申请签证时，一切都要真实。如果签证申请中一旦被发现了虚假材料或虚假言论，那么后果基本只有一个，就是被无限多次地拒签下去。所以，有些话不问可以不说，但是一旦被问到了，则一定要说实话；有些材料不是必须提供的可以不提供，但是一旦提供了，就一定是真实的。做到了真实，在面签时就能底气十足不露怯。

　　以下我们从九个方面对赴美留学签证抽丝剥茧，一一说明。

（一）赴美留学签证类型

　　赴美人员的签证类型繁多，其中赴美留学读研究生者申请的签证类型是 F-1 签证（学生签证）。

---

① 为了保证信息的精确性，很多签证信息是从美国驻华大使馆的网站上原文摘取，但是因为签证政策的变化性，强烈建议学生和家长在准备签证时参考美国驻华大使馆网站最新介绍。由于签证信息的通用性，本篇章许多内容是引用了《去美国读本科》签证阶段的文字。

（二）签证的时间

每个学生签证的时间都是根据学校录取情况和材料准备进度来单独安排的，确定好要去的美国学校并取得 I-20 表的学生在所有签证材料准备好了之后就可以准备签证了。

在 I-20 表格上会有一个学生的最晚入境时间，从这个入境时间往前推 120 天，就是可以最早签证的时间；往前推 30 天，就是可以最早入境的时间。对于秋季入学的学生来说，签证的时间多集中在 5 月份到 8 月份。

（三）签证的方式

美国签证要学生本人到大使馆面签（续签除外，后文有详细说明），他人不能代替。大多数情况下，签证官与学生的面谈只有 1 ～ 3 分钟，签证官的权力很大，是否给予签证的决定在这几分钟就当场做出。学生去签证的当日，按照约定的时间到使馆进行面谈。陪同的人员不能进入签证大厅。

（四）签证准备的步骤和所需材料

赴美学生签证所需的材料以及要求会不定期地发生变化，所以切记的一点是最新的要求一定要参考美国驻华大使馆网站。而通常来说不变的基本上包括如下这些步骤：

1. 准备符合要求的照片

（1）彩色照片。

（2）整个照片尺寸：5 厘米 ×5 厘米。

（3）取景框里包括完整的正面面部，保持双眼睁开。头部位于取景框内的中央位置。

（4）照片包含从头顶到下巴的完整头部，头顶到下巴的高度须占整个照片高度的 50% 到 70%。

（5）从照片底部至眼睛水平线的高度须占整个照片高度的 55% 到 70%。

（6）拍照时应以纯白或灰白色为背景。

（7）调整拍照对象的位置并调好光，确保面部或背景不会出现阴影。

（8）眼镜：拍摄时可以戴眼镜，但镜片不得有颜色，不得因闪光、阴影或边框 / 镜架使眼睛模糊不清。通常稍稍抬头或低头可以避免镜片上出现反光。

（9）装饰物：不得戴太阳镜或其他物品遮挡面部。

2. 在线填写 DS-160 签证申请表

3. 支付签证申请费

美国驻外使领馆签发的大部分非外交签证及非公务签证都要求申请人交纳签证申请费以弥补签证制作、处理和印刷过程中产生的费用。

签证申请费数额：美国非移民签证申请费是 160 美元，合计人民币会根据最新的汇率来调整。

签证申请费交纳方式：申请人可以选择使用任何在中国发行的借记卡在线支付。申请人也可以在任何一台中信自动取款机上用银联 ATM 卡或在任何中信银行分支机构使用现金支付。

我们分别来讲一下这三种支付方法。

（1）在线支付

非移民签证申请费最方便的付款方式是用中国本地银行发行的借记卡在网上支付。该系统不接受信用卡。登录到个人资料即可通过借记卡支付，登录链接详见美国驻华大使馆网站。支付流程完成后，就可以安排预约面谈时间。另外，该付款方式需要支付 0.3% 的服务费。

（2）在中信银行柜台办理现金支付

去银行之前，必须登录预约网站个人资料页面，打印相应的美国签证收费单。支付签证费时，需要携带护照和打印的签证付款单。支付流程完成后，需要打印收据编号并妥善保管。一旦丢失，将无法补换。如不提供收据编号，也无法进行预约。

（3）自动柜员机支付

申请者可在中国境内有中信银行徽标的任意自动柜员机上交纳非移民签证申请费。在交纳费用之前，请首先登录美国驻华大使馆的在线系统创建个人资料，并打印自动柜员机的交易单号。使用自动柜员机时，需输入支付卡信息、自动柜员机交易单号，并从菜单中选择"缴费"(Fee Payment) 选项。选中此项后，应选择"美国签证费用"(US Visa Fee) 作为支付选项，然后根据提示选择签证类型。支付完成后，系统将打印一张包含"签证费收据"的单据，请妥善保管，以便通过在线系统或预约中心安排预约。

签证申请费交纳注意事项：

无论签证签发与否，签证申请费都无法退款。那些已经交纳签证申请费而又没有在一年内递交签证申请的人也不能得到退款；签证被拒签者下次签证需要重新缴纳签证费；签证到期进行续签时依然需要重新缴纳签证费。

4. 预约签证面谈时间

大部分第一次申请签证的申请人都必须提前预约签证面谈时间。通常秋季入学学生申请签证时属于高峰期，可以提前三个月预约。交纳完签证费并填写完 DS160 表后，申请人可以使用在线系统进行签证面谈预约，或者致电预约中心进行预约。

5. 准备签证申请所需材料（同时也是面谈时需要携带的材料）
（1）支持性文件

① DS-160 表格确认页。

② 于六个月内拍摄的 5 厘米 ×5 厘米正方形白色背景的彩色正面照一张。请用透明胶带将您的照片贴在护照封面上，并准备好电子版照片上传到 DS-160 表格。

③ 有效护照。护照有效期必须比你计划在美停留时间至少长出六个月。

④ 含有以前赴美签证的护照，包括已失效的护照。

⑤ SEVIS（学生和交流访问学者信息系统）费收据：大多数 F-1 类签证的申请人现在

必须支付维护学生和交流访问学者信息系统（SEVIS）的费用。关于如何交纳该费用，每个学校的录取包裹里面都有说明。交费网址：https://www.fmjfee.com。有四个注意事项：

- 该费用必须有 I-20 表格才能交纳。
- 需要用到申请时用的信用卡。
- 该费用交纳完成后一定要将收据保存到自己的电脑上，并且打印出来，面签时需要出具。续签时也最好再次出具。
- 如果没有在电脑里保存，或者找不到电脑里的存档，也不要着急，可以进入到原来的网址：https://www.fmjfee.com，然后点击 Check Status，将 I-20 表格上的信息再录入一遍即可取得当时的收据。

⑥ 英文简历。

⑦ 英文的学习计划（Study Plan），尤其对于签证被 check 的学生，一份有说服力的学习计划和职业计划可以帮助你更顺利地拿到签证。

⑧ 户口簿：需要证明资助人与申请者的关系，例如父亲或母亲，需要申请者与资助人在同一个户口簿上。如果不是，则需要准备说明文件并在面签时准备向签证官解释（如若被问到）。

⑨ 托福或雅思成绩单，可以提供网络打印版。

⑩ GRE/GMAT 成绩单，可以提供网络打印版。

（2）与赴美学校相关的文件

① 录取信。

② I-20 表格：学生本人要签字，18 岁以下一方家长签字。在 I-20 表上签字这项原本看起来简单到不能再简单的工作却屡屡出现问题，手上有 I-20 表的学生可以仔细看一下自己的表格，在第一页的下面是有两行横线供你签字的。但是一定仔细看清楚了，到底哪里才是供你签字的地方。I-20 表是比你的录取信更重要的一个文件，是不允许涂改的，所以一定不能签错地方。而至于你签字签成什么样子，中文还是拼音都是可以的。如果签错了，就只能再向学校索取了。

（3）与国内就读大学 / 毕业大学相关的文件

① 成绩单。

② 毕业证 / 在读证明。

（4）与钱相关的文件

① 资金证明：证明你有能力无需工作即可支付整个在美停留期间的费用，也就是要尽量满足自己在美读书期间（一到两年）的所有的费用。具体的费用清单在学生收到的 I-20 表格上面都会清楚地列明。

② 父母工作收入证明，金额如实开具。

③ 如果资金证明和工作收入证明的金额不能确保上学期间的费用，可以携带房产证一到两个。

（五）签证官要考虑的三个基本问题

1. 你是一个真心想去美国读书的学生吗？

你的 Study Plan（学习计划）是否足以说明你去美国的目的是否单纯：为了表明自己是真心想去美国读书的学生，你可以写一个自己的学习计划。这个学习计划要包括你为什么要去美国、去哪个学校读书、为什么去这个学校读书、读什么专业、为什么读这个专业、读完后的目标又是什么等问题。

要做一个有思想的学生。在这个时候要去研究一下你即将去学习的这个学校，你即将选择的这个专业。有什么吸引你的，要学习的是什么，有什么是可以为你将来的职业目标奠定基础的，所有的这一切都需要你去研究学校网站所提供的信息。尝试着先来说服自己，当你将自己说服了后，再去说服签证官，这样大家才会相信你是名真心想去美国读书的学生。

2. 你有钱付学费吗？

申请人必须对自己父母从事的职业和经济收入有真实的了解，能够对签证官说明家里为自己准备的供读书用的存款数额，并且能够清楚地了解父母的收入情况。在向签证官说明的时候要带着感激和幸运的口吻，让签证官觉得你不是一个被父母宠坏的孩子，而是一名成熟的学生。

3. 你去美国有没有带着移民倾向？

你去美国仅仅是去读书而不是去工作吗？在你学业完成后能马上离开美国吗？签证官并不一定非要得到一个十分确切的答案，要看的是你是否认真考虑了这一问题。完成学业后你打算做什么？你的事业蓝图是什么？这一计划为什么在中国的现实背景下更容易实现？如果你能解释清楚所学内容今后在中国如何有用，那将有助于你顺利获得签证。

签证官要看的另一方面是你在国内的现状：你的家庭成员都有谁？父母做什么工作？他们在政府机关、工商企业、教育界所任的职务在你回国后是否对你有帮助？如果你的家庭现在就能供你去美国上大学，父母在国内事业开展得不错，签证官也就容易相信你回国后事业也能有成。

（六）美国签证的核心问题

1. 为什么去美国？

结合自己的实际情况来说明，比如你父母是公司或企业的高级管理人员，去过美国，他们认为国际教育是最好的选择。再例如，你本人去过美国，自己对美国的了解使得今天选择出国深造。又或者，你有同学在美国读书，他们对于美国教育的介绍让你做了这个决定。再或者，你所申请的专业在美国发展得更完善。而如果自身没有任何相关的经历，那么可就美国的教育和对你自身的发展来说明，即说明去美国读书如何能为你将来的学习目标和职业目标提供帮助。

2. 为什么选择这所大学？

要提前访问学校和院系的网站做详细充分的了解，你一定要能够具体地说出学校吸引你的地方，一般提出两到三个理由，尽量少谈排名，最好能够举出专业上的理由。比如你可以说学校提供的某个实习机会可以将你所学应用到实际生活中，学校的某个组织可以锻炼你的领导能力和组织能力等。这个问题的最佳回答是双向选择，即你想成为什么样的人，而这个学校正好可以培养你成为这种人；你希望选择的是什么类型的学校，而这个学校正好符合你的标准，不是单纯因为学校好所以你才选择它，而是因为学校能让你变得更好所以你才选择它。

3. 为什么学习这个专业？

在申请阶段，这个问题是经常被问到的，回答起来基本分三个方面：一是你的兴趣所在，二是你的优势所在，三是取决于你的职业规划。对每个方面做详细说明，明确阐述将来有什么职业目标或者是近几年内读完书想做什么。不能只是简单说将来毕业了就要回来，而是要具体地说回来后如何实现你的职业计划。

4. 父母是做什么的？父母的收入情况如何？

父母的工作、职业和年收入状况按工作收入证明上写的阐述就可以。说明这些情况时，一定要强调父母已有的存款和存款的存期，可以说明出国留学的计划是一年以前（或更长时间）就开始准备的，目前已经有足够的资金准备。

5. 你还申请了哪些国家的哪些大学？录取情况如何？

熟记申请的每所大学的全称和每所学校的录取情况。如果申请了太多学校，比如申请了 15 所学校，也可以有选择性地选择几所来说明。

（七）签证可能出现的五种结果

1. 顺利通过：使馆留下护照，其他所有资料带回。

2. 没有通过：听清理由，也有可能没给理由。除签证申请表和签证费收据外，将其他所有资料带回，继续准备下次签证。使馆目前没有规定能签多少次，也没有规定两次之间要间隔多久。每次签证都要交签证费，通常两次签证时间相隔 3～5 天左右，在开学之前都可以签。如果你被拒签了，要仔细听签证官对你所说的话。比如，如果签证官说你经济来源不清，下次来时就要带上说明钱的出处的证明；如果签证官说你无法让人信服你毕业后就回国，那就仔细想想再向签证官解释你的蓝图时如何更清晰、更有说服力，然后再申请签证。如果第二次来时你的材料无任何变化，结果有可能还是一样的。而如果你被拒签了，签证官也没有告诉你原因，或者说你没有听清楚原因，你也可以主动询问原因，这样在下次签证时才能有的放矢。

3. 材料被留下审核，回家等结果：这种情况下，父母的工作单位一定要交代好，使馆可能会打电话核实，电话没有人接或者接电话的人说没有这个人等都会造成拒签。使馆不一定会打工作收入证明上提供的电话，可能会从 114 查询或网上搜索。等待时间可能会有

2~3 周甚至更久。最后可能过也可能不过。

4. 面签时说通过，但是最后却出现了被拒签：有极少的学生在面签时已被告知通过，但是在等待护照返回的时间内却出现了拒签的情形。不是说这种情况不会发生，基本上每年还是会出现几例。问题出在了哪里呢？有时候我们可能知道为什么，而有时候却不确定原因。所以在申请签证的时候比较忌讳的是撒谎，无论什么情况，尽量不要使材料出现不真实的情况，一旦被发现，就会被认为是存心欺骗，会给下次签证留下隐患。

5. 面签时说通过，但是在等待护照的日子里变成了被审核：这种情况主要发生在一些敏感专业和敏感学校上，比如工科类专业相对来说有更多的机会获得这项"殊荣"，再比如像中国民航大学这种敏感学校也极有可能出现这种情况。

备注：自 2013 年 3 月 16 日起，申请人可以在中国 800 多家中信银行分行中的任一家领取他们的护照。具体请关注美国驻华大使馆的最新通知。

（八）被审核后我们能做什么

每年都有大批的学生出现被审核的结果，而众所周知，尤其容易被审核的专业中，理工科首当其冲，出现该种情况后我们能做的就是俩字：等待。可是如果等待的时间太长，比如超过了 30 天，那我们也该想办法主动做点什么：

1. 主动给大使馆发邮件询问出结果的日期，并向大使馆解释自己的目标专业，具体是学什么的，将来的职业目标和规划是怎样的。很多时候，大使馆由于不是很了解我们要学习的专业，于是为了保险起见，就先判定个被 check，这样一来就有时间去核实该专业。可是这个时候，如果我们主动去解释一下就可以省去他们调研和猜测的时间。

2. 联系一下我们要入读的大学的教授，请他们帮忙给大使馆发一封邮件，解释一下你要去学的专业具体是怎样的，通常他们的邮件会对催促结果起到一定的作用。

3. 很多申请者是急性子，一定要不停地给大使馆打电话或发邮件询问签证结果才安心，可是结果基本上是电话里问不到，邮件没有人回复。这种时候还有一个可以查询美国签证状态的方法，那就是在工作日拨打美国政府签证中心的电话（001）202-663-1225。听到电话录音后，可以不用等待，直接拨 1；再次听到电话录音说话，也不用等待，直接拨 0；转接到 Visa Specialist 处，就可以开始咨询了，但是他们只会告诉你签证的状态，不会提供其他的信息。也就是说如果你想知道问题到底出在了哪里，如果你想知道你还能提供什么补充材料，是问不到的。所以打这个电话也只是对申请者的一个心理安慰，并起不到实质的作用。需要注意的是，无论是通过何种方式联系大使馆，这些信息都是要提供的：申请者的 Full name，Passport Number 和生日。

4. 自 2013 年 3 月 16 日起，还可以在线查询签证申请状态，查询网址为：http://chinese.usembassy-china.org.cn/ceac.html。

5. 其他查询方式请参考美国驻华大使馆相关说明。

（九）关于续签

目前，美国的学生签证有效期基本都是一年，所以在一年后回国，学生就会面临续签的问题。目前来说，多数学生是可以续签免面签的，只要符合中信银行免面谈代传递服务的条件就可以。如申请人符合下列条件即可将申请材料递交到中信银行分支机构享受免面签服务：

（1）已有的签证仍有效或失效日期未超过 12 个月。

（2）申请人必须申请类型完全相同的签证。比如上次申请的是 F-1 签证，那么续签还是申请 F-1 签证。

（3）申请人必须在其常住地所在领区提出申请。

（4）申请人没有更换 I-20 表格。

（5）此次返回的学校与上次申请时相同。

免面签相对比较简单，在回国之前将自己在美国的成绩单准备好，将自己的 I-20 表格带回，回国后请父母开具一下剩余几年的存款证明，当然签证表格和签证费用还是同以前一样不可缺少，也就是说所需要的材料同第一次面签时是一样的。将这些材料交到中信银行，银行就会为你代理办理了。

使用免面签代传递服务并不能保证申请人一定获得签证。被拒签的最主要的原因就是在美期间成绩不够好，或者美国大学规定的一年内必须至少修够的学分没有修够。在这种情况下，不是危言耸听，被拒的概率太大了。

2007 年，北京的一名男生，在美国上了一年语言课仍然没有通过语言中心的考试，暑假回国来度假。续签的时候，不给我们他在美国的成绩单，找了各种理由。对帮助他的人撒谎，这是学生们最不明智的做法了。是的，这种情况一猜就猜到了。出于各种原因，学生对家长撒谎，对帮他做事情的人撒谎，这只会让事情变得糟糕。等拿到他的成绩单一看就知道他极有可能没办法通过续签了。果不其然，对多数学生都非常简单的续签，在他那里就毫无悬念地被拒签。美国人也不是傻瓜，他们要的是真正想要学习，能为美国做出贡献的人。千万不要把美国人当傻瓜。

所以即便是已经到了美国，请切记，我们不是去烧钱的，而是为了自己的理想去奋斗的，要奋斗就该做好自己该做的事情，比如保持好的 GPA，比如修该修的课程，比如参加对自己将来发展有意义或者自己感兴趣的活动等。不然即便你第一年拿到了签证，如果在第二年被拒签了，可能以后就再也没办法去美国读书了。

不管是第一次的面签还是后面的续签，看起来这个命运是掌握在别人手上，但是实际上我们自己也可以掌握结果，只要你肯付出努力。当你付出了该付出的努力，那么在你进入大使馆前的那一刻，我们能跟你说的就是那一句祝你好运！是的，祝你好运！

除了这句祝你好运，还有两点至关重要的通关之宝需要特别说明，那就是变被动为主动，凡事莫等待。在实际的签证过程中，签证官问问题后，我们不要太惜字如金，而要抓住机会将问题连贯起来，比如签证官问你为什么去美国，我们在回答的时候很自然地就可以过渡到为什么选择了目标学校，为什么学习目标专业，很自然地就可以将"为什么去美国、为什么选择这个学校、为什么学习这个专业"这三个核心问题富有逻辑地解释清楚。我们不提倡那种签证官问一句，我们就答一句的被动做法，更加不希望中间出现沉默期。当签证官沉默时我们不能沉默，莫等待，我们要抓住机会陈述自己赴美理由及准备好的学习计划和职业计划。相信这两点通关秘籍会帮助众多的申请者更顺利地拿到签证。只要我们做好了最充分的准备，那么相信签证就会不负所望，顺利到手。本书最后附上了美国签证申请程序最新变化。

六、常见问题精选

（一）标准化考试

1. 同时寄的 TOEFL 成绩有的学校收到了，有的没收到，为什么？

这是一个比较普遍的现象，一个可能的原因是 ETS 的问题，另外还有一个非常可能的原因是学校在申请季的时候因为混乱弄丢了成绩单。学校明确给出申请系的代码时，一定要把成绩单直接寄送到系里，如果寄送到研究生院再转到系里就会比较慢。除此之外，如果我们寄出成绩单的时间已经超过一个月，就可以开始给学校打电话和发邮件询问是否收到，告诉学校在什么时间寄送的，请学校 double check。在反复沟通后如果学校依然没有收到，那么就赶紧再寄一次。

2. 哪些专业需要 GRE Sub 成绩？ Sub 成绩要达到多少才有竞争力？

一般情况，需要有 Sub 成绩的专业有化学、物理、数学等，还有极个别的生物和个别转专业申请的如金融工程等。比较常见的是学校会建议申请者最好要有 Sub 成绩，有些美国大学把 GRE 专项成绩作为"推荐成绩"：即希望申请人能够提供此项成绩。Sub 成绩一般需要达到 90% 才会有竞争力。首先，我们应该清楚的是我们考 GRE Sub 的目的。是否有必要参加这个考试，是否要参加 Subject Test 依个人情况不同而定。需要参加的，大概有以下三种情况：

（1）申请学校院系点名要求 GRE Sub 成绩；

（2）GPA 不太好，想通过 Sub 成绩来侧面弥补一下，并且时间充裕；

（3）跨专业时。

对于大多数的申请者来说，学校如果不要求，并且时间也不充裕，或是学习成绩不是很好，一般不建议考 Sub，因为如果考的 Sub 成绩达不到 90%，对于申请的意义就不大了。

（二）申请背景

1. 我的 GPA，GRE，TOEFL 的成绩都不高，我该怎样提高自己的竞争力？

提升专业背景。既然 GPA，GRE，TOEFL 成绩已经确定，就应该把所有的精力放在背景的提升上，包括争取机会进实验室做项目；利用假期时间找机会实习；多读一些教授的论文；多做些研究写作；积极参加一些专业的研讨会或是相关活动等。背景提升也要分专业，根据专业不同也应该有所侧重，例如理工的专业大多比较看重实验室的研究背景。详细内容请参考专业篇的各个专业介绍。

2. 我在我们校园期刊上发表了一篇第三作者的论文，对我的申请有什么帮助吗？

会对申请有帮助。当你的文章不是发表在核心期刊上的时候，最重要的就是看你做的什么内容和研究。因为毕竟一篇论文是做研究有了结果后的一个东西，所以这样的文章至少是向人家展示你的成果。作为第三作者，虽然不能接触到很多核心的技术和仪器，但是至少说明你参与到了整个研究的过程当中。这个研究过程是一个平台，你在这个平台里可以学习到的，可能接触到的，都是招生人员会参考的重要因素。

3. 我学习成绩一般，平均分 70~80 分能申请到美国排名前 100 的学校吗？

有可能。成绩仅仅是学校考察你的一个方面，而不是全部。对于学校来说，它们会综合考察每一位申请者。比如同样重要的还有标准化考试成绩，申请人的研究经历和背景、实习经历和工作经验等，学校会把这些因素综合起来看待。现在你所需要做的就是怎样去加强你的背景优势，以弥补成绩上的不足。

4. 对 AW 怎么看？

一般来说，理工科专业不太看重 AW 的分数。文科专业对于 AW 的分数要求会多一些，一般如果有要求的话，通常是 4.0 或者 4.5。

5. GPA 中体育或者一些公选课以及比如马克思主义之类的课分数很低有必要刷吗？学校会考虑分低的是什么课吗？

很多学校会针对自己的要求去取舍申请人的成绩，而且很多学校更看重学生的专业GPA。因为我国大学里所修的学分要远远高于美国大学的学分，所学科目也要远远多于美国大学里所要求的，所以大部分学校会忽略掉你的马克思列宁主义、邓小平理论等课程。但这不代表所有的学校都会这样做。

6. 申请好一点的学校对本科的成绩要求很高吗？

基本 90% 以上的排名前 100 甚至于前 200 的美国大学，都希望申请者的 GPA 至少有3.0/4.0。

7. 美国大学对 GPA 要求相对严厉还是英国大学对 GPA 要求相对严厉？

都很严厉，只是计分的方法不一样而已。

8. master 可以转学吗？

在读 master（无论国内、国外）是可以申请美国的 master 的，只是通常不叫转学，学分能否带到新的学校里面去，或者说有多少学分能带过去，取决于要转过去的学校以及在国内学校的成绩。

（三）专业类问题

1. 我想知道申请药物经济学的情况，比如开设这个专业的学校多吗？有哪些比较好呢？这个专业在美国是属于商科还是药学范围呢？奖学金的分配情况怎样？申请这个专业的人数相对来说会多吗？

如果不是学习这个专业的学生，不建议申请相关专业。这个专业奖学金非常匮乏，所以对于需要奖学金的同学来说是不合适的。在美国，大部分的相关专业开设在药学院，当然也有一部分是开设在商学院。美国开设药学院的学校就非常少，所以有相关专业的学校就更少了。这个专业的申请者相对于其他专业的申请者来说是非常少的，无论是从有该专业的学校上、奖学金分布上还是对外国人的友好程度上都不是很乐观。由于近几年美国制药行业的低迷，相关专业的招生人数也不断减少，所以不建议申请这个专业。

2. 我本科是自动化专业的，美国有哪些专业是和我这个专业相匹配的？

自动化是一个交叉学科，可以申请的专业有 EE，CE，IE，ME，具体方向取决于你自身的喜好和专长以及职业目标。

3. 本科是学数学的，我申请什么专业比较有优势？

数学专业毕业的学生除了申请本专业外，申请 CS、金融工程、统计等领域也会比较有优势。

4. 本科时候是 EE 专业，我可以转 ME 或者 IE 专业吗？

可以。例如 MIT 的要求是：We expect an applicant to have earned a bachelor's or a master's degree by the time he/she registers in ME. Most incoming students will have a degree in Mechanical Engineering or some related branch of engineering. The department's admission criteria are not specific, however, and capable students with backgrounds in different branches of engineering or in science may gain entry. 从中可以看出只要有相关经历均可，但是不要抓住专业不放，还要参考你的研究方向才能决定你能申请的方向。

（四）选校流程

1. 最后申请多少所学校比较合适？

一般来说，申请 12 ~ 20 所都是比较正常的。具体申请多少所学校其实是根据每个人不同的情况来定。如果你套到磁或是认识那边的教授，觉得非常可靠的，申请一所都可以。如果觉得不保险，想横扫一遍的话，就是申请三五十所学校也可以。所以，申请的学校数量根据个人情况而定。

2. 专业排名和综合排名哪个重要？

两者都很有参考价值，但是建议还是以专业匹配为首要考虑条件，因为综合排名和学校教学科研以外的很多因素都有关系，并不能够完全衡量出学校本身真实的教学状况。如果毕业之后打算继续在本领域内做研究的话，建议选校时可以更多地考虑一下专业排名，它可以更好地反映出一个学校的科研水平。

3. 选校参考的标准有哪些？

可以参考 opening 是否稳定和 program 有多大这两个标准。有的学校的有些专业去年开了，可是今年有可能停开了，比如 Cornell University 的教育政策和 Drexel University 的会计都曾停止招生过。同等条件下，选择 program 大的学校，显然可以增加录取率，A 学校往年每年招生 200 人左右，B 学校每年只招 20 人，那么显然我们要首选前者；另外一方面，program 大也在一定程度上说明了该专业在该学校开设得比较稳定。这些信息在哪里可以得到？两个渠道：一个是学校的官网，可以参考学校的 admission profile 类的信息；第二个就是和每个学校套磁。

（五）文书包装

1. CV，RL，PS 哪个更重要？

都重要，都属于申请材料的一部分，缺了哪样都不行。但相对来说 PS 分量更重，CV 是简单陈述你的经历，RL 是其他人对你的评价，只有 PS 是真正属于自己的表现自己的机会，所以相对来说更加重要。

2. 如果我在大一、大二时成绩不太理想，或者是某一门课程的成绩不太理想，用不用在文书中有所体现？

如果没有极其特别的经历或原因（例如极严重的疾病），不要去解释，更不要在文书中体现。我们可以在其他材料中突出我们的优势经历以吸引老师的眼球，从而让老师更加关注我们的优点而不是缺点。

3. 论文作者排名是否对申请有影响？

有一定的影响。但是本科生发表的论文大多比较基础，如果是第一作者的话有利于申请，至于第一作者之后的排名并不是十分重要。而对于研究生来说，论文作者排名就比较重要，论文的发表情况能真实反映研究生阶段的学习情况，所以论文作者排名就显得比较重要了。

4. 什么样的论文更受美国教授认可？

发表的论文最好有些水平，最好可以在有一定知名度的国际期刊发表，例如 SCI 收录的期刊。如果比较困难的话，最好在国内的省级（含省级）以上刊物上发表论文。

（六）PhD 问题

1. 申请 PhD 也需要提供财力证明吗？

申请 PhD 时学校一般不会考虑你的财力。申请结果出来以后，如果有全奖，就不需

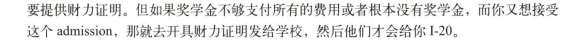

要提供财力证明。但如果奖学金不够支付所有的费用或者根本没有奖学金，而你又想接受这个 admission，那就去开具财力证明发给学校，然后他们才会给你 I-20。

2. PhD 和 MS 的区别是什么？有什么不同？

PhD 是 Doctor of Philosophy 的缩写。The degree of Doctor of Philosophy, a higher degree than an Honours or Master's degree, involving at least two and a half years of supervised research resulting in a thesis. PhD graduates may call themselves "Dr". 一般来说，MS 是偏应用，所学内容还比较宽泛，虽然有一些研究的成分，但大多还是针对学生就业目的来安排的；PhD 就是很纯粹的学术研究，研究的可能就是一个学科的很小的一个方面，培养的是涉及这个方面的专家或权威。在美国，MS 很多情况下都可以转 PhD，如果你愿意的话；但其实很多美国学生觉得读完 MS 更好找工作，就不再读 PhD 了。

3. 在美国获得 Master 和 PhD 学位需要几年的时间？

美国的 Master 学位教育一般需要两年的时间，其时间分配方式与国内的硕士研究生并无太大差别，前一年或者是前一年半都以上课为主，学生通过考试获得学分；最后一年到半年的时间，会跟着教授写论文，然后毕业。当然也有些专业只需要一年或一年半，本书在专业篇有详细的说明。

拿下 PhD 学位平均需要五年的时间，很少有人少于五年就能拿到学位，有少数人可能需要六七年的时间才能够拿到 PhD 学位。

4. 兽医 PhD 好申请吗？

申请兽医专业的 PhD 非常难。难的原因并不在于这个专业对于学生的要求有多高，而是在于这个专业非常冷，开设学校少，招生极其不稳定。如果可能的话，可以考虑申请动科。动科虽然也非常冷，但是相对比兽医专业要好一些。如果生物相关的基础课程学得多，那么可以考虑转到 Biology，这是从申请的角度来说。如果你自己对所学的方向非常感兴趣，也建议你尝试。但申请这种冷门专业一定要做好前期套磁的工作，因为通过前期套磁才能得到学校今年是否招生的相关信息。

（七）奖学金问题

1. 研究生奖学金分为几类？

我们一般申请较多的奖学金有以下几类：

（1）助学金（Fellowship）：这是一种金额最高的非服务性奖学金，一般情况下如果获得一所学院授予的助学金，便是获得了全额奖学金，即除了免学费、杂费、住宿费、保险费、书本费以外，还给了一定金额作为个人消费费用（Personal Expenses）。

（2）奖学金（Scholarship）：奖学金可以是规定金额数量，以某种奖励的形式（如 Economic Scholarship, Graduate Scholarship 等）颁发给成绩优异的学生，也可以是一种学费或杂费的全免（Tuition Scholarship 或 Tuition & Fees Scholarship）。这种奖学金的具体金额，随学院规定的学杂费金额的高低而不同。

（3）全免学费（Tuition-Waiver）：一些美国高校设有全免学费形式的奖学金，有的高校把它作为 Scholarship 的一种，有的高校则把它单独列出。全免学费是非服务性奖学金中最容易申请的一种，但由于学费只是总花费的一部分，所以要获得足够的资金，还需同时申请其他形式的奖学金。

（4）助研金与助教金（Research Assistantship and Teaching Assistantship）：对于申请美国硕士以上学位的中国学生来说，获得奖学金的概率会比本科生大得多。绝大多数美国高校研究生院都同时设置这两种奖学金，然而并非所有高校的此类奖学金都足以支付一年中的全部费用。

此外，学生还可以选择校内打工。美国移民局规定，国际学生可在校内每周工作 20 小时，假期可工作 40 小时，每小时不得低于 5 美元。工作地点一般是图书馆、计算机房、学生餐厅、宿舍管理室、办公室、学校书店等。

2. 我能取得美国大学的奖学金吗？

能不能取得美国大学的奖学金取决于你是否足够优秀。一般来说 20% 左右的申请者都可以取得奖学金，但是取得全额奖学金的学生连 3% 都不到。大部分学生取得的奖学金仅仅是减免部分学费，通常只有 5 000~8 000 美元左右，而通常这部分学校的学费都比较高昂。比如说 Syracuse University 比较喜欢给研究生减免 1/3 的学费，但是减免后的学费依然高出很多州立学校，比如说 Binghamton University（The State University of New York）。

全额奖学金中 80%~90% 又以 TA 或者 RA 的形式存在，而 TA，RA 又是类似于工作的性质，也就是说大部分的全额奖学金是以工资的形式给出的。那么学校就需要知道你是否具有工作的能力。

如果你想要 Fellowship 这样不用干活也能拿钱的奖学金，那么必须清楚，能拿到这种奖学金的申请者在整体申请者中的比例连 1% 都不到。是否应申请此类奖学金的判断标准很简单：看看你身边的同学，你哪里比他们优秀？如果同他们竞争的话能否脱颖而出？

3. 申请 Master 和 PhD 哪个更容易拿奖学金？

攻读 PhD 的学生一般都有丰厚的奖学金补助，而 MS 的奖学金申请则较为激烈。但是我们要清楚，申请 PhD 的难度大于申请 MS！此外，申请 PhD 还是 MS 要看个人的学习兴趣，喜欢做研究就申请 PhD，否则申请 MS，一定要给自己一个合理的定位！

（八）其他问题

1. 申请面试是怎么回事？

申请面试，一般有两个目的：第一，侧面核实申请人材料的真实性，也是在检查申请人的专业背景到底达到了什么样的深度。第二，看看申请人的沟通能力以及到底对未来要做的事情有没有激情。

2. 大四时没申请成功，毕业后申请有没有劣势啊？

如果你有重大的改变，申请就没有劣势。如果你没有重大的改变，就会有一定的劣势（这个是针对申请同一个学校的前提而言的）。美国的社会文化是，在没有下定论之前，是很谨慎的，但是如果要推翻之前的决定，需要你有重大的改变，或者拿出新的证据。所以，如果再次申请的话，如果你有重大的改变，就没有劣势。例如，你的工作经验可以看做是重大的改变。

3. 国内硕士毕业后比国内本科毕业后容易申请到"牛校"吗？

不一定。国外的大学招收硕士毕业生和本科毕业生的目的不一样，各有各的优势。硕士毕业生的优势是已经有了两年的研究背景，到了实验室上手快，给学校带来的是即战力，来了可能在最短时间内就能给学校带来价值；劣势是，可塑性比本科毕业生要差。本科生对学校来说是潜力股，学校看重的是其发展潜力和可塑性；劣势在于缺少研究经历。所以，怎样扬长避短才是你应该考虑的。作为已经硕士研究生毕业的学生，扬长避短的最直接有效的办法就是，寻找方向最 Match 的学校。

附录1

AAU 的成员学校和加入时间（年）

Brandeis University（1985）
Brown University（1933）
California Institute of Technology（1934）
Carnegie Mellon University（1982）
Case Western Reserve University（1969）
Columbia University（1900）
Cornell University（1900）
Duke University（1938）
Emory University（1995）
Georgia Institute of Technology（2010）
Harvard University（1900）
Indiana University（1909）
Iowa State University（1958）
The Johns Hopkins University（1900）
Massachusetts Institute of Technology（1934）
McGill University（1926）
Michigan State University（1964）
New York University（1950）
Northwestern University（1917）
The Ohio State University（1916）
The Pennsylvania State University（1958）
Princeton University（1900）
Purdue University（1958）
Rice University（1985）
Rutgers, The State University of New Jersey（1989）
Stanford University（1900）
Stony Brook University-State University of New York（2001）
Texas A&M University（2001）
Tulane University（1958）
The University of Arizona（1985）
University at Buffalo, The State University of New York（1989）
University of California, Berkeley（1900）
University of California, Davis（1996）

University of California, Irvine (1996)

University of California, Los Angeles (1974)

University of California, San Diego (1982)

University of California, Santa Barbara (1995)

The University of Chicago (1900)

University of Colorado at Boulder (1966)

University of Florida (1985)

University of Illinois at Urbana-Champaign (1908)

The University of Iowa (1909)

The University of Kansas (1909)

University of Maryland, College Park (1969)

University of Michigan (1900)

University of Minnesota, Twin Cities (1908)

University of Missouri-Columbia (1908)

The University of North Carolina at Chapel Hill (1922)

University of Oregon (1969)

University of Pennsylvania (1900)

University of Pittsburgh (1974)

University of Rochester (1941)

University of Southern California (1969)

The University of Texas at Austin (1929)

University of Toronto (1926)

University of Virginia (1904)

University of Washington (1950)

The University of Wisconsin-Madison (1900)

Vanderbilt University (1950)

Washington University in St. Louis (1923)

Yale University (1900)

附录 2

AAU 的发展历史

为什么美国当地人比较认可 AAU 的成员大学？原因可以从 AAU 成立的历史中得出。

在一次为期两天的会议上，14 所开设 PhD 学位的美国学府在芝加哥大学齐聚一堂，在这两天里，AAU 成立，是时 1990 年 2 月。

当时，加利福尼亚大学校长 Benjamin Ide Wheeler 提议与哈佛大学校长 Charles Eliot 和其他人合作，建立一个像 AAU 这样的机构，这也是发起该次会议的原因。该机构成立的目的是关注与研究生教育相关的问题。

会议发起的根源要追溯到 1900 年以前，当时美国的高等教育开始运用德国大学的模式（侧重高级研究和实验研究）。1876 年，从约翰·霍普金斯大学开始，美国大学将德国的大学办学模式嫁接到了美国大学的模式上——在一所大学里，同时提供本科教育和高等的研究生教育和研究，也因此诞生了美国的研究型大学。

美国的大学在当时欧洲的主流大学中却极其不受待见。大批的美国学生蜂拥到欧洲大学接受研究生教育。在当时欧洲人的眼里，美国的学术学位也实在是令人不敢恭维。

当时的美国高等学校分布非常分散而且很不规范，一些学位授予"作坊"学校急剧增加，甚至有很多看起来马上就要倒闭的机构都声称自己是"大学"，而且可以授予博士学位。有些机构还允许读 PhD 的学生在家里考试（只要有大学的监考人即可），这些学生都不需要去学校读书。这种缺少标准和统一性所导致的鱼目混珠现象严重伤害了那些真正具有实力的美国大学的声誉。

因此，这些会议发起人所发起的该次会议推动了 AAU 的诞生。会议初始发起人包括芝加哥大学校长、哈佛大学校长、哥伦比亚大学校长、约翰·霍普金斯大学校长、加利福尼亚大学校长。他们当时联合给九位同事发了一封信，邀请他们参加在芝加哥举行的会议。信件的内容如下：

Harvard University

Columbia University

Johns Hopkins University

The University of Chicago

University of California

To President _____

Dear Sir,

In behalf of the Universities which we represent, we, the undersigned, beg to suggest that the time has arrived when the leading American Universities may properly consider the means of representing to foreign Universities the importance of revising their regulations governing the admission of American students to the examinations for the higher degrees.

We therefore extend to your University a cordial invitation to take part in a conference to be held in Chicago, during the month of February, 1900, for the discussion of matters relating to this subject.

This invitation is prompted by a desire to secure in foreign Universities, where it is not already given, such credit as is legitimately due to the advanced work done in our Universities of high standing, and to protect the dignity of our Doctor's degrees. It seems to us, for instance, that European Universities should be discouraged from conferring the degree of Doctor of Philosophy on American students who are not prepared to take the degree from our own best Universities, and from granting degrees to Americans on lower terms than to their native students.

There is reason to believe that among other things the deliberations of such a conference as has been proposed will

---

1）result in a greater uniformity of the conditions under which students may become candidates for higher degrees in different American Universities, thereby solving the question of migration, which has become an important issue with the Federation of Graduate Clubs;

2）raise the opinion entertained abroad of our own Doctor's Degree;

3）raise the standard of our own weaker institutions.

This invitation is extended to the University of California, The University of Chicago, Clark University, Columbia University, Cornell University, Harvard University, Johns Hopkins University, University of Michigan, University of Pennsylvania, Princeton University, Leland Stanford Junior University, University of Wisconsin, and Yale University.

The United States Commissioner of Education has been invited to take part in the conference. The Federation of Graduate Clubs has likewise been invited to send a delegate.

It is suggested that each University be represented by a delegation with a single vote, but that the delegation may consist of one member or several members, at the discretion of the University.

Particulars concerning the exact date and place of meeting will be sent later to those accepting the invitation.

An early reply is greatly desired. It is requested that replies be sent to the University of California, Berkeley.

Very respectfully yours,

Charles W. Eliot. (Harvard University)
Seth Low. (Columbia University)
Daniel C. Gilman. (Johns Hopkins University)
William R. Harper. (The University of Chicago)
Benjamin Ide Wheeler. (University of Calif.)

January, 1900.

在完成他们最初的那三个目标的这么多年里，关于 AAU 在其中所扮演的角色也一直有争议，但是毋庸置疑的是现在这些目标都实现了。今天，尽管美国大学也面临着各种各样的新问题，但是那些最棒的大学——很多都是 AAU 的成员——已经在全世界都被认定为是最好的大学之一了。

也由于他们最初设定的目标，AAU 的建立者在当时设定了一个很严格的规定：要成为 AAU 的成员只能等待被邀请（当然是要基于它们在学术方面优异表现的基础之上）。直到今天，邀请新成员加入的邀请信必须要经 3/4 的现任成员的同意方能发出。

起初，AAU 发展迅速，在最初的 14 所大学中，有 11 所是私立大学，仅 3 所是公立大

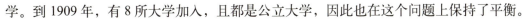

学。到 1909 年，有 8 所大学加入，且都是公立大学，因此也在这个问题上保持了平衡。

从 1909 年到现在，AAU 发展缓慢但是相当稳定。现在它有 61 所大学成员，大概公立私立各占一半，其中有两所 1926 年加入的加拿大大学（麦吉尔大学和多伦多大学）。

在 AAU 的历史上，只有一所大学退出了，那就是 Clark University。作为 AAU 最初的合作发起者，该校决定在 1999 年退出 AAU，因为在后来若干年的发展中，该校的发展目标与其他 AAU 成员的目标（以研究为导向）发生了分歧。

分水岭

然而，正如 AAU 建立之初的初衷那样，它一直以来更希望的是提高研究生（硕士研究生、博士研究生）的教育质量和研究实力，邀请加入的大学也都是研究型大学，所以依据这个标准来判断一所学校是否是名校依然也是不够权威的。

另外一方面，从 AAU 刚成立，德国的大学就开始把 AAU 的成员大学作为衡量研究生教育高质量的标准。AAU 意识到这样对其他一些非常优秀的美国大学是非常不公平的，可是另一方面，AAU 又不希望盲目扩大其成员学校。AAU 在当时推出了一份 "AAU Accepted List"，用来提供给国外大学。根据 AAU 的评估，AAU 成员大学的毕业生是有足够能力继续研究生教育的。可这份名单在当时也充满了争议，并且也很少有人真正认可。就连 AAU 本身都无力解决的问题，我们再去较真就显得有些幼稚了。所以，所谓名校，标准自在每个人的心中，不去争辩和讨论也罢。

图书在版编目（CIP）数据

去美国读研究生/刘新娟，刘翟，刘文勇编著.—北京：中国人民大学出版社，2013.8
ISBN 978-7-300-18000-7

Ⅰ.①去…　Ⅱ.①刘…　②刘…　③刘…　Ⅲ.①高等学校–研究生教育–留学教育–申请–美国
Ⅳ.①G649.712.8

中国版本图书馆 CIP 数据核字（2013）第 201065 号

去美国读研究生

刘新娟　刘　翟　刘文勇　编著

Qu Meiguo Du Yanjiusheng

出版发行	中国人民大学出版社		
社　　址	北京中关村大街 31 号	**邮政编码**	100080
电　　话	010 – 62511242（总编室）	010 – 62511398（质管部）	
	010 – 82501766（邮购部）	010 – 62514148（门市部）	
	010 – 62515195（发行公司）	010 – 62515275（盗版举报）	
网　　址	http:// www.crup.com.cn		
	http:// www.1kao.com.cn（中国 1 考网）		
经　　销	新华书店		
印　　刷	北京易丰印捷科技股份有限公司		
规　　格	185 mm × 260 mm　16 开本	**版　　次**	2014 年 1 月第 1 版
印　　张	18	**印　　次**	2016 年 6 月第 3 次印刷
字　　数	416 000	**定　　价**	45.00 元

读者调查问卷

读者朋友：

"乐闻携尔出国留学"系列图书是北京乐闻携尔教育咨询有限公司与中国人民大学出版社考试分社海外留学考试中心合作出版的以出国留学考试为导向的精品辅导书。这一系列图书的内容涉及 TOEFL，SAT，GRE 等考试以及留学申请、文书等。为了了解大家对本书的阅读情况，进一步提高图书的综合质量，我们特别设计了"读者调查问卷"，真诚地希望您积极参与。您的意见对我们很重要。

1. 您是通过什么渠道最早了解到"乐闻携尔出国留学"系列图书的？
   A. 乐闻携尔相关课程的课堂上　　　　　　B. 经人介绍
   C. 书店　　　　　　　　　　　　　　　　D. 互联网
   E. 其他方式

2. 您觉得怎样才算是一本好的英语辅导书？
   A. 大量的例题　　　　　　　　　　　　　B. 实用的理论、方法
   C. 名师编著　　　　　　　　　　　　　　D. 大量的练习题
   E 其他（请注明）

3. 您对此书的整体评价：
   内容：A. 很好　　　B. 较好　　　C. 一般　　　D. 较差　　　E. 很差
   封面设计：A. 非常吸引人　　　　　　B. 平凡普通　　　　　C. 毫无新意
   编排：A. 非常实用　　　　　　　　　B. 一般　　　　　　　C. 不便阅读
   印刷：A. 质量好　　　　　　　　　　B. 质量一般　　　　　C. 质量较差

4. 您近期还需要哪种类型的图书？
   A. 考试或留学介绍（如《去美国读本科》）
   B. 例题讲解（如《新托福真题详解——阅读分卷》）
   C. 范文集（如《新托福真题详解——写作分卷》）
   D. 翻译作品（如"赛达真题翻译"系列图书）
   E. 其他（请注明）

5. 您是否愿意继续支持并了解我们的图书或公司？
   A. 非常有兴趣　　　　　　　　B. 愿意　　　　　　　　C. 没有考虑

如果您对我们的图书还有其他意见或建议，或有关于出国留学考试等方面的问题，我们非常期待您以来电、来信或发电子邮件等方式咨询。

来信请寄：中国人民大学出版社考试分社海外留学考试中心
地址：北京市海淀区中关村大街甲 59 号文化大厦 1507 室
邮编：100872
Email：hedm@crup.com.cn
电话：010-62515975

美国签证
申请新程序

3月16日前	3月16日后

- 预约：54元人民币或者36元人民币
- 签证审理费：160美元
- 邮寄护照费用：32元人民币左右

仅有一种费用：160 美元

只能拨打预约中心电话进行预约

您可以上网自己预约或拨打新的
预约中心电话进行预约

只能在中信银行支付160美元的申请费

三种方式付费：
- 在线：用借记卡支付；
- 通过银联卡在任--中信自动取款机上支付
- 前往中信银行现款支付

付费向预约中心咨询签证信息

预约中心免费电话回答签证问题

如果您因故取消预约，
您则需再次付费重新预约

如果您错过了第一次预约的面谈，
您可以免费重新预约

签证颁发后无法查找护照下落

我们将以邮件方式通知您领取护照，
您也可以发送邮件查询护照状态